中国旅游业普通高等教育“十三五”应用型规划教材

旅游消费者行为学

主　编　邹勇文　刘德军　曹国新

副主编　刘玉凤　肖　刚　林文凯

中国旅游出版社

中国旅游业普通高等教育“十三五”应用型规划教材

编审委员会名单

总　序

受中国旅游出版社的邀请，由我担任中国旅游业普通高等教育“十三五”应用型规划教材编审委员会主任。本人自1993年跻身高等旅游教学团队之列，至今已25年，大概从2013年起，自认为在旅游管理教学方面有了一些心得，于是就产生了为我国高等院校旅游管理专业本科及其专业核心课程开发一套教材的想法。基于旅游行业对于应用型、实战型、复合型人才的要求，意欲对旅游管理专业的理论知识、技术或技能体系进行全方位、多维度的系统梳理，使教师能够更有自信并能更有针对性地开展教学，学生能更准确、更明白、更直接地了解、熟悉、掌握、运用有关旅游管理的理论知识、技术或技能体系，提高其从事旅游管理的业务能力。中国旅游出版社提出中国旅游业普通高等教育“十三五”应用型规划教材的编写计划，可以说是正中下怀，得偿所愿。

2016年3月5日，中国旅游出版社和南昌大学旅游管理系(现为旅游学院)，联合10多所高等院校，举行了编写会议。会议最终确定了以南昌大学江西发展研究院院长黄细嘉教授为主任委员兼总主编和总协调人，江西财经大学旅游与城市管理学院院长邹勇文副教授、江西师范大学旅游系主任冯淑华教授、江西科技师范大学旅游学院院长周叶教授、南昌师范学院旅游与经贸学院院长殷剑副教授、九江学院旅游与国土资源学院院长李松志教授、赣南师范大学历史文化与旅游学院副院长樊国敬副教授、井冈山大学商学院旅游管理教研室主任王伟年教授、上饶师范学院历史地理与旅游学院院长张志荣教授、南昌工程学院工商管理学院旅游管理教研室主任涂远芬副教授、宜春学院经济与管理学院院长胡林龙教授、南昌大学经济管理学院旅游管理系龚志强教授、南昌大学经济管理学院旅游管理系主任付智副教授12位江西旅游教育界学者为副主任委员，中国旅游出版社段向民编辑、南昌大学经济管理学院旅游管理系旷天伟副教授为秘书长的教材编审委员会。会议明确了该套教材由7门旅游管理专业本科核心课程和6门特色课程组成：旅游学原理、旅游经济学、服务运营管理、旅游目的地管理、旅游消费者行为学、旅游资源管理、旅游法规、旅游电子商务、旅游调查方法与实务、旅游形象推广、旅游规划与项目策划、旅游案例分析、旅游创意与创业。这次会议明确了组织构架，安排了相关编写人员，确定了编写计划，之后立即投入工作。

作为编审委员会主任，必须想清楚、弄明白到底什么是教材，以便于确立编写要求并指导编写。一般来说，将教材区别为广义和狭义两种。其中，广义的教材泛指对人有教育作用、有利于学习者增长知识或发展技能的所有材料。其形式并不仅限于教师自己编写或设计装订成册或正式出版的书本，还包括计算机网络上使用的各类学习材料。狭义的教材是根据教学大纲和实际需要，为师生教学应用而编选的材料（即教科书）。我个人认为，当下教育部倡导或组织编写的国家级规划教材，是最典型的教材，都是在总结前人研究成果和经验材料的基础上，形成一般性知识概念界定和成熟理论概括，并非提倡将个人的学术创见作为教科书传授的内容。也就是说，只有当一种理论和知识成为学界普遍接受的观点时，它才可以被写进教材。因此，教材虽是反映人类社会具有普遍价值的知识，但它还有一个不断修改、充实、提炼、完善和提高的过程。教材旨在为教师的教学工作提供核心主题、基本线索；为学生的学习活动提供知识结构、操作方法，旨在培养其能力素养。因此教材就需要体现教师实力、贴近学生实际、跟随时代与行业潮流，引导学生进行自主探索与合作交流，并关注对学生人文精神的培养，注重多维教学方法的运用。只有明白教材的作用与意义，我们才能知道自己是否适合、是否可以、是否应该从事教材编写工作。教材虽是编纂、编写、编著，但同样是一件不容易的事，因为它反映和传播的是人类学术共同体的“公识”和社会所普遍接受的“共知”，所有的概念、原理、范式、模型，必须是深入其里、出乎其中、得其要义的。一般没有理论积淀、知识集成、教学积存、实践积累的人，是难以登其奥堂的。

可以说，教材编写，于学术研究是一项登堂入室才可出神入化的工作，于知识传承是承前启后方能继往开来的工作；于人才培养是一项利在当代才能功在千秋的工作；于教育教学是一项科学严谨才不会误人子弟的工作。因此，其编写人员，应该具有丰富的教学实践经验以及较深的学科专业造诣，对本学科专业及相关学科专业的现状及发展趋势，有全面深刻的了解，同时还要有与时俱进的能力和改革创新的精神。此次中国旅游业普通高等教育“十三五”应用型规划教材，在方法上努力解决“怎样编”的问题，即把握好继承、发展与创新的关系，在研究、消化、吸收以往相关著作和同类教材的基础上，有所继承、有所发展、有所创新，把握趋势、调整方法；内容上明确“编什么”的问题，即要有一个宏观的把握，遵循完整性、系统性、科学性、实用性、针对性等原则，在素材和案例选取时，要体现旅游管理学科专业的本质、联系旅游产业发展实际、体现旅游管理专业特色，关注旅游业的热点问题。国内外旅游实践中的实例，应展现旅游管理应用型教材的知识概念、学理结论、逻辑思想、实践方法，即以是否反映教材知识的实际应用为原则，组织材料、编写内容；

在主体对象上处理好“为谁编”的问题，即充分体现“以学生为本”“以学生的终身职业发展为本”的教育理念，注重学生的实训、见习、实习、实践教学环节的设计及运用知识分析问题、解决问题的能力和创新、综合、实战能力的培养。

当然，旅游管理专业教材的编写，不能完全出于个人追求和意愿，最主要的还是要适应全域旅游发展趋势下对旅游管理人才培养的新要求。该套教材的编写，主要缘于教育部将旅游管理类专业确立为应用型专业的教学改革精神，为顺应中国旅游业转型升级对高等旅游管理教育的新期待，进一步提高旅游管理专业本科课程教材水平和质量，推动应用型高等旅游管理类专业的国家级规划教材建设，深化旅游管理专业教学改革，发挥教材建设在提高人才培养质量中的基础性作用，根据教育部普通高等学校旅游管理类专业本科教学指导委员会历次会议，关于教材建设的相关要求，现以我所在的南昌大学为主体，主要联合其他各大高等院校多年从事旅游管理专业本科教学的教师，共同完成教材编写工作。

本套教材是普通高等学校旅游管理专业本科核心课程和特色课程教材，编写者在认真研究21世纪旅游管理专业本科教材建设的新思路、新机制和新方法基础上，力求开发一批既能反映现代科学技术先进方法，又符合我国旅游行业人才培养目标和培养模式要求；既对应用型旅游管理专业本科人才培养具普遍适用性，又对旅游管理高端应用型人才培养具特殊针对性的教材。在此，对于教材的定位，有几点宏观的原则性要求：一是追求教育高品位、教学高水平、教材高质量的精品教材；二是致力于所编内容有分量、所选案例有价值、所做阐述有贡献的经典教材；三是编写占领学科前沿阵地、体现专业前卫实践、反应学生前景应用的先进教材；四是钻研体现教师严谨教风、学生严肃学风、教学严格作风的严实教材；五是开发树立涵养创意策划思想、培育创造精神、培养创业能力的创新教材。即编写一套材料选择精当、案例分析精到、表现形式精致、篇章内容精深的精华教材。

本套教材力求反映高等学校旅游管理专业本科教学必需的基础理论、基本知识、基干技能和业务操作常识，课程体系建设立足旅游行业的现状特点和发展态势，以及人才市场的新需求。教材的特色追求主要体现在：一是围绕高端应用型、技能型旅游管理专业本科人才培养目标，参照旅游行业职业岗位任职要求，引入行业、企业技术标准或规范，实现专业课程内容与职业标准对接；二是紧贴旅游行业的最新发展变化，主动适应旅游经济发展需要，突出应用性与基础性、实践性与理论性、前瞻性与回顾性、灵活性与原则性、内生性与开放性的统一；三是根据应用型旅游管理专业本科课程体系、教学内容要求和学生学习特点，在进行教学组织时，要求重视学生课堂的理论与知识讲解教学、教学基地的技能与技术实训演练、实际工作部门的见习与实习等实践活动，将旅游管理专业本科教学过程与旅游行业实践活动过程有效对接，提供相应的实践教学环节的课程设计、毕业设计方案；

四是根据应用型人才培养需要,体现个性化与通用性、规范化与创新性、稳定性与动态性相结合,定制化培养旅游企业操盘手、项目营运师、职业经理人和文创策划师等高端应用型旅游管理人才,服务国家和地方旅游经济发展。

本套教材的主要适宜人群是从事旅游管理专业本科教学的师生以及旅游与文化等产业的从业人员。我们力求以旅游实践、行业技能等应用为导向,兼顾理论与知识体系的构建,为旅游管理专业师生提供一套较为系统完整的旅游管理理论知识、技术或技能体系。理论不断创新、知识不断更新、技术技能立新,教材的编写也存在一个既相对稳定又不断发展的过程。本套教材难免存在不足和疏漏之处,敬请各位同行和广大读者批评指正!

黄细嘉

2017 年 5 月

前言

随着国家将旅游业培育成为国民经济的战略性支柱产业和人民群众更加满意的现代服务业，并将其列为“五大幸福产业”之首，旅游在国家经济社会发展体系中的战略定位日益突显。在经济新常态环境下，中国旅游全面进入大众休闲时代，休闲旅游成为国民生活的新亮点，深度体验旅游是旅游消费者的新常态。旅游业作为现代服务业的重要组成部分，要促进产业转型升级，拓展“旅游+”功能化融合发展，提升旅游发展品质，满足旅游者消费需求。面对当前背景，必须全面把脉旅游市场发展的需求，必须精准深入研究旅游消费者需求，准确开发旅游产品，强化旅游产品的体验功能，推动中国旅游进入全域发展的新时代。

为适应中国旅游业全域发展的新常态，必须加强旅游管理高等人才的培养来支撑全域旅游发展。本书紧紧围绕“十三五”时期我国高等教育创新型人才培养目标，满足旅游管理人才的应用型、复合型的培养模式，探索旅游管理人才培养与旅游市场需求的无缝对接。本书紧扣旅游消费者的旅游行为全过程这一核心，全面展开旅游消费者的动机、感知、态度、决策、体验、满意度和忠诚度，以及社会群体和亚文化对旅游消费者行为的影响机理研究。强化旅游消费者行为的最新理论与最新案例分析，将“学以致用”的理念渗入教材编写全过程，突出教材内容的丰富性和可读性。

本书由江西财经大学旅游与城市管理学院院长邹勇文博士主编，并负责拟定大纲、组织撰写和统稿审核，旅游管理系教师参与编写，具体分工如下：第一章（曹国新、肖刚），第二章（艾晓玉），第三、四、五章（林文凯），第六章（刘玉凤 南昌师范学院），第七、八章（刘德军），第九章（刘玉凤），第十章（肖刚）。本书可作为旅游管理类专业的本科生和硕士生教材，也可供旅游企业管理人员、旅游行政管理人员和旅游爱好者参考学习。

在编写过程中，本书参阅并借鉴了大量国内外专家、学者的相关最新成果，在此，向他们表示诚挚的谢意！由于编者水平有限，书中难免有疏漏之处，敬请广大读者批评指正。

编者

2017 年 2 月

目录 CONTENTS

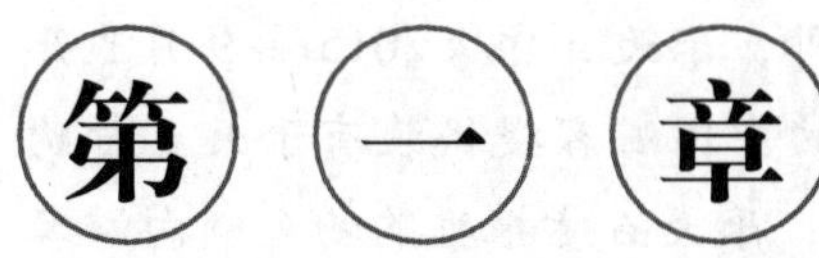

第一章 旅游消费者行为概论

旅游消费者行为学是随着旅游活动不断发展，旅游者参与程度不断深入而形成的一门新兴学科，是对旅游消费者行为的理论概括和总结。本章阐述旅游消费者行为的概念与特征，系统梳理旅游消费者行为的研究进展，总结旅游消费者行为研究的基础理论，分析研究旅游消费者行为的意义。

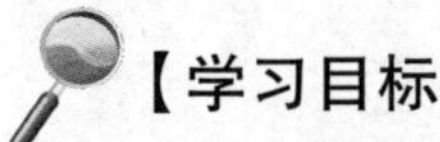

【学习目标】

1. 知识目标：了解旅游消费者行为的概念与特征；熟悉旅游消费者行为的研究进展和意义；掌握旅游消费者行为的基础理论。

2. 能力目标：能够运用旅游消费者行为的基础理论知识来分析旅游消费者行为的特征、购买过程和发展趋势。

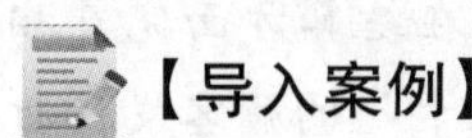

【导入案例】

吸引中国游客　各国如何“放大招”

近年来，中国游客旺盛的消费能力已成功吸引各国关注。“十一”长假是中国人的出游高峰期，为获中国游客青睐，日、韩等周边国家甚至欧洲国家均采取了一系列举措。那么，它们都放了些什么“大招”呢？

1. 韩国：中国博主推广+打折优惠

韩国三大百货商店争相开展五花八门的酬宾活动。以2015年“十一”为例，乐天百货在北京、上海和广州各邀请一名粉丝数超40万的人气博主到乐天百货总店、蚕室店和乐天奥特莱斯首尔站店参观，撰写博文做推广。此外，乐天百货从2015年9月底开始与30多家首尔明洞地区酒店合作，为下榻这些酒店的中国游客提供装有乐天百货购物信息、优惠券和面膜的礼包。2015年10月31日之前，乐天百货根据购物金额向游客赠送马油护手霜、眼膜和行李箱等。新世界百货向访问总店的中国游客赠送深受中国消费者喜爱的香蕉味牛奶，并对中国游客最喜欢的150多个品牌进行打折优惠。

2. 泰国：营销活动定位中国高收入游客

泰国会展局（TCEB）及其战略伙伴，也就是四面佛所处的曼谷市中心——拉差帕颂地区，推出“拉差帕颂曼谷都市中心”复兴建设计划。2015年10月1日至2016年12月31日，拉差帕颂地区的7家豪华酒店、3家商场联合推出游客优惠套餐，包括7家酒店的美食、饮料和水疗最高6.5折优惠和3家商场餐饮及水疗最高8折优惠。泰国会展局联合曼谷大众运输系统公司和通信公司，面向中国商务会奖游客推出了“拉差帕颂连通泰国欢迎套餐”，套餐包含有曼谷轻轨智能交通卡、每天可免费无线上网1小时等，套餐总数达到15000套。

3. 英国：汉语服务+人民币直接消费

英国旅游局大力推广汉语服务，包括景点的中文标识、导听系统、中文宣传册、中文网页、餐厅加入中文菜单等内容。购物商店配备了越来越多会讲中文的店员，并积极培训中文导游等。此外，伦敦当地的许多商场专门针对中国“黄金周”做好了各种准备。高端奢侈品门店基本都配备了会说汉语的导购人员，并在购物方面提供了多种便利，有些商场甚至可以接受人民币消费。

4. 越南：与中国旅行社合作推出“半自助”旅游产品

位于越南中部的岘港，是越南最大的海滨城市。作为新兴的旅游度假目的地，这里越来越受到中国游客的喜爱。越南当地与中国国内旅行社合作推出了越南岘港“半自助”旅游产品。所谓半自助，就是旅行社安排3天行程，另外2天则由其提供各种攻略，让游客自由出行。

5. 日本：推出“银联卡”优惠及微信支付

除了推出面向中国游客的促销商品外，日本的各大百货商场主要在结算方面完善相关服务。2015年10月1日至7日，小田急百货店新宿店向使用“银联卡”的顾客发放打折优惠券。2015年9月30日起，大丸松坂屋百货在大丸心斋桥店和松坂屋名古屋店等主力门店支持用“微信支付”进行结算。在东武百货将池袋总店的食品柜台和女士日用品柜台，消费者还可以使用微信“摇一摇”功能接收店铺推荐商品和优惠券等信息。

资料来源：新华网，http：//japan. xinhuanet. com/2015-10/01/c_ 134675667. htm.

案例分析：

（1）从旅游者消费方式和消费偏好来分析，对中国游客的消费行为研究表明，中国消费者喜欢上网、使用微信，并且偏爱打折商品。针对这些特征，各国通过推出各种旅游服务和旅游营销方案来刺激中国游客的旅游消费。例如，韩国推出中国博主推广+打折优惠的组合；日本推出微信支付；泰国通过高档酒店和商场联合推出游客优惠套餐营销活动，锁定中国高收入游客。

（2）从旅游者消费行为来分析，越南通过精心设计休闲度假类旅游产品来引导中国游客，旅行方式由走马观花向深度体验转变，从而达到让游客爱上休闲、放松的度假旅游方式，让旅行慢下来，充分感受当地的风土人情，细细体验旅游带给人们身心的愉悦和乐趣。

（3）从旅游者消费的服务来分析，根据中国游客海外旅游喜欢购物习惯，为了方便中国游客的购物消费，英国相关景点标识中文化、商品购物推出中文导购服务，消费支付采用人民币；日本的各大百货商场向使用“银联卡”的顾客发放打折优惠券。这些贴心旅游服务的推出，一定程度上会增加中国游客消费购物的冲动，带来旅游购物消费量的增加。

综上所述，各国推出的旅游措施都建立在对中国旅游消费者行为进行深入研究的基础之上，包括旅游消费者的心理、旅游消费者的动机、旅游消费者的购买决策、旅游消费者的体验、旅游消费者的文化和旅游营销等。这些研究也是旅游消费者行为学这一门学科研究的主要内容，因此，掌握旅游消费者行为学具有非常重要的理论与实践意义。

第一节　旅游消费者行为的概念和特征

一、旅游消费者行为的概念

对于旅游消费者行为的定义，学术界没有完全统一的界定，不同的学者从不同视角来解释其内涵。罗明义（2001）提出旅游消费者行为就是在认识、购买、消费和评估旅游产品的整个过程中，消费者所表现出的行为和所反映的心理过程。杜炜（2009）认为，旅游消费者行为是个体在收集有关旅游产品的信息进行决策、购买、分享、评估、处理旅游产品时的行为表现和与之相关的活动。郭文茹（2010）等认为，旅游者消费行为指的是旅游者在旅游消费活动的过程中所表现出来的各种行为。沈涵（2005）认为，其主要表现在对旅游地和旅游产品的信息接受、感知、选择和决策这一过程。张卫（1993），认为旅游消费者行为是旅游者搜集旅游产品相关信息进行出游决策和购买、消费、评估以及处理旅游产品时的表现。于芳（2014）认为，旅游消费者行为就是旅游消费者在旅游活动的前、中、后的心理过程和行为规律。

一般认为，消费者行为由消费者的行为和消费者的购买决策过程两部分组成。这两部分相互渗透、互相影响，从而形成完整的消费者行为过程。从旅游学的范畴来研究，旅游消费者行为由旅游者购买决策过程和旅游者购买决策的实践过程两部分构成。

综上所述，本研究认为旅游消费者行为是指旅游者在购买旅游产品过程中的信息收集与决策、产品购买与消费、产品消费事后评价的行为表现以及相关活动。它主要包括旅游消费者行为的心理活动、决策行为、消费行为、体验后评估行为等各项消费行为的动态过程。研究内容主要涉及旅游者需求、旅游者动机、旅游者类型、旅游者感知、旅游者个性态度和文化、亚文化对旅游者影响与决策过程等。分析和掌握旅游消费者行为及影响因素是进行有效旅游市场营销活动的前提和基础。

【知识链接】

旅游行为、旅游者行为、旅游者消费行为的概念：

许多国内旅游研究及相关旅游媒体报道中经常出现“旅游行为”、“旅游者行为”、“旅游者消费行为”，通过文献研究梳理发现，这些名词的内涵、研究内容既有交叉又有区别。

1. 旅游行为。田里（1998）认为旅游行为是旅游动机的具体实施，是旅游者的最基本标志。广义的旅游行为指旅游者以旅游为目的的空间移动、游乐活动及与之相关的生活行为，狭义的旅游行为主要是指旅游者在旅游区内具体的游乐活动。

2. 旅游者行为。保继刚、楚义芳（1999）从旅游地理学的角度，指出旅游者行为研究内容主要包括三个方面，即旅游者的旅游动机及活动行为层次、旅游者决策、旅游者空间行为。还有学者认为旅游者行为是指以旅游目的地环境映像为基础的旅游主体的内在生理和心理变化的外在反应，包括旅游者空间行为、时间行为、动机、偏好、决策行为及对旅游目的地形象认知、满意度。

3. 旅游者消费行为。旅游消费行为学是研究旅游活动过程中旅游者消费心理和行为产生、发展和变化的科学。从旅游消费来看，旅游消费是旅游活动与消费活动的交叉重合行为。宁士敏（2003）从经济学角度定义为：旅游主体在有时间保证和资金保证的情况下，从自身享受和发展需要出发，凭借旅游媒体创造的服务条件，在旅游过程中对物质形态和非物质形态存在的旅游客体的购买和享用的支出（投入）总和。

二、旅游消费者行为的特征

旅游消费者行为不仅仅是一种经济行为，而且更为重要的是一种追求深度体验的感性消费行为。许多旅游消费者旅游的最终目标不是旅游产品本身，而是获得亲身体验和精神愉悦的畅爽情感享受。因此，从本质上来分析，旅游者消费行为是以获取精神享受为指向，是游客满足个性化精神文化需要的一种感性消费行为。它具有以下特征。

（一）明确的目的性

明确的目标是引发旅游消费者行为的基础。旅游消费者围绕自己的消费目标，并伴随着某种内外部因素的影响产生旅游消费动机，从而触发旅游消费行为。同时，随着旅游消费者行为的过程逐步实现，旅游者的消费目标会不断由模糊到清晰、由笼统到具体。另外，旅游消费者行为本身就包括旅游者对旅游产品和服务进行购买的决策和消费行为，其必然是具体清晰的目的性行为，尤其是在旅游消费决策过程中，也按照旅游者消费目标来进行规划，这体现了实现旅游活动的目的性。从结果上看，旅游消费行为是人满足自身精神享受与发展的需要，具有很强的目的性。

（二）连续的过程性

旅游者实施旅游消费行为的过程，首先是旅游消费者受到内、外部因素刺激直接产生旅游消费需求，形成旅游购买动机，其次，旅游过程结束后来评估旅游消费，接着通过反馈来影响其他旅游者的消费决策，最终形成一个连续的、完整的循环过程。另外，这种特性保证了旅游消费者行为过程最大限度的可持续发展。

（三）需求的个性化

随着人们的生活水平提高，追求个性化与多样化的消费需求成为人们最主要消费目标。而旅游消费行为是消费者主观需求和外部环境诸多因素影响的外在表现。随着个性化与多样化消费行为日益增加，旅游消费行为的旅游者决策独立化、个性化需求特点表现得越来越突出，也因个人意愿而表现出不同特征。

（四）购买与消费的同步性

旅游资源具有显著的地域性、不可移动性等特点，而以旅游资源为载体开发的旅游产品，与其他产品相比，同样表现出明显的不可转移的地理特征。从旅游服务的特点来看，它一方面表现出空间不可移动性，这需要游客亲自前往旅游地才能消费旅游产品。另一方面表现出时间上不能储存，由于旅游服务具有现场体验性、现时消费的特点，这也需要游客的购买与消费同时进行。因此，旅游消费行为所经历的过程，也伴随着旅游消费者的购买与消费行为。

第二节　旅游消费者行为研究进展

旅游消费者行为是旅游学界日益突出的、新兴的、活跃的领域，不同学科的学者从不同视角来研究旅游消费者行为，梳理总结国内外文献，发现研究主要集中于旅游动机、旅游态度、旅游消费行为和旅游市场细分四个方面。

一、旅游动机的研究

旅游动机是影响旅游者对旅游目的地选择的最关键的因素，旅游企业获得市场竞争力最佳途径是全面掌握旅游者的旅游动机。旅游动机一般是指维持和推动旅游者进行活动的内部原因和实质动力（黄波，2006），旅游者出游的动机是旅游活动产生的原动力，它反映了旅游需求的层次，在很大程度上影响着旅游者在外出旅游过程中的各种行为（杨万福等，2002）。由于旅游形式、内容的多样性，研究者从不同的视角来研究旅游动机。从旅游动机的形成及影响因素来看，刘纯（2000）、孙喜林（2000）、赵新民（2000）、杨雁（2002）等都认为，需要是动机的原因、源泉和基础，旅游动机来源于旅游需要。保继刚等（1993）认为，旅游动机是人们在满足了最低生理要求之后提出来的。关于旅游动机的形成，谢彦君（2005）认为，它是内心自我价值判断与环境参数进行相互渗透、彼此作用并最终调和的结果；娄世娣（2002）认为，需具备经济、时间、社会和个人等方面的主客观条件；邱扶东（1996）、娄世娣（2002）、付邦道（2003）等探讨了年龄、职业、受教育程度、性别等对旅游动机的影响。从特定旅游者旅游动机研究来看，展会旅游的旅游动机是打折和其他促销活动、到自己渴望去的地方、对产品做购买前的了解、为将来可能的消费收集信息、购买产品或服务（Rittichainuwat 和 Mair，2012）。乡村旅游者表现出感受自然文化、体验真实乡村、求知、享受阳光海滩等动机（Rid，Ezeuduji 和 Haider，2014）。志愿者旅游的动机主要包括深度体验当地文化、奉献爱心帮助别人、与家人一起分享经历并教育孩子、宗教信仰、逃离日常生活（Lo and Lee，2011）。背包客的旅游动机主要包括社会互动、自我实现、目的地体验、逃避和放松（Chen，Bao 和 Huang，2013）。

二、旅游态度的研究

旅游态度是旅游消费者在了解、接触、享受旅游产品和服务的过程中，对旅游本身、旅游产品和服务以及旅游企业较为稳定的看法和评价，也是影响旅游者消费行为的重要因素（吴清津，2006）。根据影响旅游态度的因素来看，在宏观上，居民的旅游态度受当前的经济、环境意识、文化等多种因素影响（谌永生等，2005）；在微观上，目的地社区居民的旅游支持度受到居民对旅游业的关注度、社区满意度、生态中心价值观、资源基础的使用、旅游发展成本和获益感知、居民社区依恋与地方感等因素的影响（Gursoy，Jurowski 和 Uysal，2002；Ko 和 Stewart，2002；许振晓，2009）。根据不同类型居民对旅游态度来看，自然旅游地社区居民的旅游获益感知直接影响居民的旅游支持度，也受目的地居民的旅游发展期望直接影响，并间接影响居民的旅游态度（程绍文等，2010）。旅游居民对旅游发展态度与其自身汉语能晓程度、文化程度呈现显著相关性（薛玉梅，2014）。根据旅游态度分类来看，尹郑刚（2001）认为，当代人对旅游的态度可分为对旅游业发展的态度、参与旅游的态度、旅游花费的态度和对旅游消费的价值判断四个方面。于文文（2009）指出旅游地居民对事件旅游的感知和态度分为热爱者、憎恨者和矛盾支持者三种不同的类型。

三、旅游消费行为的研究

旅游者消费行为模式详细描述旅游者消费行为过程，也是对旅游者消费行为的规律总结。国外学者提出具有代表性的旅游消费行为模式主要包括以下几种模式①：瓦哈比（S. Wahab）等人的旅游者购买决策过程模型、斯莫尔（G. A. Schmöll）旅游者决策过程模型、梅奥（E. Mayo）和贾维斯（L. Jarvis）的旅游决策影响因素模型、玛蒂森（A. Mathieson）和沃尔（G. Wall）的旅游者决策过程模型、莫霆荷（L. Moutinho）的度假旅游者行为模型和米德尔顿（V. T. C. Middeton）“刺激—反应”模型。国内学者刘纯（1987）根据消费心理学的理论设计了一个旅游消费者购买行为的综合模式。王伟（2009）根据乡村旅游者的消费特性，对原有的“刺激—反应”购买者行为模型进行了修正，构建了突出乡村旅游游客行为特色的模型。另外，许多学者从空间角度来研究旅游消费者行为的空间模式，其中陈健昌、保继刚（1988）、肖洪根（1998）等从大、中、小三个尺度来描述旅游者的行为规律。杨新军等（2000）提出以城市为空间节点的区域旅游空间结构。吴必虎（1994）通过研究得出上海居民出游半径为 2 000 千米以内的流动规律。谢彦君、谷明（1998）提出了个体旅游者和群体旅游者的度假决策模型。冯淑华（2002）、蒙睿（2004）分别以古村落和古镇为研究对象，讨论了客源市场的行为特点和模式。邹春萌（2006）等通过考察研究提出旅游者空间行为具有双向流动、空间等级层次和距离衰减的基本规律。还有学者研究旅游消费行为的影响因素，程冰、朱锦晟（2013）研究了来华俄罗斯旅游者消费行为的影响因素；安芳芳、杨裕钦（2011）研究了高端旅游者消费行为的影响因素；王雪映（2011）分析了互联网技术对旅游者消费行为的影响；王亚峰（2013）则研究了信息技术对旅游者消费行为的影响。谭颖（2012）分析研究了文化因素、时间和距离因素、信息因素、旅游供给因素、社会因素和收入因素等对长沙自驾车旅游者的消费行为产生的影响。张喜（2012）以消费需求理论为研究的理论基础，并根据相关数据的可得性，通过构建相关模型，定量分析研究了旅游消费习惯、农村居民收入水平、旅游产品价格和城镇居民旅游消费水平等因素影响我国农村居民旅游消费的强度。

四、旅游市场细分的研究

旅游市场细分是指根据旅游者的需求、偏好、购买行为和购买习惯等方面的差异性，把一个整体旅游市场划分为若干个消费者群的市场分类过程，所划分出来的每一个消费者群就是一个细分市场。旅游市场细分有助于选定目标市场、有针对性地开发产品和开展促销，从而提高旅游企业的市场竞争力。田里（2006）根据市场营销的原理和旅游者的需求差异性，将旅游市场细分为地理细分（包括地区、城市或乡村、国家、地形

① 吴清津．旅游消费者行为学［M］．北京：旅游教育出版社，2006：27-33.

气候和距离等细分因素）、人口统计特征细分（包括年龄、性别、家庭大小、职业、收入、教育、生活阶段、种族和国籍等因素）和心理细分（包括生活方式、性格、社会阶层和价值观念等因素）。从旅游市场的地理细分来看，俄罗斯旅游者在三亚旅游消费行为研究表明，俄罗斯消费者旅游中所关注的因素依次为购物、当地民俗文化和人文景观（苏馨，2015）。杭沪苏旅游目的地在韩国旅游者心目中形象存在明显差异，其中上海最占优势的是旅游基础设施、购物设施、娱乐和夜生活、服务质量；杭州以自然景观取胜，同时和苏州在历史和文化景观上相仿（周寒琼，2014）。韩国游客到九华山旅游的动机有佛教朝拜、亲近自然、休息放松、文化体验以及便利与购物，和九华山旅游资源的属性特征相对应，佛教朝拜和亲近自然是韩国游客来九华山的最主要动机（刘力、吴慧，2010）。从旅游市场的人口特征细分来看，老年人外出旅游的动机有丰富生活、实现梦想、怀旧、健康和交友五个方面，其中丰富生活和健康是老年人最主要的两个旅游动机（刘力，2016）。而欣赏风景、缓解压力、购物等是现代女性的主要动机（胡小玲、张俐俐，2010），但文化因素、个人因素、家庭因素及心理因素是影响女性旅游行为的主要因素（许秋红、单纬东，2001）。大学生区别其他群体最为显著的旅游动机是学习型旅游，以及娱乐、求知、实践、缓压的旅游动机，但与“80后”大学生研究结论相比，文化动机依旧是“90后”大学生旅游的主要动机（郑清宗、赖正均，2008）。从旅游市场的心理细分来看，生态旅游者旅游动机一般多是为逃避日常枯燥的生活，挑战自我，在休息活动时，前往大自然，追求自然美，而普通大众旅游者多为寻找归属感及感受成就、地位（陈楠、乔光辉，2010）。高尔夫旅游者的出游动机是体育健身与休闲、目的地与球场、商务与社交，其中“狂热型支持者”对高尔夫旅游在认知、情感和行为意向上都表现出更加积极的支持态度（陈嘉伦，2014）。

第三节 旅游消费者行为的基础理论

一、旅游消费效用理论

（一）内涵与特征

效用是指人们消费物质或劳务产品时所获得的满足程度。它表现的主要特征是人们所获得的满足程度越高，则说明效用越大；满足程度越低，则说明效用越小。我们可以将效用应用于旅游消费行为中，来解释旅游者消费的“投入”和“产出”的含义，即“投入”是指旅游消费需要支出一定的货币、时间和精力，而旅游消费的“产出”指通过旅游消费，使旅游者体力和智力得到恢复和发展，精神达到愉悦和满足。因此，旅游消费效用是指旅游者在旅游经济活动中通过消费旅游产品所获得的心理感受和主观评价，也是旅游消费“投入”和“产出”的比例关系。

（二）评价

评价旅游者消费效用，一般分为两个层次：一是根据旅游需求方面来评价，对旅游者的旅游消费满足程度的评价；二是根据旅游供给方面来评价，对旅游目的地国家或地区向旅游者提供各类旅游产品消费，以此来评价如何实现旅游消费的最大满足。

1. 旅游者消费效用的评价

评价旅游者消费获得最大满足的最佳指标是旅游消费效用。旅游者消费获得最大满足是基于旅游者在支出一定时间和费用的前提下，通过对旅游的产品、项目和服务等消费后所获得精神上的愉悦和舒畅的物质体验，从而达到旅游者的心理感受与主观愿望的最大满足度。主要采用边际效用和无差异曲线来评价旅游消费者的最大满足度。

2. 旅游目的地旅游消费效用的评价

旅游目的地通过向旅游者提供旅游产品后所获得旅游收入的效用，这种评价基于旅游供给来衡量。在某一时间段，旅游目的地的旅游者消费越多，旅游目的地收入越多。因此，借助度量旅游目的地旅游者的消费支出就能更好地衡量旅游目的地的旅游消费效用。一般来讲，衡量旅游者消费支出的指标主要包括旅游消费总额、人均旅游消费额、旅游消费率和旅游消费。

【知识链接】

评价旅游者消费支出的指标

旅游消费总额是指一定时期内旅游者在旅游目的地国家或地区进行旅游活动过程中所支出的货币总额，从旅游目的地的角度来看也就是其旅游收入。它从价值形态上反映了旅游者对旅游目的地的旅游产品消费的总量。由于旅游业是一个综合性产业，涉及交通、住宿、餐饮、娱乐、购物、游览等多方面的行业和企业，因此对旅游消费总额的计算采用抽样调查和常规统计相结合，即通过抽样调查得到人均旅游消费额，再与常规统计的旅游者人数相乘而得。

人均旅游消费额是指一定时期内旅游者在旅游目的地国家或地区的旅游过程中平均每一个旅游者支出的货币金额，反映了旅游者在某一旅游目的地的旅游消费水平，并为旅游经营者开拓旅游市场和开发旅游产品提供了重要的依据。人均旅游消费额一般通过抽样调查而得到，但是在知道旅游消费总额的情况下，也可以根据旅游消费总额和旅游者人数来计算。

旅游消费率是指一定时期内，某一个旅游客源地国家或地区旅游者消费支出同该国家或地区个人消费支出总额的比例，从价值角度反映了一个国家或地区在一定时期内旅游者对旅游消费的强度和水平。掌握旅游客源国的旅游消费率，对于旅游目的地国家或地区开拓旅游客源市场具有十分重要的意义。

资料来源：石斌. 旅游经济学［M］. 北京：清华大学出版社，2013：175.

二、旅游态度理论

态度由认知、情感和意向三个要素构成，它是环境刺激和个人行为反应之间的重要中介因素。在消费者行为学中，态度是消费者对某一事物或观念所持有的正面或负面的认知、情感和行为意向。而旅游态度，是态度概念的一种具体化。由于旅游消费的特殊性，旅游态度可以认为是旅游消费者在了解、接触、享受旅游产品和服务的过程中，对旅游本身、旅游产品和服务以及旅游企业较为稳定的看法和评价，它具有对象性、习得性、内隐性、协调性、持续性和稳定性的特征（吴清津，2006）。不同旅游消费者对同一旅游消费的态度可能有所不同，因此，旅游态度是影响旅游消费行为、旅游偏好的主要因素之一。

（一）旅游态度与旅游消费行为

旅游消费者不仅决定着其对旅游产品、旅游服务和旅游企业的态度，而且影响着旅游消费者做出旅游决策和购买行为需要经历一系列的心理过程。由此可知，旅游态度对旅游消费行为会产生重要影响。旅游消费者的态度首先影响旅游系统各个要素的评价，其次影响旅游消费者的消费行为倾向，最后影响旅游者消费购买行为。另外，通过旅游消费者的态度也会影响其对旅游信息的搜集与评判。旅游者首先要从社会环境中接受知识和各种旅游信息，在此基础上形成针对旅游的态度，进而形成某种行动的偏爱和意图。此时，诸多社会因素又对这种偏爱或意图施加影响，二者互相作用的结果决定了具体的旅游行为是否能够发生。

（二）旅游态度与旅游偏好

旅游偏好是指人们趋向于某一旅游对象、旅游企业、旅游产品和服务的一种心理倾向，它是建立在旅游者极端肯定态度之上的一种针对态度对象的行为倾向。通常情况下，旅游态度对象的性质越鲜明越突出，旅游者越能满足自我的旅游需要，从而产生极端肯定的态度，进而导致旅游偏好的形成。旅游者掌握的对象信息越多越复杂，对象的吸引力越强，越容易形成偏好（陈春，2008）。

一般认为，态度和行为具有一致性，即肯定的态度促成旅游行为的发生，否定的态度抑制行为的发生，但态度和行为有时是不一致的。时蓉华（1998）认为，原因有二：一是同一对象有多种属性和特征，当个体对某种属性肯定而否定另一种属性时，导致态度与行为不一致，如人们可能对某个旅游景点持肯定态度，但对去该目的地的交通条件持否定态度，就可能取消到该地的旅游行为。二是个体行为除受态度影响外，还受个体经验、当时情景等因素的影响，从而导致态度与行为的不一致性。

三、旅游消费行为理论

消费者行为学（Consumer Behavior）是研究消费者在获取、使用、消费和处置产品和服务过程中所发生的心理活动特征和行为规律的科学（吴清津，2006）。随着旅游活动在全世界范围内迅猛发展，许多研究人员对旅游消费者行为产生了极大的兴趣，尤其是旅游者怎样消费旅游产品更受研究者的关注，他们对传统的消费者购买决策过程模式的适应性产生怀疑。20世纪末，大量的研究人员采用交叉与多种方法相结合的研究方法来探讨旅游者消费的全过程，催生了旅游消费者行为学这门新兴学科。这为旅游产品开发、旅游服务提升和旅游市场营销提供了指导（韦志慧，2010）。不同学者从多维视角来研究旅游消费行为，其中有以下几个最具代表性的旅游消费行为模型[①]：

（一）旅游者决策过程模型

1982年，玛蒂森（A. Mathieson）和沃尔（G. Wall），在总结前人研究的基础上，将旅游决策的动态过程与影响旅游消费行为的静态因素结合起来，提出了一个新的旅游决策模型（如图1.1所示）。玛蒂森和沃尔认为，旅游者的决策过程包括五个主要阶段：①旅游者产生出游的愿望；②旅游者收集信息，评估对目的地的印象；③旅游者比较各种可选择的旅游方案，做出旅游决策；④旅游者准备出游，并形成旅游体验；⑤对旅游的结果和满意程度进行评估。

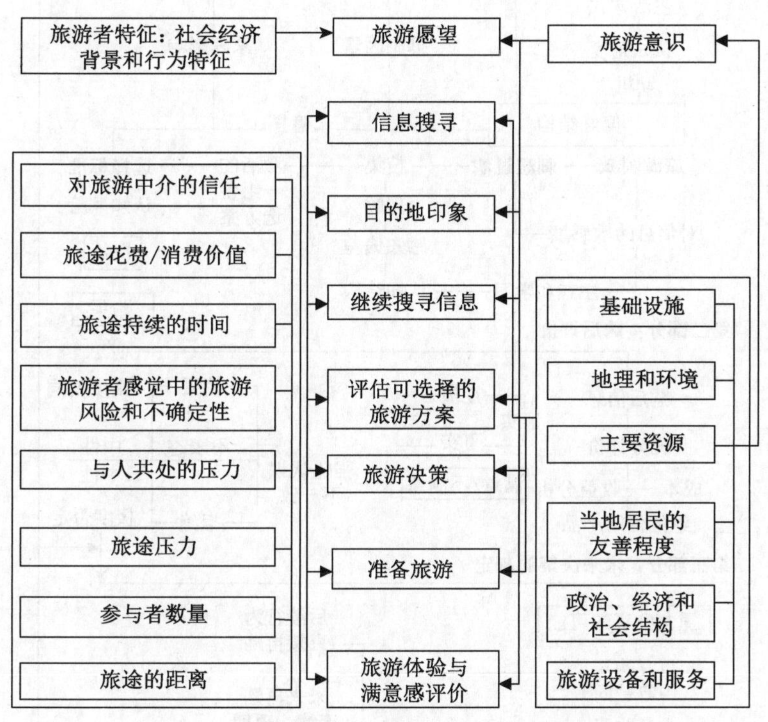

图1.1 玛蒂森和沃尔的旅游者决策过程模型

① 吴清津．旅游消费者行为学［M］．北京：旅游教育出版社，2006.

根据图 1. 1 所列出的各项因素及它们之间的相互关系都会对旅游决策的五个阶段产生影响。这些因素包括：①旅游者特征，包括旅游者的社会经济状况和行为特征；②旅游意识，潜在的旅游者意识到自己有机会旅游，知道通过哪些方法可以满足自己的需要，才会激发起旅游的愿望，并设法完成旅游心愿；③旅途的特征，旅途是否遥远、需逗留多长时间、旅游者能否承受旅途的开销、是否存在风险等问题会在很大程度上决定旅游者是否将旅游愿望付诸实践；④目的地旅游资源和特征，包括目的地旅游吸引物的种类、目的地提供的服务范畴及服务质量、环境条件、当地居民的特点、当地政府的政策等。

（二）度假旅游者行为模型

1987 年，莫霆荷（L. Moutinho）在全面回顾旅游者决策过程文献的基础上，对葡萄牙度假旅游者进行了一项调查，将复杂的旅游者度假行为简化为一个概括性模型（如图 1. 2 所示）。该模型分为三个部分：

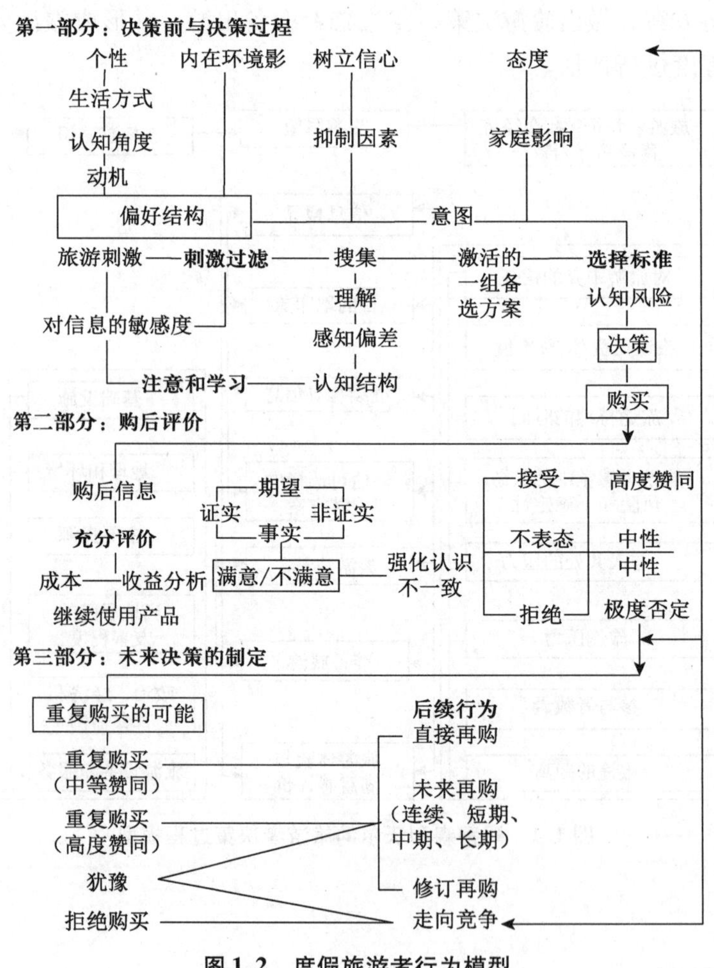

图 1. 2　度假旅游者行为模型

1. **决策前与决策过程**

该部分主要涵盖旅游者受到旅游刺激到做出购买决策的全过程旅游活动。旅游消费者在这一过程中会经历三个阶段：形成偏好、决策和购买。旅游消费者的决策及购买行为在很大程度上取决于他们的偏好，而旅游消费者对特定旅游产品和目的地的偏好结构又受许多因素的影响。这些因素包括个性、生活方式、动机等个人因素，以及文化规范和价值观、参照群体、社会地位等内在环境因素。旅游消费者的偏好能否转化为购买意向，还会受到旅游者对旅游产品的信心和限制性因素的影响。

对偏好结构的心理分析可分为刺激过滤、注意和学习、选择标准等三个子领域：①刺激过滤是指旅游消费者对来自旅游营销方面的刺激进行过滤，对有用信息进行组织，并搜寻更多的补充信息以澄清对一些模糊不清的刺激的认识；②注意和学习是指旅游消费者通过对外界输入的信息与记忆中的信息进行比较，更新个人的认知结构；③选择标准是指旅游消费者在评估备选方案时，所考虑的一些非常重要的旅游产品属性。

2. **购后评价**

旅游消费者非常重视购后评价，因为购后评价可以丰富旅游经历，检验先前做出的购买决策正确与否，为调整未来的购买意向提供反馈信息。如果旅游者的期望与实际旅游体验一致，他们就会感到比较满意；否则，就会感到不满。旅游消费者还会对旅游产品的性能/价格比进行评估，比较自己的付出与收益。消费者对满意与否的判断，经过认知不协调机制的强化后，将出现三种不同结局：接受、不表态、拒绝。这些态度会进而影响消费者未来决策的制定。

3. **未来决策的制定**

模型的最后一部分分析旅游者重复购买旅游产品和服务的可能性以及旅游者的后续行为。度假旅游者结束度假后的行为存在四种情况：①直接重复购买；②将来重复购买，这种重购行为可能在接下来的短期内发生，也可能在中期或较长的一段时期后才发生；③经过修正的重复购买行为，旅游消费者可能会转向购买新产品或寻求更高质量的旅游产品；④因犹豫或拒绝再次购买相同产品而转向购买竞争对手的旅游产品。

总体而言，莫霆荷的模型比较全面细致地描述了度假旅游消费行为的整个过程，并开创性地把旅游消费者的购后评价和未来决策纳入分析体系，为深化学术界和旅游业界对度假消费行为的认识做出了贡献。但是，这个模型比较烦琐，而且尚未能很好地反映旅游消费行为的动态性。比如说，第一部分的内容与第三部分的内容实际上并不是相互分离的。当消费者做出后续行为时，他们就是进入了新一轮的决策过程。购后评价和重购意向会直接融入旅游消费者的态度和感知之中。

（三）“刺激—反应”模型

1988 年，米德尔顿（V. T. C. Middleton）在前人研究的基础上，提出了一个更能反映旅游者消费决策的动态性模型（如图 1.3 所示）。该模型由刺激输入、沟通渠道、购买者的特征和决策过程、购买和消费后的感觉四部分组成，其中，该模型的核心是“购买者特征和决策过程”。米德尔顿不仅考虑到了在旅游产品的购买决策中朋友和同事等参照群体的重要性，而且也认为，旅游动机促使旅游者将旅游需要付诸实践，是连接旅游需要与购买决策的桥梁，另外，他指出旅游者消费效用是影响其购买行为最为关键的因素。因此，他通过在模型中构建出了一条旅游者购后感觉到决策过程的反馈路线，这样能更好地将购后评价与旅游消费决策过程循环紧密地联系起来。

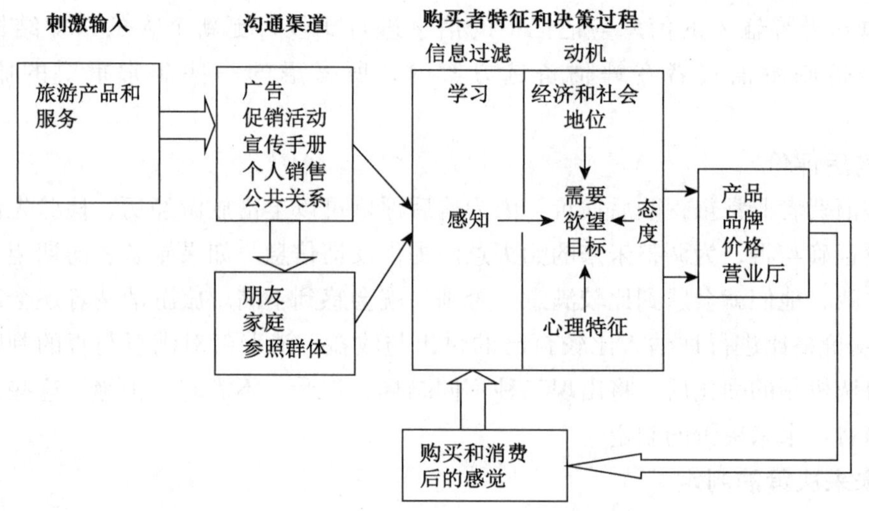

图 1.3　旅游消费行为的“刺激—反应”模型

四、推—拉理论

“推—拉”理论（Push—Pull Theory）最早源于英国学者 E. G. Ravenstein 对人口流动的理论研究，他提出了人口迁移的七条规律，并认为人口移动是由迁入地和迁出地两种不同方向上的力互相作用形成，体现了“推—拉”理论的早期思想。Dann（1977）最早将这一理论应用于旅游研究中，认为旅游“推力”即指旅游者由于内心不平衡或紧张而引起的旅游需求，具有内在性和非选择性，只要能使旅游者内心不平衡或紧张感得以缓解的所有刺激都可以作为旅游行为的指向对象，而旅游“拉力”与目的地吸引物特征相关，具有外向性和选择性，可以影响到人们选择旅游目的地的类型与方向（张宏梅等，2005）。由于旅游活动是一种以游客为中心，由旅游客源地和目的地为节点所构成的 OD 模式（Origin—Destination），在旅游经济学中，“推—拉”理论正好与旅游供求理论相结合，旅游“推力”因素侧重指旅游客源地（需求）对游客产生的助推力，这种助推力主要源于社会制度、行为习惯、日历、传统、社交、时尚、交通、气候等。而“拉力”因素主要指旅游目的地旅游吸引物（供给）对旅游者产生的吸引力，这种吸引力主要源于户外运动项目、旅游事件、旅游资源、气候条件等。周成和冯学钢（2015）以推拉理论构建了旅游业季节性影响因素体系（如表 1.1 所示）。

表 1.1　旅游业季节性影响因素指标体系

主类	亚类	影响因素	主类	亚类	影响因素
旅游客源地推力	旅游者个体因素	个人闲暇时间支配	旅游目的地拉力	旅游景区或企业	季节性成本与收益机制
		可自由支配收入变化			淡季设施和人力供给限制
		自我职业知识结构			淡季旅游市场营销
		旅游者个人出游偏好			淡季旅游吸引物特色
		家庭结构和生命周期			旅游季节性管理模式
	客源地宏观因素	政府节假日制度		目的地宏观政策	旅游季节性综合性
		气候或生态环境逃离			目的地季节气候环境
		偶发性不良社会事件			偶发性旅游事件
		组团价格季节波动			目的地民俗日历
		宏观出游方式转变			旅游政策与税收

第四节　研究旅游消费者行为的意义

旅游消费不仅具有扩大内需的功能，而且对经济发展也产生显著的拉动效应、波及效应和倍增效应。同时，旅游消费形成的决定因素，旅游消费者消费行为的心理过程及其变化规律，是学术界和旅游行业共同关注的焦点。因此，研究旅游消费者行为具有以下重要的意义。

一、有助于旅游企业提高市场竞争力

研究旅游消费者行为有助于旅游企业准确地预测旅游者未来的购买行为，准确地锁定旅游产品的购买目标群，准确地判断及时介入消费者的购买过程，有效地诱导旅游者消费企业的旅游产品与服务。这可以更好地开发适销对路的旅游产品、项目和服务，极大地避免旅游企业的投资与经营风险，增加企业市场竞争力，提高企业管理和经营的绩效。许多旅游企业越来越意识到，仅仅借助于降价促销的营销手段难以吸引游客和培养其忠诚度，唯有提高旅游产品的质量、提供品质的服务、开发独具特色与个性化的旅游项目才能真正满足旅游者最佳旅游效应，培植其忠诚度，并使旅游者变成回头客。另外，卓越的旅游企业善于对旅游者消费行为进行研究，掌握打动游客的关键因素，提高游客感觉中的服务质量和满意度，从而保持企业在旅游市场中的可持续竞争力。

二、有利于提高旅游目的地游客的管理水平

详细分析旅游者消费行为中的特点，可以为目的地的旅游企业及管理部门开发旅游资源提供更为明确的消费对象，为旅游产品的开发设计出更为特定目标市场，提高旅游资源和旅游产品开发规划的针对性与管理绩效。

基于跟踪分析旅游消费者行为特征，旅游目的地旅游企业的相关管理部门可以准确地掌握旅游者旅游活动路线，每个区域的游客密度，这有助于控制区域的接待容量，以避免游客产生拥挤感、因游客休息处座位的设计不当令人觉得隐私被侵犯等问题，保证旅游体验的质量。旅游企业并可引导旅游者的消费活动，使其与旅游景观的结构、功能及其内在价值相协调。

三、有利于提高旅游企业的服务质量

旅游业以旅游者的存在和消费为主要前提，没有旅游者和消费，旅游业就不能存在。根据现实意义来观察，一个旅游企业赢得旅游者和旅游者消费的多少，是衡量该企业是否兴旺发达的重要因素。随着旅游由观光型向体验型转变，以及游客个性化、多样化的消费需求日益突出，面对旅游消费行为新的发展趋势，如何赢得更多旅游者，最大限度地满足旅游者消费效用，对旅游者消费行为的特征和规律的研究显得更为重要。这可以为服务设施的配置、服务态度的改进、游客的体验程度和游客容量的控制，提供科学的指导和帮助，从而切实有效地提高旅游企业的服务质量。

四、有利于中国旅游产业的转型发展

中国旅游产业的转型发展的关键是推动旅游新科技创新的应用和旅游企业转型升级。随着移动互联网、大数据、云计算等高科技技术在旅游业广泛应用，尤其是智慧旅游的大量建设与应用，这为游客提供的多为直接、面对面的线下旅游产品服务的传统企业产生极大冲击，这种冲击主要表现为旅游产品设计、旅游营销手段、旅游投融资渠道和旅游服务方式等，这也从根本上改变了旅游企业的经营模式和消费者出行旅游的模式。智慧旅游建设一方面将逐步改变企业的经营模式，由于在线营销系统大大节约了企业的经营成本，因此，企业的传统经营模式将被引导至全新的智慧旅游系统平台之上，

由线下服务转为线上线下相结合、相辅相成的经营模式；另一方面，智慧旅游平台也是企业充分展示形象和提供产品的平台，科技与文化的结合可以促进企业加快对旅游资源的深度开发，打造新型的旅游文化产品与旅游创意产品，进一步放大旅游资源的综合效益（金卫东，2012）。智慧旅游不但给旅游消费者以自由度最大化的旅游体验，也让旅游企业通过汇总旅游消费者的网络订单、对消费者进行行为追踪、满意度调查及数据统计与分析等方式，实现旅游企业产品与服务的不断推陈出新与量身定做（李振坤等，2014），从而推动中国旅游产业加速转型升级，实现中国旅游业的健康可持续发展。

【知识链接】

智慧旅游的内涵与构成

智慧旅游是基于新一代信息技术（也称信息通信技术，ICT），为满足游客个性化需求，提供高品质、高满意度服务，从而实现旅游资源及社会资源的共享与有效利用的系统化、集约化的管理变革。

从内涵来看，智慧旅游的本质是指包括信息通信技术在内的智能技术在旅游业中的应用。智慧旅游是智慧地球及智慧城市的一部分，它的四大核心技术是物联网、移动通信、云计算以及人工智能技术。通过感知化、物联化、智能化的方式，可以将旅游过程中的物理基础设施、信息基础设施、社会基础设施和商业基础设施连接起来，成为新一代的智慧化基础设施，使旅游业涉及的不同部门和系统之间实现信息共享和协同作业，更合理地利用资源，做出最好的旅游活动和管理决策，及时预测和应对突发事件与灾害。由于智慧旅游面向旅游者、企业、政府和居民，因此，其应用给不同的利益主体提供了不同的价值。这些价值供给体现在智慧旅游的信息应用层面（如图1.4所示）。对游客而言，其可以获取旅游全域/全流程的信息服务，实现出游前的信息查询、合理线路设计、旅游预订、智能导览、门票及优惠券获取、紧急救援、投保理赔等价值。对企业而言，其可以获取旅游电子商务、营销、满意度调查、行为追踪、数据统计及挖掘等价值。对政府而言，其可以获取行业市场监管、旅游信息与其他公共服务信息共享与协同运作、旅游目的地营销等价值，实现指挥决策、实时反应、协调运作，政府可以更合理地利用资源，做出最优的城市发展和管理决策，及时预测和应对突发事件和灾害，形成产业发展与社会管理的新模式。对居民而言，其可以享受交通、游憩、休闲等多种系统信息共享的价值。

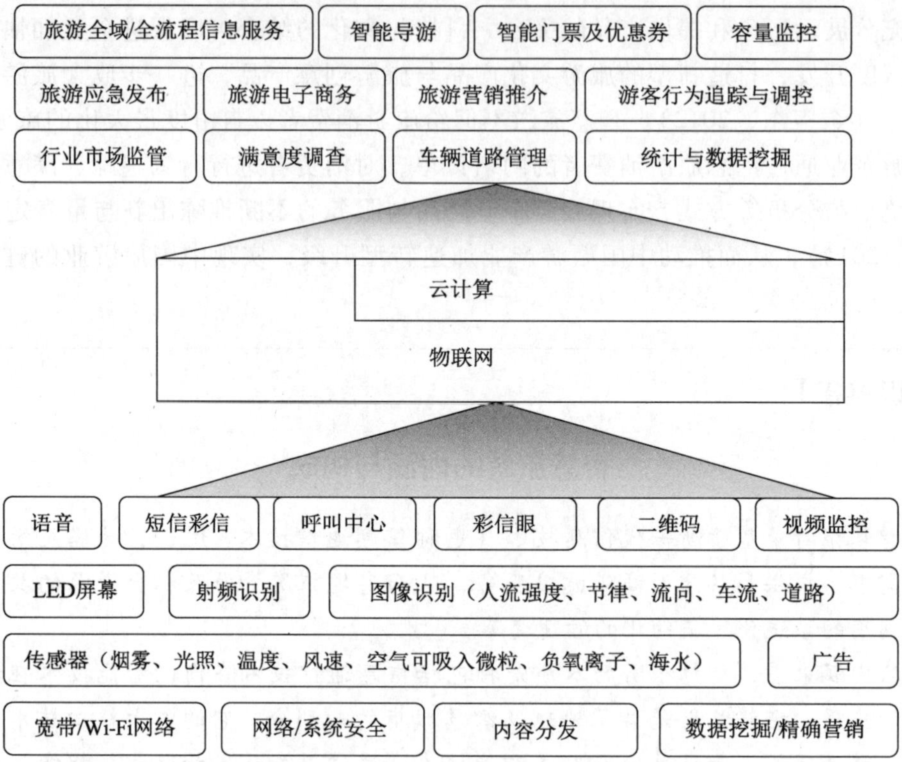

旅游全域/全流程信息服务 | 智能导游 | 智能门票及优惠券 | 容量监控

旅游应急发布 | 旅游电子商务 | 旅游营销推介 | 游客行为追踪与调控

行业市场监管 | 满意度调查 | 车辆道路管理 | 统计与数据挖掘

云计算

物联网

语音 | 短信彩信 | 呼叫中心 | 彩信眼 | 二维码 | 视频监控

LED屏幕 | 射频识别 | 图像识别（人流强度、节律、流向、车流、道路）

传感器（烟雾、光照、温度、风速、空气可吸入微粒、负氧离子、海水） | 广告

宽带/Wi-Fi网络 | 网络/系统安全 | 内容分发 | 数据挖掘/精确营销

图 1.4　智慧旅游应用示例

资料来源：张凌云，黎巎，刘敏．智慧旅游的基本概念与理论体系［J］．旅游学刊，2012，27（5）：66-73.

【延伸阅读】

韩国旅游消费者国际旅游的选择特性可以总结为两点：第一，以邻近国家为主要旅游目的地；第二，在旅游目的地的选择上明显受来自言论和广告的影响而具有一定的盲目性。通过对上述内容的分析，韩国旅游消费者的特性对预测中国旅游消费者的特性、旅游目的地的改善方向、旅游产业的发展方向和政府对旅游业的介入都有很重要的参考价值①。

（一）对中国旅游消费者特性的预测有很重要的参考价值

中韩同位于东北亚、历史上同属“汉字文化圈”，这使中韩两国国民在生活环境、饮食构成以及文化和传统上都有很多的共同点。加之中国第三产业的崛起，人民生活的方式也开始向发达国家靠拢，与之而来的就是快节奏的生活和压力，

① 陈虎．后现代视角下韩国旅游消费者行为特性分析［J］．旅游学刊，2014，29（8）：11-14.

这与1988年汉城奥运会前后的韩国社会环境非常相似。参考后现代韩国旅游消费者特性，意味着中国旅游消费者在未来10~20年可能出现的消费者特性：第一，中老年人成为主要消费人群；第二，消费者开始围绕生活进行近距离的休闲旅行（考虑中韩两国国土面积差异）；第三，休闲体育和农村旅游有成为主流旅游商品的趋势；第四，消费者也有可能因为相对单一的需求和动机，在短期旅行中反复选择一个目的地或旅游商品；第五，通过网络完成旅游商品的选择和购买；第六，在国际旅游的范畴，中国消费者也有可能受到来自言论和广告的极大影响，而不是顺从自身需求和动机，即在选择上有盲目性。

（二）对旅游目的地的改善方向有很重要的参考价值

中国的旅游消费者在现阶段对目的地的设施没有很高的要求，但随着收入的提高，他们开始会对旅游过程中使用的各样设施的外观、便利性、价格等多种品质产生更高要求。届时，中国消费者可能也会像今天的韩国消费者一样难以得到满足。参考韩国旅游消费者行为特性，中国旅游目的地建设需要进一步完善：第一，提升城市周边即近郊旅游目的地的品质，特别是交通的便利性，且在节假日期间可以为重点旅游目的地分流；第二，重点旅游目的地的各样设施需要进一步完善，这不仅是现阶段韩国旅游消费者的需求，也是将来中国旅游消费者的需求；第三，开发新的农村体验和休闲体育的旅游商品，满足旅游消费者随之而来的需求；第四，旅游目的地需要带有休闲功能，使旅客在旅游期间得到身心的恢复，以便更好地面对生活；第五，完善旅游目的地的官方网站及其功能，方便游客获取信息。

（三）对中国旅游产业的发展方向的确定有很重要的参考价值

对韩国旅游消费者消费特性的研究，对中国旅游消费者市场有相当的预测价值。中国旅游产业应建立相应的预测机制，在旅游市场出现问题时采取相应的补救措施，根据市场发展状况，提前开发出能够满足旅游消费者需求的旅游商品，并对消费行为起到一定的引导作用。这不仅可以维系产业命脉，还可以协调政府，帮助消费者树立健康的消费观念，避免消费者的盲目消费。且不断完善旅游产业网上作业的能力，为游客提供有效和便利的服务。

（四）政府对旅游业的介入有很重要的参考价值

对于西班牙、瑞士等发达国家而言，旅游收入是国家的重要经济来源，因此，政府对旅游市场有直接有效的介入机制。韩国在连续十年旅游收支入不敷出的情况下，也依然加强政府对旅游业的介入。特别是朴槿惠执政以来，韩国政府借助三星经营经济研究所制定出的“观光富国”国策，提出了医疗观光、国际会展和中国市场代替日本成为韩国第一大客源地等七大旅游发展举措，指导和帮助地方政府和旅游产业的发展。因此，建议中国政府采取相应措施，对旅游市场进行相应的规范以及引导和保护措施，帮助中国旅游市场健康发展。

【复习与思考】

一、名字解释

旅游消费者行为　旅游消费效用　旅游态度

二、简答题

1. 简述旅游消费者行为的特征。
2. 简述旅游消费者行为研究的主要内容。
3. 简述旅游消费者行为的基础理论。
4. 简述研究旅游消费者行为的意义。

三、论述题

1. 试述旅游态度与旅游消费行为之间的关系。
2. 试述旅游消费效用理论的评价与应用。

四、实务题

结合案例来分析推拉理论的实际运用过程与内容。

【推荐阅读】

1. 孙九霞，陈钢华. 旅游消费者行为学［M］. 大连：东北财经大学出版社，2015.

2. 杜炜. 旅游学新视野：旅游消费行为学［M］. 天津：南开大学出版社，2009.

3. 李享. 旅游出行方式研究：消费行为视角［M］. 北京：旅游教育出版社，2011.

4. 吴津清. 旅游消费者行为学［M］. 北京：旅游教育出版社，2006.

5. 余凤龙，黄震方，侯兵. 价值观与旅游消费行为关系研究进展与启示［J］. 旅游学刊，2017，02：117-126.

6. 王莹，徐东亚. 新假日制度对旅游消费行为的影响研究——基于在杭休闲旅游者的调查［J］. 旅游学刊，2009，07：48-52.

7. 杨瑞，白凯. 大学生旅游消费行为影响的实证分析——以西安市大学生为例［J］. 人文地理，2008，05：104-107.

8. 崔痒，黄安民. 居民家庭旅游消费行为初探［J］. 人文地理，1995，02：37-42.

9. 杨万福，宋保平，胡志斌. 西安城镇居民旅游消费行为调查分析［J］. 经济地理，2002，S1：258-261.

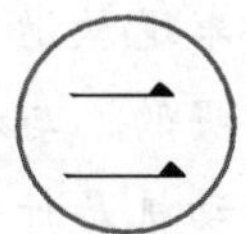

第二章 旅游消费者动机

人的有意识行为，总是由一定的动机引起的。旅游作为一种有意识的消费行为，消费者在不同动机的驱动下，其消费活动亦有所不同。为更加深入地了解旅游消费者的行为，应对旅游消费者动机进行把握。其实，旅游消费者动机是人们旅游的内部驱动力，是旅游消费行为的内在直接原因，体现了旅游的客观环境对旅游消费者需要的刺激作用。本章在对旅游消费者动机的概念和相关理论阐述的基础上，分析了旅游消费者动机的影响因素，并对旅游消费者动机激发条件进行了分析。

【学习目标】

1. 知识目标：通过本章的学习，了解并掌握旅游消费者需要和动机的定义、特点，并在此基础上把握旅游消费者需求与动机的关系。同时，在掌握了消费者动机相关理论的基础上，重点把握旅游消费者动机的影响因素。

2. 能力目标：通过对旅游消费者动机激发条件的学习，能分析旅游消费者动机的影响因素，并掌握激发旅游消费者动机的方式和方法，在此基础上，为旅游消费者制定旅游攻略和营销策略。

【导入案例】

李先生夫妇在一家旅行社报名参加云南六日游。行程第三天下午，地接社导游安排的一家土特产购物店购物，购物店在行程单中是没有的，李先生看见旅行团的其他游客都在疯狂购买，自己也忍不住在这家购物店购买了8000元的药材。离开云南的前一天晚上，旅行社安排全团旅游者入住酒店，入住后，李先生和妻子去了酒店外一家购物中心。在这家购物中心，妻子看中一款玉镯，再导购人员的一再推销下，他们购买了这个玉镯，并支付2万元，对此旅行社并不知情。返程回家第二天，李先生请朋友鉴定，所购买的药材和玉镯根本不值那个价钱，非常愤怒，找到旅行社，要求退款退货。但旅行社拒拒绝了李先生的退货要求，声称所有的东西都是李先生自愿购买的，与旅行社没有关系。之后李先生进行了投诉。试分析李先生的购买药材和玉石的动机是什么？请问李先生可以要求旅行社退货吗？

第一节　旅游消费者动机概述

一、旅游消费者需要

（一）旅游消费者需要定义

旅游消费者需要是在一定的生活条件下，旅游消费者对旅游的渴求和欲望。在市场经济发达的今天，旅游消费与其他消费一样，其需要满足程度取决于消费者本人的经济基础，同时受到市场供给的影响。因此，在旅游消费者需要满足的同时，市场交易行为得以实现。

消费需要按其种类，可分为物质生活需要和文化生活需要。所谓物质生活需要，是指人们的吃、穿、住、用、行等方面的生活需要。所谓文化生活需要，是指人们对教育、学习，以及科学、艺术、新闻、出版、体育、旅游、娱乐等方面的需要。从旅游的功能来看，旅游消费需要属于后者，即文化生活消费需要。

（二）旅游消费者需要的特点

1. 多样性

旅游消费者需要的多样性，首先体现在人们需要的差异性上。由于民族传统、宗教信仰、文化程度、收入水平、个性特征、生活方式等方面的不同，人们具有不同的价值观念和审美标准，这也导致多种多样的旅游消费需要。

每个旅游消费者都按照自身的需要进行旅游消费。就同一旅游消费者而言，消费需要也是多方面的。旅游消费不仅要满足旅游期间衣、食、住、行方面的基本要求，而且希望得到社会交往、文化教育、娱乐消遣、体育休闲、艺术欣赏等高层次需要的满足。这些都体现出消费需要的多样性。

2. 发展性

旅游消费者的消费需要层次是一个由低级向高级、由简单向复杂不断发展的过程。旅游消费需要的发展主要体现在两个方面：一是需要层次的发展变化，较低层次的需要向较高层次推进，如人们在旅行中对餐饮的要求已经从吃饱发展到健康，到要求特色美食；从简单需要向复杂需要发展，现在人们旅游，已经从旅行团集体出行，发展到自由行，到更加个性化的私人定制；从单纯追求数量上的满足向追求质量和数量的全面充实发展，旅游中人们不再满足于去过多少地方，而是在旅游中拥有了多少美的体验。二是消费需要随时代进步而发展变化。时代的进步往往产生许多新的旅游观念、新的社会风尚，这必然引起旅游消费需要的发展，如现在电子商务的发展，为人们旅游消费带来了诸多的便利，使得人们可以更方便地去往世界各地，而各种支付方式的改进和物流的全球化，使得消费更加便捷和个性化。

3. **周期性**

人类社会的消费是一个无止境的活动过程，就个人而言，消费需要的满足是相对的而不是绝对的，旅游消费尤甚。有些生理需要在获得满足后，在一段时间内可能不再产生。但旅游消费却不同，由于在某地旅游体验深刻，消费者不仅会延长此处停留的时间，甚至会重回到某地，再次体验。当然旅游消费的周期性还受到自然环境变化周期、季节生命周期和社会时尚变化周期的影响。但旅游周期性并不是一直在原有水平上的循环，重新出现的需要不是对原有需要的简单重复，而是在内容、形式上都有所发展和提高。

4. **伸缩性**

旅游过程中的消费要满足消费者生理和心理的需要，但它又受社会环境诸多因素的影响和制约。这些因素都可能对消费者的旅游消费需要产生促进或抑制作用，这就使消费需要表现出伸缩性的特点。一般来说，当客观条件限制了旅游需要的满足时，旅游的需要可以抑制、转化、降级，亦可停留在某一水平上。旅游消费者需要的伸缩性既可能是由消费者本人需要欲望的特征、强度及货币支付能力等自身因素引起的，也可能是由旅游的供应状况、价格、广告宣传、销售方式、他人的实践经验等外部环境因素引起的。

5. **可诱导性**

客观现实的各种刺激对消费者需要的产生起到一定的作用。消费者行为学把能够引起消费者需要的外部刺激（或情境）称作消费诱因。旅游消费诱因按性质可以分为两类：凡是消费者趋向或接受某种旅游的诱因，称为正诱因；凡是消费者逃避某种生活而去旅游的诱因，称为负诱因。心理学研究表明，诱因对产生需要的刺激作用是有限度的。诱因的刺激强度过大或过小都会导致个体的不满或不适，从而抑制需要的产生。需要的这一特性说明消费需要可以通过引导和培养形成，也可以因外界的干扰而受到削弱或变换。因此，诱导旅游消费者需要，甚至开发和创造旅游消费需要必须适度。

二、旅游消费者动机

（一）旅游消费者动机的定义

旅游消费者动机是直接驱使消费者实行旅游消费活动的内在推动力。它是由需要和诱因两个因素引起的。需要是内部因素，包括兴趣、信念、世界观等；诱因是外部因素，包括目标、压力、责任、义务等。

（二）旅游消费者动机的类型

旅游消费者富有弹性的消费行为都是在生理动机和心理动机支配下发生的。旅游消费者的购买动机，必然直接或间接地表现在购买活动之中，影响其消费行为。

1. 生存性购买动机

旅游消费者的生存性消费动机是出于旅游过程中为满足生存需求而必须进行消费的动机，这种动机比较强烈，而且消费的都是生存的必需品，是旅游消费不可缺少的部分，如商务旅行中的交通消费、住宿消费、餐饮消费等。在生存性购买动机的支配下，人们往往事先早已计划妥当，确定是必须的消费需要，在购买时较少犹豫。

2. 习惯性消费动机

旅游消费者习惯性购买动机是指旅游消费者经常地消费某种旅行产品或服务，渐渐产生了感情，而对这种商品或服务产生了信任和偏爱，经常不假思索地直接购买。如一些为大众所称道的酒店或订票公司就拥有这样的顾客，而且这样的顾客品牌的忠诚度很高。因此，旅游企业应注重服务，善于树立产品形象和企业形象，这些往往有助于培养、建立旅游消费者的习惯性消费动机。

3. 理智性消费动机

在旅游消费中，持有理智性消费动机的消费者自信心很强，消费时不受周围环境、气氛和言论的影响，在消费前旅游的需求很清晰，旅游的考虑缜密，并对即将做出的旅游行为非常明确。这类消费者除了注重价格外，还充分运用以往的经验和他人的建议反复挑选、比较，在恰当的时机立即决断。

4. 冲动性购买动机

冲动性购买动机与理智性购买动机是相互对立的，是一种常见的购买动机。持有冲动性购买动机的旅游消费者，极易受周围环境、气氛和言论的影响，往往会被热闹的促销活动、商品的外观和式样、包装的新奇等吸引，不经过考虑和比较，改变原来早已安排好的购买计划或突然决定购买某些产品，决意购买这些产品，但事后经常会后悔。

5. 被迫性购买动机

持有被迫性购买动机的消费者是在不情愿的情况下，出于某种无法摆脱和回避的原因，不得不购买某种旅游商品和劳务。这种情况下购买的物品大多数是无用的，而且是被消费者诟病的，这在某些购物旅行团中并不少见。

6. 时髦性购买动机

这是以追求商品的新颖、奇特、时髦为主要目的的消费动机。消费者在购买商品时，容易受广告宣传、社会环境和潮流导向的影响，以旅游作为一种新奇、时髦和与众不同的生活方式，力图借旅游及旅游中购买商品来达到引人注目或显示身份和地位的作用。具有这种购买动机的消费者一般来说观念更新较快，容易接受新思想、新观念，生活也较为富裕，喜欢追求新的生活方式。

7. 求美性消费动机

这是以注重旅游审美体验为主要目的的旅游消费动机。消费者选择旅游目的地时特别重视旅行对心灵的熏陶和心理的享受，强调感受和体验。这样的消费者往往具有较高的文化素质和生活品位。

8. 求廉性消费动机

持有这种消费动机的消费者对价格特别敏感，在旅游时不大看重酒店的星级和饮食的品质，只要干净卫生即可，受旅游促销方式的影响很深，会选择淡季出行，购物以低于自己原生活区的价格为参照标准。我国的很多景区有2元店、8元店、10元店等廉价商店，这些商店所有商品均定价2元、8元、10元，很能吸引求廉性消费动机的旅游者，经营状况一般都不错。

9. 癖好性消费动机

癖好性消费动机是指消费者以满足个人特殊的兴趣、爱好为主要目的的旅游消费动机。具有这种动机的消费者，大多出于生活习惯或个人癖好而旅游，比如对爬山的兴趣浓厚的人往往到风景秀丽的山中去探险，喜欢游泳的人喜欢到江河湖泊去体验。在癖好动机支配下，消费者选择商品往往比较理智、专业，甚至挑剔，不轻易盲从。这类消费者以获取独特的喜悦为最大的满足和享受，为此甚至可以约束正常消费或是压缩生活中必需的消费品。

10. 逆反性消费动机

逆反性消费动机是作用于个体的同类事物超过了所能接受的限度，而产生的一种有意识的相反心理倾向。旅游消费者在从事消费活动时，不断接受来自旅游同伴、导游及广告等的各种刺激的影响，倘若某种刺激持续的时间过长，刺激量过大，消费者为了面子或尊严，产生逆反心理——“看不起我，不让我买，我偏要买”。

（三）旅游消费者动机的特征

1. 旅游动机的内隐性

每位旅游消费者对于为什么旅游都有自己的说辞，比如：尝试新鲜事物，感受其他地方的风土人情，休息放松身心，增加孩子的阅历，提高自己的生活品位，让生活更加丰富多彩……这些是旅游者意识到并承认的动机，被称为显性动机；旅游者没有意识到或不愿承认的动机，被称为隐性动机。旅游消费者可能出于多种原因，而不能或不愿表达出其真正的旅游动机。例如：①觉得自己真正的动机无法获得他人的认可和接受，比如，旅游者往往不愿承认自己度假仅仅是为了参加派对，尽情寻欢作乐，或是为了抛开家庭的责任；②旅游者自己并没有意识到某种真正动机，因为它们是潜意识或无意识的；③旅游者意识到自己的旅游动机相互矛盾，无法自圆其说，比如说，旅游者在希望放松身心、消除疲劳的同时，又想通宵达旦地纵情歌舞；④旅游者发现自己的动机和他们的实际行为相背离。

旅游消费者动机的内隐性体现在两个方面：

一是旅游消费者不愿披露其旅游动机。如果旅游者不披露其动机，我们往往无法直接观察到旅游者的动机，而只能根据旅游者的某些外显行为做出推断。比如，我国一些出境游游客的花费比他们在国内的消费水平要高出许多，由此，企业推断他们的动机可能是出于显示身份和地位的炫耀性动机。如果企业据此设计高价旅游线路，并通过其他营销手段维持其产品的名牌形象，很可能迎合这部分消费者的需要。当然，他们也可能是在极度不熟悉目的地的情况下，出于避免或减少购买风险的考虑，才购买此高价旅游产品。对同一行为背后动机的不同解释，有着完全不同的营销意义。

二是旅游者本身没有意识到或无法表达出自己真正的动机。根据弗洛伊德的精神分析学说，人的行为与动机主要由潜意识所支配。潜意识，是指个人的原始冲动和各种本能，以及由这种本能所产生的欲望。它们通常为传统习俗所不容，被压抑在意识阈限之下，是人的意识无法知觉的心理部分。如果把人的精神比作一座冰山，意识只是露出水面的冰山一角，潜意识则是深藏在水面之下的冰山主体，在人的精神生活中处于基础性地位。虽然旅游消费者不能直接感知其潜意识，但潜意识总是不停地、积极地活动，并表现为各种衍生形式。比如说，旅游消费者的冲动性购买行为和一些不理智的消费行为，这些由消费者本人都无法完全解释清楚的行为，往往是消费者潜意识的一种外在表现。

2. 旅游动机的多重性

旅游消费者在选择目的地或旅游产品和服务时，很可能受到某种动机的支配和主宰，但很少仅出于单一的旅游动机。事实上，很多旅游行为背后都隐含着多重动机。比如，一位为工作日夜忙碌的疲惫的“上班族”，在工作稍稍休息时，站在办公室窗前凝视窗外的雨丝。此时，他内心可能涌动着一股外出度假的欲望，不管去哪里，只要能够逃离现在单调且繁重的工作就行。然而，除了逃离动机以外，这位员工可能还有很多其他的旅游动机，包括：摆脱阴雨天气，享受阳光和自由；想运动一下，增强体质，改变亚健康的身体状况；追求一种兴趣爱好，去爬山、潜水或者享受某种风味美食；扩展一下生活空间，寻找新朋友；参观一个特别的文化古迹或博物馆，以增长见闻；放松一下，消除疲劳。这些旅游动机共同构成他的动机体系，其中驱动力度最强的动机叫作主导动机，其他动机则为辅助动机。

主导动机和辅助动机共同影响着旅游者对度假方式的选择。旅游者往往试图同时满足不同的需要。但是，如果旅游度假产品只能够满足其多重动机中的一种或一部分，旅游消费者就要在多重动机中做出权衡或妥协，优先满足最为重要的主导动机，牺牲一部分辅助动机。未得到满足的需要将潜存于旅游者的意识之中，成为潜在的旅游动机。其后，在一定条件下，当这些潜在的旅游动机达到必要的强度时，就可能转变为主导动机，驱使旅游者表现出特定的旅游行为。为了更好地吸引旅游者，旅游企业在设计产品和制订营销策略时，既应充分考虑旅游消费者购买该产品的主导动机，又应兼顾非主导动机。

3. 旅游动机的学习性

动机对行为的影响包括两个方面：对行为的驱动力度与对行为方向的指引。对行为的驱动力度在很大程度上由需要的强度所决定，行为方向则受个体经验以及个体对环境、对刺激物的学习的影响。很多现代的动机理论不仅仅涉及建立在生理需要基础上的各种动机，而且越来越多地强调和重视动机的习得性。从旅游的发展历程来看，旅游动机的学习性非常明显。旅游起源于劳作直接所需的旅行，是人类在生活和生产功利目的驱使下的必要旅行。当人类的物质生活条件得到发展，人性发展需要更为广阔的空间时，旅游活动中的审美动机、接触异域文化的动机越来越重要。旅游者追求更高层次的文化审美享受和精神满足，并在此活动中不断完善旅游者的文化人格。从旅游消费者个体来看，动机的习得性意味着动机会伴随旅游者的学习和社会化而不断改变。旅游者可以通过旅游更深入、全面地认识世界，而这些知识是在书本和杂志上找不到的。这种发生在旅游中的学习又会改变旅游者原有的认知结构，促使其迸发出新的旅游动机。因为，在已经了解并收集了一些信息后，旅游者可能想了解更多的东西，发现更多的细节，以便对收集到的信息加以组织和理解。旅游生涯阶梯模型正是反映了随着旅游者经验的积累，旅游动机的变化情况。此外，随着旅游者个人境况的变化，比如拥有一个孩子、遇到一个新的伙伴、收入的增长、身体状况的恶化等，在人生的不同阶段，其旅游动机会呈现出不同的倾向。

4. 旅游动机的复杂性

旅游动机的复杂性至少包括四个方面：

（1）任何一种行为背后都有多种不同的动机，类似的行为未必出自于类似的动机，类似的动机也不一定导致类似的行为。例如，海外华侨和港澳台同胞到中国内地旅游，其动机往往不仅是游山玩水，还可能拥有探亲访友、怀旧而故地重游等动机；都是游山玩水，有时是为了审美，有时则是为了锻炼身体，磨炼意志；同样是为了怀旧，有些旅游者选择上海外滩，有些旅游者选择北京什刹海。

（2）导致相同行为的各种动机有强弱之分，哪种动机处于优势地位，哪种动机处于弱势地位，并不容易分清。经验丰富的旅游者的旅游动机可能是自我发展，进一步了解新的事物。但如果他是和很少旅游的父母一起度假，那么自我发展的动机与迁就父母的意见、表达孝心的动机在强度上可能更加强烈。有时，旅游消费者甚至会具有两个或两个以上诱发力相当，但方向相反的动机。例如，为了庆祝结婚纪念日，一名女士与丈夫去度假，她想欣赏一场浪漫的芭蕾舞会，而她的丈夫想到旅游目的地观赏激动人心的足球比赛。此时，这位女士可能也说不清楚，她最主要的动机是追求浪漫，还是满足丈夫的需要，让他高兴。又如，一个学生在考虑假期是回家看望父母，还是与朋友去滑雪旅行，面对着两种旗鼓相当的动机，孰轻孰重，他也很难做出判断。再如，旅游消费者在香港购物时，对所选的商品爱不释手，但又嫌该商品的价格太高，或担心一旦商品出现质量问题难以退换和保修。此时，一些旅游消费者可能分不清是拥有该商品的动机更强烈，还是规避购买风险更重要，正是在这种犹豫的状态下放弃了购买。如果旅游消费者必须在两种旅游动机中选择其一，或在旅游购买动机与其他动机之间做出抉择，其结果往往容易造成遗憾。

（3）动机并不总处于显意识水平或显意识状态，对为什么采取某一行动，旅游消费者自身也不一定能给出清楚的解释。换言之，动机的内隐性往往使动机更为复杂。

(4) 没有一种动机是孤立的。即使是人类基本的饮食动机，虽在性质上属于生理性的，但也很难完全以纯生理的因素予以解释。“饿了就要吃，吃是因为饿”似乎很圆满地解释了人要吃食物的行为。在旅游消费中，人们往往把参与某项旅游活动作为满足社交、尊重和自我完善需要的一种手段。人们通过旅游这一象征性的社会行为，可以结交新朋友，得到群体接纳、爱和友情，从而满足个体对归属和爱的需要。但是，为什么有些旅游者在旅游中只与目的地居民交往，而不与同行的团友交往。这些问题看似简单，实则不然。人类的行为十分复杂，但行为背后的动机也许更复杂。

三、旅游消费者需求与动机的关系

旅游消费者动机与需要是两个密切相关，又有一定区别的概念，主要体现在以下几方面。

第一，旅游需要只有处于唤醒状态，才会驱使消费者采取行动。换言之，仅仅有旅游消费需要还不一定能导致个体旅游消费行为。有的旅游消费需要很容易识别，可以直接引起消费动机，促使消费者朝特定目标行动，如餐饮和交通。但有的需要只是潜伏在旅游消费者心底，消费者要在一定的内部刺激或外部刺激下，才能识别出自己的需要。如果消费者没有意识到自己的某种需要，他可能不会产生紧张感，也不会有所行动。

第二，虽然旅游消费需要是旅游消费行为的原动力，但并非所有未得到满足的旅游消费需要都能激发人们产生旅游消费动机。由于受经济条件或其他客观因素制约，有的需要只能促使消费者调节身心，而不一定促使消费者有所行动。比如，一位有工作和家务双重负担的妇女想独自外出度假，但考虑到家人的反应、时间的限制、语言问题、在陌生环境中的人身安全问题等，她可能会在去与不去之间摇摆，极力压抑去旅游的愿望。这种潜在的需要或非主导的需要对消费者行为的影响力比较微弱。只有当消费者的匮乏感达到了某种迫切程度，或被外在诱因唤醒后，消费者才会设法满足这些需要。如果这位妇女对惯常环境的厌倦程度或对旅游的渴望程度大大超出人体能承受的幅度，外出游玩的动机也就由此而生，她将设法卸下工作和家务的重担，放松身心。

第三，在有些情况下，即使缺乏内在的旅游消费需要，单凭外在的刺激，也能引起动机并导致某种行为。比如，一般情况下，人们为消除饥饿而进食。但毫无饥饿之感的人在某旅游地面对当地的美味佳肴，可能会抵挡不住诱惑，产生一饱口福的动机。这样的消费动机既可能源于内在的需要，也可能源于外在的刺激，或源于内在需要与外在刺激的共同作用。

第四，旅游消费者需要经唤醒后，可以促使消费者为消除匮乏感或不平衡状态而采取行动，但它不具有对具体行为的定向作用。与需要相比较，动机更明确地指向了某种特定产品和服务，它往往指向消费者认为最有利于达到目标的方法。比如，旅游消费者感到饿的时候，会为寻找食物而活动，但在既有随身携带的食物（如面包、饼干、方便面等），一般食物（如面条、馒头等），又有当地美食时，有一定经济实力又想尝试新鲜事物的旅游消费者会选择当地美食，而对某些食物忌口或担心无法适应的旅游消费者可能会选择一般的食物，但经济条件不好的或当地物价超过自己的承受范围的旅行消费者可能会选择自带食物。

第二节 旅游消费者的动机理论

一、托马斯的旅游动机理论

托马斯（J. Thomas）是较早研究旅游动机的学者之一。1964 年，托马斯从教育文化、休闲与娱乐、种族传统等方面，找出了四大类 18 项常见的旅游动机（如图 2.1 所示）。托马斯对旅游动机的分类揭示了旅游动机的多样性和复杂性。

这些动机在一定程度上解释了一些旅游行为，如：为什么一些旅游者在观赏某部影视作品后，会产生到拍摄地一游的愿望，以了解故事发生的背景和拍摄的细节；为什么有些旅游者甘愿到荒凉的小岛上“扮演”一周的“土著”，体验淳朴原始的生活；为什么许多华侨和港澳台同胞以散客的形式回内地寻根问祖；为什么王公贵族要每年到行宫避暑或浸泡温泉；为什么越是高峻险恶的山体越能激发登山旅游者的兴趣……

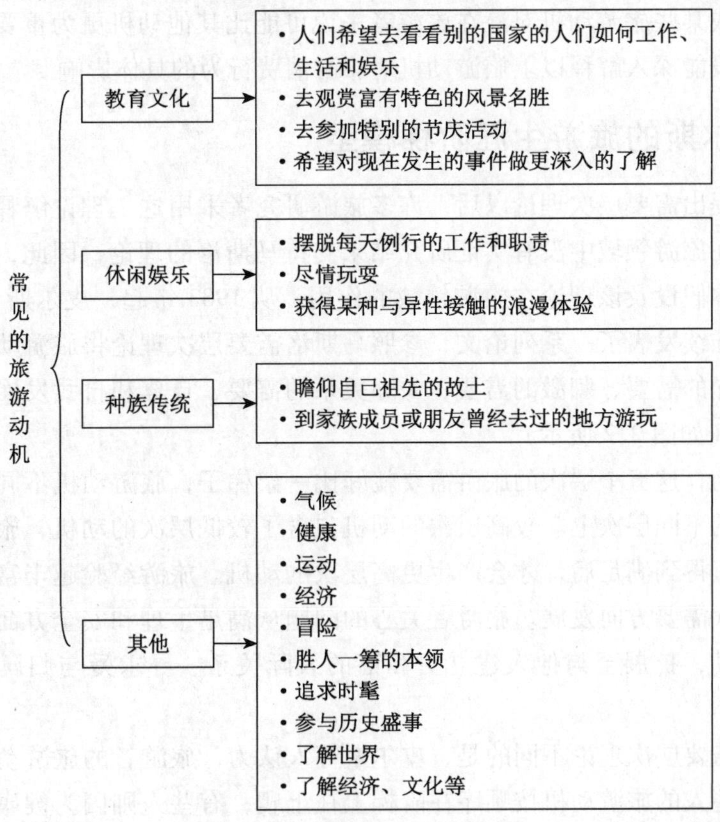

图 2.1 托马斯的常见的旅游动机

托马斯的研究为旅游动机做了很好的归纳总结。但是，托马斯的旅游动机理论仅仅停留在动机因素的罗列上，并没有深层次地理解动机。这一理论无法解释这些旅游动机是如何影响旅游者的决策和旅游行为的。

二、麦金托什对旅游动机的分类

美国著名旅游学家麦金托什（Robert Mackintosh）把旅游动机概括为四大类：

一是生理动机。旅游的生理动机是指旅游者为了追求身体健康、消除紧张和疲劳而旅游。有这类动机的旅游者大多会参加运动、娱乐、洗矿泉浴、药浴等活动。

二是文化动机。旅游的文化动机是指旅游者希望通过旅游了解与旅游地有关的音乐、艺术、民俗、舞蹈、绘画、宗教等文化，以扩大视野、丰富知识。

三是人际交往动机。人际交往动机是指旅游者希望通过旅游加强与他人的交往和联系，包括接触其他民族、探亲访友、结交新朋友以及摆脱日常事务等。

四是身份和声望动机。身份和声望动机是指旅游者希望通过旅游赢得他人的承认、注意、赏识、尊重以及获得良好的声誉。出于这类动机的旅游包括商务旅游、会议旅游等，以及实现个人兴趣爱好的旅游和求学旅游。尽管麦金托什对旅游动机的分类有助于我们了解旅游者行为的动因，但是某一具体的旅游行为往往是受多方面动机驱使的，在特定时期某种或某些旅游动机对潜在旅游者来说可能比其他动机更为重要，麦金托什的旅游动机理论没能深入解释以上旅游动机对旅游消费行为的具体影响。

三、皮尔斯的旅游生涯阶梯模型

自马斯洛提出需要层次理论以后，许多旅游研究者采用这一理论解释旅游动机。然而，由于当时在旅游领域中没有实证研究结果支持马斯洛的理论，因此，有不少学者质疑该理论的基本假设及该理论在旅游领域的作用。从 1983 年起，皮尔斯（P. L. Pearce）和他的合作者陆续发表了一系列论文，参照马斯洛需要层次理论将旅游动机依次划分为五个等级：放松的需要、刺激的需要、人际关系的需要、自尊和自我发展的需要以及自我实现的需要（如图 2. 2 所示）。

皮尔斯认为，这五个层次的旅游需要就好比一架梯子，旅游动机不同的旅游者处在旅游生涯阶梯的不同层次上。较高层次的动机包含了较低层次的动机，旅游者通常要在较低层次的动机得到满足后，才会产生更高层次的动机。旅游经验越丰富的旅游者，越倾向于往高层次需要方向发展。旅游者关心的问题从满足生理和安全方面的需要，向梯子的高阶段移动，扩展至与他人建立更和谐的人际关系、寻求爱与归属、自尊与自我实现。

与马斯洛需要层次理论不同的是，皮尔斯等人认为，旅游者的旅游动机并非总是往上发展的，有些人的旅游动机按顺序在阶梯上往上爬，有些人则因为健康、经济状况或意外因素而停留在某一阶梯上；旅游者的行为不一定仅出于某一层次的旅游动机。旅游

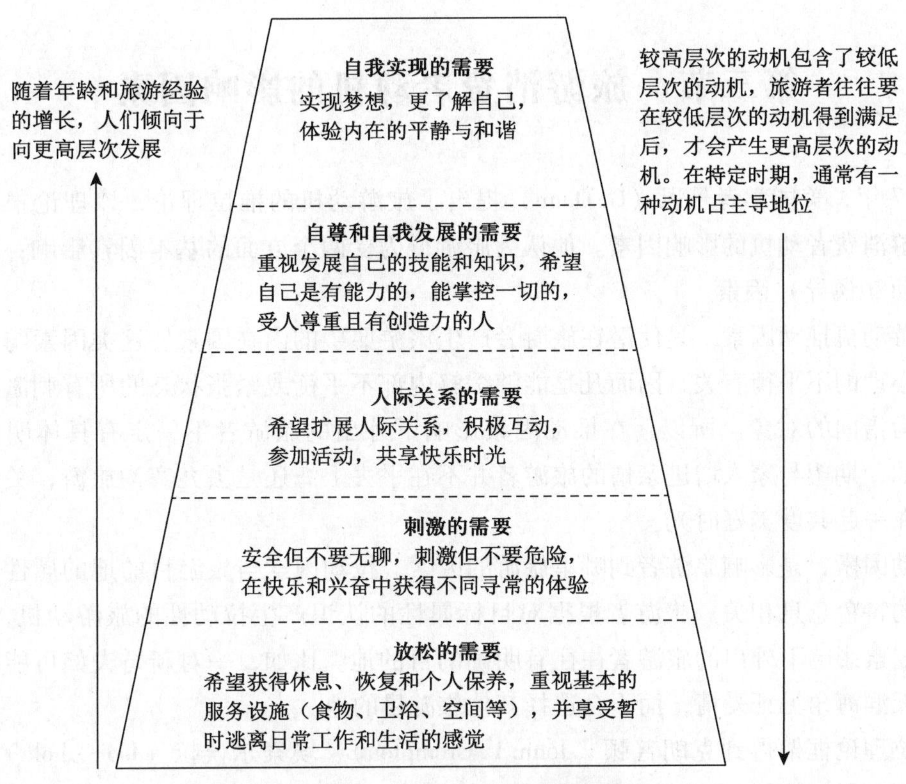

图 2.2　皮尔斯的旅游生涯阶梯模型

动机是动态的、多层次的，旅游生涯阶梯上的一系列动机都有可能主导旅游者的行为。放松、安全、人际关系等阶段的旅游需求共同形成了总的旅游动机。但是，在特定的时期，某种动机往往占主导地位。此外，动机可能随着时间和环境的变化而变化。皮尔斯等人强调旅游生涯阶梯理论的核心理念，是人们的旅游动机会随着旅游经验的丰富而变化。我们通常可以根据人们参加某项活动所积累的经验和知识，以及他们为参加这项活动所投入的资金和时间，来判定他们对该项活动的专注级别和擅长程度，确定他们只是有一般的兴趣，还是全身心地投入其中。我们也可以用类似的办法描述旅游者的“专业化”程度。从这个角度来说，每位旅游者都有自己的旅游生涯，随着他们旅游经验的积累或人生阶段的变化，旅游动机模式也在变化。经验丰富的旅游者更重视自我发展，深入了解当地人的生活，体验异域文化。经验较少的旅游者重视安全、发展人际关系、自我实现、获得他人的承认、体验浪漫等。有意思的是，许多旅游“新手”比经验丰富的旅游者更希望通过旅游实现自我，肯定自己的价值，而经验丰富的旅游者则往往希望通过旅游发展自我、完善自我。

第三节　旅游消费者动机的影响因素

1977年，美国学者丹恩（G. Dann）提出了旅游动机的推拉理论，该理论很好地解释了旅游消费者动机的影响因素。他认为旅游行为受两个方面的基本因素影响：推动因素和拉动（诱导）因素。

旅游动机推动因素，是使潜在旅游者产生旅游愿望的内在因素。这类因素与旅游者生理或心理的不平衡有关，因而凡是能够缓解内部不平衡或紧张状态的所有刺激都可能成为行为指向的对象。所以，在推动因素影响下外出的旅游者不一定有具体明确的选择。比如，期望与家人增进亲情的旅游者并不在乎去上海还是去九寨沟旅游，关键是一家人能在一起共度美好时光。

拉动因素，是影响旅游者到哪里旅游的因素。拉动因素与旅游目的地的属性及旅游吸引物的特色息息相关。旅游者根据对目标属性的认识产生拉动性的旅游动机，因此，在拉动因素影响下外出的旅游者往往有明确的目的地。比如，一对新婚夫妇可能会到海南岛的天涯海角见证爱情，而不会选择其他旅游目的地。

推拉理论框架得到克朗普顿（John. L. Crompton）、埃索尔侯拉（Iso-Ahola）、游伊瑟（M. Uysal）等旅游研究者的认同，并在这些学者的推动下得到进一步的完善。克朗普顿将逃离平庸的生活环境、探索与自我提升、放松身心、建立声望、复原、增进亲情、促进人际互动等七类动机属于社会心理因素或推动因素；新奇的事物和旅游的教育功能是刺激人们旅游的两大拉动因素。克朗普顿指出，推动动机往往比较隐蔽，如果旅游的动因涉及深层次的个人原因或隐私，人们通常不愿向他人透露旅游的真实原因。比如说，一对濒临离婚边缘的夫妻希望借重游旧地挽救他们的婚姻，但他们可能告诉调查人员，他们希望放松身心。

埃索尔侯拉等人认为旅游者的旅游动机是由两股力量合成的：一是逃离个人日常生活环境的欲望，二是通过旅游寻求心理补偿的愿望。这一学术观点被称为旅游动机的逃离—寻求二分法（如图2.3所示），即人们之所以旅游，是为了逃离他们生活环境中的个人或人际问题，获得补偿性的个人或人际关系回报，以弥补现实生活的不足。埃索尔侯拉等人对“逃离”和“寻求”两个维度的划分与丹恩对旅游动机的推拉因素分类相似。但是，丹恩把“拉动”因素理解为目的地吸引物的拉力，而埃索尔侯拉等人把“拉动”因素理解为旅游者对社会心理需要的追求。其中，旅游者寻求的个人方面的回报主要有自主决策权、能力感、挑战、获得知识或技巧、探险、放松等，在人际关系方面的回报则主要来自社会人际交往。旅行活动是满足旅游者需要的手段，而不是最终目的。每个旅游者都会避免过分刺激（耗尽精神与体力）或过少刺激（无聊），选择可获得其寻求的回报的旅行和休闲活动。

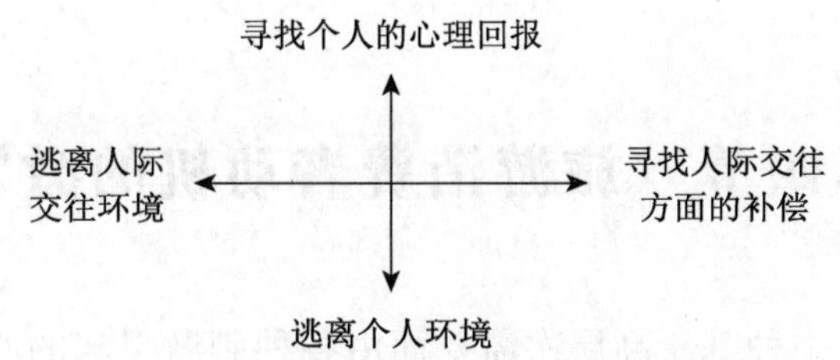

图 2.3　旅游动机的逃离—寻求二分法

在上述学者的研究贡献之外，我国的旅游研究者运用推拉理论框架对不同地区、不同文化背景的旅游者旅游消费的影响因素进行了研究，如张宏梅、陆林就旅游动机研究中常用的“推动”和“拉动”因素进行了分析（如表 2.1 所示）。

表 2.1　旅游动机研究中常用的“推动”和“拉动”因素

推动因素	拉动因素
1. 参观文化历史吸引物	1. 旅游商品、服务费用
2. 观赏美丽的风景，享受天气	2. 独特的生活方式
3. 看见不同的新东西	3. 有趣的夜生活
4. 增长知识	4. 各种美食
5. 体验不同的生活方式	5. 交通便利
6. 参观朋友没去过或想去的地方	6. 友好的居民
7. 实现旅游梦想	7. 住宿、运动等设施、信息
8. 游览人们常去的地方	8. 服务质量
9. 游览会给家人朋友流下深刻印象的地方	9. 历史文化吸引物
10. 遇见新的人	10. 美丽的风景、阳光、天气
11. 回家后能分享旅游经历	11. 安全
12. 探亲访友	12. 国际大都市
13. 和家人、朋友一起	13. 安静、卫生、舒适
14. 建立友谊、发展关系	14. 熟悉
15. 合群、归属感	15. 了解自然的好地方
16. 逃脱日常生活	
17. 得到锻炼、参加运动	
18. 身体、心理放松休息	
19. 缓解工作压力	
20. 处于平静的气氛中	
21. 寻求刺激和兴奋、有趣	
22. 大胆、冒险感	
23. 挑战体能	
24. 亲近、了解自然	

第四节 旅游消费者动机的激发

旅游消费者动机是一种基于高层次需要而由各种刺激引起的心理冲动。旅游消费者购买动机的激发要具备以下三个条件：

一、必须以旅游需要为基础

只有当个体感受到某种生存或发展条件的需要，并达到足够强度时，才有可能产生采取行动以获取这些条件的动机。购买动机实际上是需要的具体化。购买动机不仅建立在消费需要的基础上，也受消费需要的制约和支配。

动机，是一种目标导向的行为倾向，它往往指向消费者认为最有利于达到目标的方法。这是动机与需要的区别之一。消费者所追求的目标可分为一般目标和产品特异性目标。如果一个人说他想去旅游，他表述的是一个一般目标。如果此人说他想参加某旅行社组织的日本观光游，他的目标就变成了产品特异性目标。企业的营销活动就是为了影响消费者满足需要的行动方向，令消费者相信自己选择的产品特异性目标是最好的，所以需要将游客的一般目标转化为产品特异性目标，设法让他选择。

满足同一需要的方式或途径很多，消费者为什么选择某一方式而不选择另外的方式？这就涉及消费动机指向的问题。游客有某种消费的需要，但该需要要转化为消费动机还应考虑多方面因素的影响，包括消费者个人的文化修养、价值观念、以往的消费经验、生理能力以及在所处的自然和社会环境中实现目标的可能性等。例如，为充饥，一位饥肠辘辘的游客来到湖南可能想购买一份毛家红烧肉；如果这位游客有一定的年纪，医生建议他少吃高脂肪食品，他可能会放弃这一想法，转而购买其他低脂肪食物；如果他肠胃不好，他可能不会选择过于辛辣的食物，于是选择清淡的粤菜，即使粤菜不是当地特色；如果他从来没有吃过毛家红烧肉，他可能想都没有想过要购买毛家红烧肉，而选择其他的某种食物；如果他与朋友共同进餐，朋友是回族，不能吃红烧肉，他可能会选择清真食物。

此外，旅游消费者的自我实现的需要也会影响到消费动机。这部分消费者会选择与自我形象感知相符的产品和服务。一位自认为富有且有情调的男性游客，可能会选择高档的西餐厅进餐，并同时品尝美酒和欣赏音乐演奏。一群自认为既年轻又洒脱的学生游客，可能会在大排档饱餐一顿，然后到当地的夜市游玩。消费者之所以选定特定的产品和服务，不仅是因为这些产品和服务能满足消费者的特定需要，还因为这些产品和服务能象征性地反映消费者的个人形象。

二、相应的刺激条件

当个体受到某种刺激时，其内在需求会被激活，使内心产生某种不安情绪，形成紧张状态。这种不安情绪和紧张状态会演化为一种动力，由此形成动机。

依照传统驱力理论，人的行为旨在消除因匮乏而产生的紧张，但人类某些追求刺激的冒险行为，如登山、探险、观看恐怖电影等，恰恰是为了唤起紧张而不是消除紧张，这类现象是驱力理论无法解释的。为此，一些学者提出了唤醒理论，认为个体在身心两方面，各自存在自动保持适度兴奋的内在倾向：缺则寻求增高，过则寻求减低。

所谓唤醒或激活，是指个体的激活水平或活动水平，即个体是处于怎样一种警醒或活动反应状态。人的兴奋或唤醒程度可以很高，也可以很低，从熟睡时的活动几近停止到勃然大怒时的极度兴奋，中间还有很多兴奋程度不等的活动状态。旅游消费动机的形成过程告诉我们，在营销活动中多方位地满足消费者的需要和强化商品或服务的刺激，对于促成消费者产生购买动机是非常重要的。旅游的刺激物，如广告、朋友圈的推荐、某部流行的电视或电影等都将刺激旅游的动机，其新奇性、变动性、模糊性、不连贯性、不确定性等均可以引起人们的兴奋感。根据唤醒理论，个体寻求保持一种适度的兴奋水平，既不过高也不过低，因此，总是偏好那些具有中度唤醒潜力的刺激物。一般而言，个体倾向于使兴奋水平处于小范围的起伏状态，追求那些具有中度不确定性、新奇性和复杂性的刺激物。

在消费者购买动机的形成过程中，外部刺激更为重要。因为在通常情况下，消费者的需要处于潜伏或抑制状态，需要外部刺激加以激活。外部刺激越强，需要转化为动机的可能性就越大；否则，需要维持原来的状态。

三、可实现的手段或条件

人的需要是多方面的，甚至是无止境的，但是由于客观条件的限制，人的需要不可能同时全部获得满足，对于消费活动来说，只有那些强烈的、占主导地位的消费需要才能引发购买动机，促成现实的购买活动。需要产生以后，还必须有能满足需要的对象和条件，才能产生购买动机。

从旅游消费者需要的产生过程看，这种消费需要并不总是处于唤醒状态，只有当消费者的匮乏感达到了某种迫切程度，需要才会被激发，并促使消费者有所行动。例如，消费者虽然有出去走走接触一下新鲜事物的需要，但受生活水平和经济条件的限制，这种需要便只是潜伏在消费者心底，没有被唤醒，甚至没有被充分意识到，此时，这种潜在的需要或非主导的需要对消费者行为的影响力自然就比较微弱。一旦生活水平提高和经济条件允许，旅游需要便会被唤醒，为消除生活的乏味感和增加生活的色彩感而采取旅行的行为，但它并不具有对具体行为的定向作用。例如，旅行消费者产生了旅游消费的需求，但对具体由哪种旅游方式、哪个旅游目的地来满足其需要并没有定向，同时还受很多外界因素的影响。

【知识链接】

梦之旅观点：影视剧是带动一个国家旅游业兴盛的重要筹码

对于中国的“80后”及部分“90后”而言，在整个东南亚，他们最向往的国家应该就是日本、韩国和泰国了。你在他们的面前提起日本，他们立刻就会联想到樱花。在他们面前提起韩国，他们立刻就联想起首尔和济州岛。在他们面前提起泰国，他们立刻就联想起曼谷和清迈。但是，他们是真的觉得这些地方足够漂亮足够梦幻，以至让他们充满向往吗?

其实不然。

梦之旅曾经针对想去日本的游客做过一次调查，发现大多数人之所以想去日本，原因无外乎以下几种：

1. “樱花为什么是红的?”“因为树下埋着尸体。”当时看动漫的时候看到这句台词，就下定决心，一定要到日本去看樱花。

2. 想到日本去买很多很多动漫周边产品回来珍藏。

3. 看了这么多年的动漫，不自觉地便对那个国家产生了一种执念，这一生，不去一次，简直觉得自己的人生都不完整了一般。

4. 想去那个国家寻找自己喜欢的动漫里的一些痕迹。

基本上90%的原因都与日本动漫、电视剧有关，面对这个结果，梦之旅在惊讶的同时，却也觉得在意料之中。

正如之后，梦之旅对向往韩国的游客做的调查，想去韩国的原因基本上都是：“很喜欢《蓝色生死恋》《冬季恋爱》《大长今》《天国的阶梯》或者其他韩国电视剧，所以总想到那个发生了那么多浪漫爱情故事的地方去看看。”而近年来，泰国游突然变得火热起来，也与泰国的影视剧大量输入中国、受到中国观众的追捧有着直接的关系。

从这些现象中，不难看出，影视剧的输出，已经成为带动一个国家旅游行业快速发展的重要筹码。

梦之旅的CEO秦云华先生告诉我们：“前些年，韩剧风靡一时，风头无二，因此去韩国旅游的人络绎不绝，我们公司甚至专门成立了韩国部来做韩国这条线路，但是这两年来，不知道是不是因为韩剧在剧情上没有太大的创新，中国观众对韩剧有点审美疲劳。泰剧倒是抓住机会，大行其道，开始抢占中国观众的视线。因此，去韩国旅游的人略有下降的趋势，去泰国旅行的人倒是日益增多。而且，泰国也是相当注重旅游资源的发展的，并且，在泰国的境外游客中，中国人所占的比列非常高。在去泰国的中国人中，四川游客占据了很大的比例，因此，泰国对中国市场，特别是四川市场是非常在意的。所以，前两天，也就是8月21日，泰国国家旅游局成都办事处在成都正式揭幕，为了表示泰国对四川市场的重视，还特意邀请了当红明星来助阵，我觉得这就是一个讯息。四川因为泰国旅游局的大力宣传和各种优惠政策去泰国旅游的人势必将会越来越多，而我们近两天，收到了很多去泰国旅游的订单，更是证实了这个趋势，因此，我们公司目前正在组合一个泰国部，来专门处理泰国这条旅行线路的问题。至于日本，可以这么说，只要日本的动漫事业一日不消亡，那么想要去日本旅游的人，热情就一日不会消亡。其实，做旅游行业的，要懂得提前预知旅游景点热潮的趋势，这样，才能掌握先机，赢得市场。而很多时候，影视剧往往会帮助我们预知哪个地方会变成热潮，从而做好充足的准备，迎接因为影视剧而突然对影视剧里美好的风景区心生向往的游客。正如，蜀南竹海因为李安的一部《卧虎藏龙》而闻名世界，吸引了国内外大批的游客，也正如香格里拉因为张艺谋的一部《英雄》而名扬天下，所以，影视剧真的是带动一个国家旅游行业兴盛的重要筹码。”

资料来源：http：//www. dreams-travel. com/news/vnews12291.

【复习与思考】

一、名词解释

旅游消费者需要　旅游消费者动机

二、简答题

1. 旅游消费者动机的类型
2. 旅游消费者需要和动机之间的关系

三、论述题

如何激发旅游消费者动机

【推荐阅读】

1. 迈克尔·所罗门著，卢泰宏，杨晓燕译. 消费者行为——决定购买的内在动机［M］. 中国人民大学出版社，2015.

2. 张丽莉. 消费心理学［M］. 清华大学出版社，2010.

3. 陆剑清. 营销心理学［M］. 清华大学出版社，2016.

4. 罗琼. 消费行为与服务心理学［M］. 中国劳动社会保障出版社，2015.

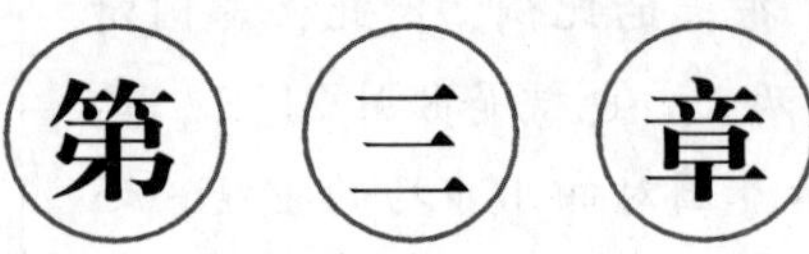

第三章 旅游消费者感知

人的行为始于心理活动，认知活动是心理活动的基础。感知则是人们认知活动的开始，也是我们了解旅游消费行为的重要线索和起点之一。旅游者的消费行为在很大程度上并不依据客观的事实，而是依据自己所感知到的事实，或者对旅游目的地形象的认知，做出相应的旅游决策行为。因此，旅游消费者对目的地的感知也被认为是真正影响游客消费行为的关键因素。旅游消费者的感知过程，是通过感觉、知觉等心理机能共同实现的，分析旅游消费者感知，可以帮助旅游景区经营管理者更好、更深入地了解旅游者的消费行为，才能制定针对性、可行性、科学性的旅游市场营销策略，从心理层面影响旅游消费者的旅游决策行为。本章内容在介绍旅游消费者的感觉和知觉的基础上，阐述了旅游消费者对目的地的感知，并基于旅游消费者感知特点，介绍了相应的旅游市场营销策略。

【学习目标】

1. 知识目标：了解旅游消费者的感觉与知觉的概念、特性、类别等基本内涵；从旅游消费者对旅游目的地形象、旅游要素、旅游条件等三个层面，深入了解旅游消费者对旅游目的地的感知。

2. 能力目标：结合旅游消费者的感觉与知觉特性和旅游消费者对旅游目的地的感知，掌握提升旅游消费者感知的常用市场营销策略。

【导入案例】

对凤凰古城的向往源于沈从文先生的《边城》，我深深记住了凤凰古城里有一条美丽的沱江和江边的吊脚楼。

走进凤凰古城，已是下午时分。阳光恰到好处地在亭台楼宇间游弋，温暖的春风糅合着沱江润润的水汽扑面而来。缓缓流淌的沱江是凤凰古城的母亲河，它穿城而过，清澈碧绿，河底的水草摇荡着身姿，似与游人嬉戏打闹。坐上乌篷船，艄公一声吆喝，轻点一竿竹篙，船顺江而下。船在水中走，人在画中游。艄公的号子，苗家阿妹的歌声，和着沱江的水声萦绕在古城的上空。古色古香的吊脚楼依在沱江两岸，日夜倾听着沱江的水声依旧；一道虹桥飞架南北两岸，气度不凡又带着江南水乡的古风遗韵；古墙、古砖、古城门，虽历经风雨沧桑，但依然威严，城中铺设的青石板早已没有了棱角，被岁月打磨得光滑而透亮，依稀的脚印似乎在诉说着一个又一个的悲喜人生。傍晚时分，古城浸染在夕阳余晖中，努力挽留着最后一抹霞光。夜静了，古城在朦胧的夜色中低吟浅唱，悠然自得。沱江舒缓地流淌着，水波荡漾，灯影憧憧，潺潺的水声像是天籁之音，轻奏一曲，伴着古城进入梦乡。夜深了，人静了，古城醉了……

资料来源：凤凰古城游记散文 http：//www. duanwenxue. com/zuowen/514894. html.

案例分析：

碧绿流淌的沱江水、古色古香的吊脚楼、威严沧桑的古城楼、悠扬动听的山歌、柔和润润的水汽、影影绰绰的灯影……旅游过程中，我们通过自己的视、听、嗅、触等感觉来感知旅游目的地的一切，这些感觉是我们建立美好旅游体验的基础，也是我们感知目的地旅游形象的基础。研究表明，旅游活动中的感知过程是旅游消费者行为中的重要一环，游客的感觉、知觉水平将直接影响旅游活动的效果和游客满意度。

第一节　旅游消费者的感觉和知觉

一、旅游消费者的感觉

（一）旅游消费者感觉的含义

感觉，作为一个心理名词，是客观刺激作用于感觉器官所产生的对事物个别属性的反映。个体的感觉也被认为是其他一切心理现象的基础及其产生的源头与萌芽，其他心理现象是在感觉的基础上发展、壮大和成熟起来的。因此，感觉是其他心理现象大厦的“地基”，没有感觉也就没有其他一切心理现象。我们每个人每天都有不同的感觉，早上明媚的阳光、窗外的莺声燕语、涓涓流淌的河水声、集市热闹纷杂的叫卖声……这些外部刺激作用于我们的感觉器官上产生的就是感觉。

直观上说，感觉，就是个体通过感觉器官（眼、耳、鼻等），对光、声、色、味等外部刺激产生的直接反应。从心理学家的角度来看，感觉也即人脑对直接作用于外在感觉器官的刺激的反映，反映了产生这一刺激的客观事物的个别属性，是一种表示身体内外经验的神经冲动过程。比如说，当我们在购买苹果的时候，可以通过视觉反映它的颜色，观察苹果是否新鲜；通过味觉可以反映它的酸涩味，得知苹果是否好吃；通过嗅觉可以反映它的清香味，了解这些苹果是否变味；同时，通过触觉可以反映它表皮是否完整、有无破损。

当然，感觉除了可以反映客观事物的个别属性，也可以反映我们身体各部分的运动和状态。例如，当我们站在高处时，身体会不由自主地向安全的地方后靠；当我们感冒生病时，会感觉到头晕目眩、四肢乏力、口干舌燥等不适。

对旅游消费者的感觉虽无统一定义，但是可以想象，旅游消费者感觉具有其他个体感觉的共性特征，只不过其感觉主体是旅游或旅行中的主体。因此，可以认为，旅游消费者的感觉是指，在旅游消费过程中，旅游者的各个身体感受器在旅游活动刺激下所产生的、表示身体内外经验的神经冲动过程。旅游消费者的感觉具有一般的感觉的共性，其不同之处在于外部刺激源更加多样、复杂，旅游消费者的感觉在此刺激下也更为多变，是一个动态的变动过程。

【知识链接】

感觉剥夺实验

感觉剥夺实验（Sensory Deprivation Experiment，SDE）是一种夺去有机体的感觉能力而进行研究的方法。对人来说，感觉剥夺是暂时让被试的某些或全部感觉能力处于无能为力的状态，把人放在一个没有任何外部刺激的环境中，从而探索其生理、心理变化的方法。

1954年，心理学家贝克斯顿（W. H. Bexton）、赫伦（W. Heron）和斯科特（T. H. Seott），在加拿大蒙特利尔海博（Hebb）实验室进行了首例以人为对象的感觉剥夺试验。被试者是自愿报名的大学生。实验者营造了一个极端的感觉剥夺状态：测试学生被关在一个带有隔音装置的小房间里，并戴上半透明的保护镜以尽量减少视觉刺激。给被试者戴上纸板做的套袖和棉手套，限制他们的触觉；头枕在用U形泡沫橡胶做的枕头上，同时用空气调节器的单调嗡嗡声限制他们的听觉。除了进餐和排泄以外，被测学生被要求躺在床上。

实验前，多数被试者认为可以利用这个机会好好休息，或者考虑论文、课程计划。但实验结果表明，最初的8个小时被试学生还能勉强撑住，之后，学生开始“自娱自乐”，有吹口哨的，有自言自语的，被试者开始烦躁不安。这部分被试者在实验结束后，无法集中精神，做事频繁出错。实验持续数日，近50%的被试者出现了视幻觉，也有被试者为听幻觉或触幻觉。视幻觉大多在感觉剥夺的第三天出现，如光的闪烁，没有形状，常常出现于视野的边缘，又例如看到大队老鼠行进的情景。听幻觉包括狗的狂吠声、警钟声、打字声、警笛声、滴水声等。触幻觉的例子有，感到冰冷的钢块压在前额和面颊，感到有人从身体下面把床垫抽走。实验进行到第4天时，被测学生出现了双手发抖、不能笔直走路、应答速度迟缓以及对疼痛敏感等症状。被测学生参与完实验后，实验者再继续进行追踪调查，发现被测学生在实验结束后，需要3天以上的时间才能恢复到原来的正常状态。

通过这个实验，可以看出，人的身心要想保持在正常的状态下进行工作，就需要不断从外界获得新的刺激。旅游作为一种独特的生活方式，已经成为我们日常生活中必不可少的重要一环，其原因就在于，旅游可以让我们保持生活的新鲜感，满足我们获得新奇独特体验的需求。

资料来源：网络资料整理而得.

（二）旅游消费者感觉的类别

从旅游消费者感觉的类别来看，根据感觉的刺激源，感觉可分为外部感觉和内部感觉。

外部感觉是指接受外部刺激，反映外界事物的属性，包括视觉、听觉、嗅觉、味觉和皮肤感觉（也称触觉），这类感觉的感受器通常位于身体表面或接近身体表面的地方。如，人类可以看得到0.77～0.39微米波长的电磁波，听到物体振动所发出的16～20000Hz的声波，通过嗅觉分辨不同物体，等等。

内部感觉，则是指接受体内刺激，反映身体的位置、运动和内脏器官的不同状态。这类感觉的感觉器位于各有关组织的深处或内部器官的表面，主要包括肌肉运动感觉、平衡感觉和内脏感觉等。运动觉反映我们四肢的位置、运动以及肌肉收缩的程度，感受器是肌肉、筋腱和关节表面上的感觉神经末梢；平衡觉反映头部的位置和身体平衡状态的感觉，感受器位于内耳的半规管和前庭；机体觉反映机体内部状态和各种器官的状态，其感受器多半位于内部器官，如食道、胃肠、肺、血管等其他器官，机体觉的表现形式主要有饥、渴、气闷、恶心、窒息、便意、性、胀、痛等。

此外，根据感受器位置，感觉有视觉、听觉、嗅觉、味觉、皮肤觉（触觉、温觉、冷觉、痛觉）之分。根据刺激能量性质，感觉可分为电磁能的感觉、机械能的感觉、化学的感觉、热能的感觉。根据临床的分类，感觉又可分为特殊感觉、体表感觉、深部感觉和内脏感觉。

（三）旅游消费者感觉的特性

1. **感受性**

感受性即感觉的能力。不同的人由于年龄、性别、职业、身体素质等因素的差异，对于同等强度刺激物的感觉能力是不一样的。感受性高的人能感觉到的刺激，并不一定能够被感受性低的人感觉到，比如说，在旅游过程中，导游讲解会让一部分游客大笑开怀，但有一部分人却觉得平淡无奇，无法感受导游讲解带来的幽默与风趣。同时，一个人感受性的高低并不是一成不变的。同一个人在不同条件下，对同一刺激物的感受是有高低的，比如说，在家听音乐与在现场听演唱会，同样的歌手唱同一首歌给我们带来的感觉是完全不一样的，听演唱会能让我们极大地融入于现场的热闹气氛中，获得更多的畅爽体验。

确定感觉的刺激强度和范围，主要涉及绝对感觉阈值和差别感受阈值两个概念。绝对感觉阈值，是能引起感觉的最小刺激量，与之相应的感觉能力称为绝对感受性，二者呈反比关系。比如，地震、火山爆发、海啸等自然灾害爆发前发出的次声波（频率小于20Hz，但是高于气候造成的气压变动的声波），就低于人类的听觉最低阈值而无法被人类所察觉。差别感受阈值，则是能觉察的刺激物的最小差异量，与之相应的感受能力称为差别感受性，它与差别阈限成反比。比如，在高级餐厅和游乐园中，由于外界声音的干扰程度不同，服务人员的声音分贝强度就是完全不同的两种风格。

2. **适应性**

适应性是指个体感觉会随环境和条件变化而变化的特点。例如，刚进浴池感到水热，一段时间就不再感觉那样热了，这是肤觉适应；刚入暗室，看不清东西，等一会儿就会恢复视力，这是暗适应；突然从暗室走出来，光亮刺眼，难以看清事物，过一会儿才能恢复视力正常，这是光适应；古语“入芝兰之室，久而不闻其香，入鲍鱼之肆，久而不闻其臭”，则是嗅觉适应。

这种现象在旅游中也普遍存在，比如说，刚到大草原的游客，会感叹“风吹草低见牛羊”的美好；初见大漠戈壁的行人，会联想“大漠孤烟直，长河落日圆”的壮丽；尝试乡村体验的游人，会沉溺于“小桥流水人家”里的闲情。这些在外来游客看来别致不同的景色，在久居当地的居民来看是再平常不过的生活。因此，旅游者在选择目的地时通常会倾向于那些与自己日常环境差别较大的景区、景点，以获得更大的惊奇感、更多的新鲜感、更好的满足感。

3. **差异性**

感觉的差异性主要表现为个体差异性和群体差异性。其中，个体差异性，是指面对同一刺激，个体所能获得的感觉差异较大，有的人会有较强的感觉，有的人则并不会有感觉。在旅游过程中，由于感觉差异性的存在，旅游景区难以满足每一位游客的旅游需求，游客在游览过程中所获得的体验和满足也就存在较大的差异，这就给景区的规划设计、游道布局等带来了极大的不便。群体差异性，是指面对刺激时，人群所获得感觉具有群体性的差异。比如说，红色旅游景点通常对年长者吸引力较大，满足他们对往事回忆的畅想需求；乡村旅游、农业旅游等则能让城市旅游者获得不同于他们日常生活的另类体验，感叹乡村的美好；主题公园、游乐园是儿童以及那些追求刺激体验的首选。在旅游景区管理和规划过程中，如何考虑游客感受的差异性，为游客提供差异性的特色服务，值得旅游景区管理者和旅游服务人员深思。

4. 感觉的交互性

同一事物不仅可以作用于单一感觉器官，也可以同时作用于其他器官；不同感觉器官产生的感觉也并不是完全独立的，而是相互关联、交互作用的，一种感觉的感受性，会因其他感觉的影响而发生变化。这种变化可以在几种感觉产生时同时发生，也可以在几种感觉中先后产生影响。其规律一般是：微弱的刺激能提高对同时起作用的其他刺激的感受性，而强烈的刺激则降低这种感受性。如，轻微的音乐声可提高视觉的感受性，强烈的噪声可以引起对光的感受性降低。

当然，感觉的相互作用也可以发生在同一种感觉之间。最明显的就是对比现象。如，“月明星稀”，天空中的星星在明月下看起来比较稀少，而在黑夜里看起来就明显较多；灰色的方形放在黑色背景上看起来比放在白色背景上更亮些（如图 3.1 所示）。

图 3.1　灰色方形在不同颜色背景下的渐变图效果

二、旅游消费者的知觉

唐代著名诗人王维在《鸟鸣涧》中描绘道：“人闲桂花落，夜静春山空。月出惊山鸟，时鸣春涧中。”这首诗从响声、光感、亮度对山林深处的静谧进行了烘托，鸟鹊振翅，复归于静，月光染色，静默流注，好一幅深山林涧夜景图。然而，诗人不只是简单地描述山林之景，而是在其中赋予了自己很深的禅意，在幽静而生机盎然的境界里体验到了放弃贪婪、不再追求自我的泰然心境，月光、惊鹊以及作为审美主体的人浑然融为一体，同为天幕下的自然风景。将这些自然之景、感官之觉变成诗人心中所想、寄托之思，就需要经过审美主体的知觉加工了。

（一）旅游消费者知觉的含义

关于知觉出处与解释，《后汉书·杜诗传》有云“知有奸人诈伪，无由知觉”，该处的“知觉”为知道、察觉之意；《西游记》第九十九回中道“八戒却也知觉，沙僧尽自分明，白马也能会意”，此“知觉”为领会、会意之意；在宋朱熹《中庸章句序》中有言“心之虚灵知觉，一而已矣”，此“知觉”仅为感觉之意；从现代心理学解释来看，知觉是在人的感觉器官对于光、色、声、味等基本刺激反应的基础上，对各种事物不同属性、各个不同部分及其相互关系的反映。由此可以看出，感觉反映的是事物的个别属性，而知觉则是大脑对外部刺激的一种综合反映。知觉对事物的反映比感觉要深入、完整。因此，知觉产生的过程也更加复杂，不仅受到感觉系统等生理因素的影响，个体知识、经验、兴趣、需要、动机、情绪等心理特点也会极大地影响个体的知觉。

那么什么是旅游消费者的知觉呢？直观地说，旅游消费者的知觉，就是旅游者在观光游览或者参与旅游活动过程中，大脑对直接或间接作用于旅游者感觉器官的事物的整体反映。旅游者在旅游过程中感知到的客体、事件和行为一旦形成一种形象之后，就和其他印象一起被组织成一种对个人来说有某种意义的模式，而这些印象和形成的模式又会对旅游行为产生影响。因此，要理解旅游者的心理，首先要懂得知觉，心理学家把知觉过程看成理解旅游者各种行为的关键变量。

需要注意的是，旅游服务（产品）是一种特殊的商品，它是不是需要感知？是不是可以被感知？这些问题关系到如何向旅游者提供相关服务，满足旅游者需求，并使旅游者做出合理评价的关键所在。在已有研究成果、教材课本以及导游人员的资格考试的题目中，不可感知性被视为旅游服务的一个基本特征。这其实是对旅游服务基本特征的误解，阻碍了旅游业的发展、开发和服务质量评估。旅游服务（产品）与其他一般商品一样是需要感知的，也是可以被感知的，甚至可以说，游客旅游活动的核心就是为了获得一种特有的感觉和体验，并通过感知来享受和评价旅游服务的。

（二）旅游消费者知觉的特性

1. 知觉的相对性

知觉是个体以其已有经验，对感觉所获得讯息所做出的主观解释，知觉也常被称为知觉经验。当我们看到一个物体存在时，我们一般无法以该物体孤立地作为引起知觉的刺激，而会同时关注该物体周边的其他存在。同样的物体在不同周边存在的影响刺激下，我们所获得的对物体的知觉是不一样的。比如，形象与背景就是知觉相对性最明显的例子。形象是指视觉所见的具体刺激物，背景则是与具体刺激物相关联的其他刺激物。在一般情境之下，形象是主题，背景是衬托。图 3.2 中黑白相对两部分均有可能被视为形象或背景，如将白色部分视为形象，黑色为背景，该形象可解释为烛台或花瓶；相反，则可解释为两个人脸侧面的投影像。

图 3.2　形象与背景对比图例

知觉相对性的另一个例子是知觉对比，即两种相对性质的刺激同时出现或相继出现时，由于两者的彼此影响，两种刺激所引起的知觉上的差异特别明显的现象。如，胖子和瘦子两人相伴出现时，会使人产生胖者益胖、瘦者益瘦的知觉；在图3.3中，A、B两圆半径完全相等，但由于周围环境中其他刺激物的不同，因而产生对比作用，致使观察者在心理上形成A圆小于B圆的知觉经验。

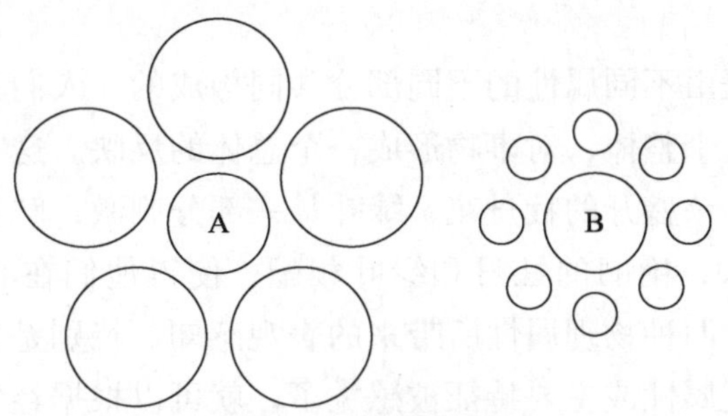

图 3.3 知觉对比图例

2. 知觉的选择性

知觉的选择性，是指知觉在一定的时间内并不感受所有的刺激，而仅仅指向能够引起注意的少数刺激，对其他事物只做模糊的反映。一般来说，对越熟悉的事物，人们越有可能从其他事物中选择出来；对象与背景相差越大，越容易被知觉。影响知觉选择性的因素，除了刺激的变化、对比、位置、运动、大小程度、强度、反复等之外，还受到个体经验、情绪、动机、兴趣、需要等主观因素的影响。图3.4是著名木雕艺术家契尔（M. C. Escher）在1938年创作的一幅著名木刻画——《黎明与黄昏》。如果我们先从图面的左侧看起，会觉得那是一群黑鸟离巢的黎明景象；如果先从图面的右侧看起，则会觉得那是一群白鸟归林的黄昏；而从图面中间看起，就会获得觉得黑鸟和白鸟向两边展翅而飞的景象。

图 3.4 知觉选择性图例

在旅游过程中，旅游者的知觉也同样存在选择性。不同类型的游客总是会有意识、主动地选择部分旅游景区或者旅游景点作为自己的知觉对象，或者无意识地被某一旅游地的景色所吸引，这也正是我们常说的“智者乐水，仁者乐山”“萝卜青菜各有所爱”。

在旅游服务过程中，大多数的旅游者都会有意无意地将旅游中的负面或消极体验作为他们评判某一旅游目的地或旅游景区服务质量好坏的知觉对象，给旅游景区的经营与服务管理带来了巨大的挑战。

3. **知觉的整体性**

个体知觉的对象是由不同属性的不同部分共同构成的，人们只知觉这些事物时却能根据以往的经验组成一个整体，对事物形成一个总体的反映。这一特性就是知觉的整体性或完整性。例如，一朵盛开的牡丹花，绿叶是一部分刺激，鲜艳的牡丹花瓣也是一部分刺激，在观赏者看来，艳丽的牡丹和绿叶相配，使得他们在心理上所得到的美感知觉，要远远超过红与绿两种物理属性所带来的表观感知。特别是，当人感知一个熟悉的对象时，只要它的个别属性或主要特征被感觉了，就可以根据经验整个地知觉它。如果感觉的对象是不熟悉的，则知觉会更多地依赖于感觉，并以感知对象的特点为转移，而把它知觉为具有一定结构的整体。

当然，知觉的整体性纯粹是一种心理现象。有时即使引起知觉的刺激是零散的，但所得的知觉经验仍然是整体的。这种心理现象可以由图 3.5 来解释。图 3.5 中的三个图形没有一个是完整的，都是由一些不规则的线和面所堆积而成的。但是，我们却可以从中知觉它们的整体意义。细致观察，可以发现，居于各图中间第一层的形状分别为三角形（左图）、方形（中图）和圆形（右图），这些形状是没有实际边缘和轮廓的，可是在知觉经验上却都是边缘最清楚、轮廓最明确的图形。像这种本身无轮廓，而在知觉经验上却显示“无中生有”的轮廓，被称为主观轮廓（Subjective Contour）。这种现象早为艺术家应用在绘画与美工设计上，使不完整的知觉刺激形成完整的美感。在旅游领域，江南各个私家园林将主观轮廓充分应用于景观园林造景之中，达到了“无中生有，天然造景”的创造境界。

图 3.5　知觉整体性图例

4. **知觉的组织性**

从知觉的整体性可以看出，在个体感觉转化为心理性的知觉经验过程中，个体的这种主观的选择处理过程并不是紊乱、随意的，而是一个有组织、合乎逻辑的系统建构过程。在心理学中，这种由感觉转化到知觉的选择处理历程被称为知觉组织（Perceptual Organization）。根据格式塔理论（Gestalt Theory），知觉的组织法则主要有如下四种：

（1）相似法则（Law of Similarity）。当知觉场地中有多种刺激物同时存在时，我们倾向于将在某些方面具有类似的特征（如大小、形状、颜色等）的刺激物归为一类。如图 3.6 所示的方阵中，我们很容易看到斜插组成的大正方形中间有一个由圆点组成的小正方形方阵。这种按刺激物相似特征组成知觉经验的心理倾向就被称为相似法则。旅游者通常也会将一些类型相似的目的地归为一类，一旦游客选择了其中一个作为旅游目的地，一般就不会考虑类似的旅游景点了。比如说，去过乌镇旅游的游客，很少会在短期内再选择周庄作为旅游目的地，类似景点的再游意愿较低。

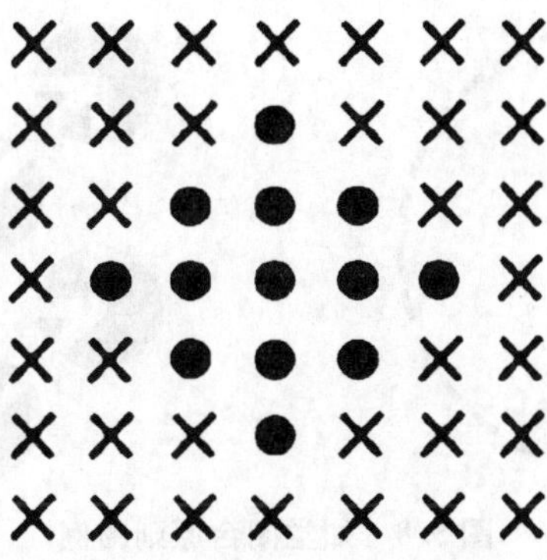

图 3.6　知觉相似原则图例

（2）接近法则（Law of Proximity）。当知觉场中刺激物的特征不清楚，或者在刺激物之间难以找到其辨别特征时。我们通常会根据以往经验，主观地寻找刺激物之间可能存在的关系，借以获得有意义或者符合逻辑的知觉经验。如图 3.7，A 图与 B 图都是由 20 个圆点组成的方阵。从各个圆点来看，两者之间不容易找出可供分类组织的特征。但如仔细观察，可以发现：A 图中两点之间的上下距离较其左右间隔为接近，故而看起来，20 个点自动组成四个纵列；B 图中两点之间的左右间隔较其上下距离较为接近，看起来是 20 个点自动组成四行。这种按刺激物间距离关系而组成知觉经验的心理倾向称为接近法则。

图 3.7　知觉接近原则图例

（3）闭合法则（Law of Closure）。当元素不完整或者不存在的时候，我们会根据过去以往的经验和视知觉的整体意愿驱使，习惯性地将图形作为一个整体去观看，从而形成最终我们识别出来的图形效果。例如，图 3.8 中左边这个图形，即使缺了一个个的小口，人们依然会根据自己固有的经验，将其视作圆形。右图乍看之下，图中只有些不规则的黑色碎片和一些只有部分连接的白色线条；但仔细察看，我们会发现这是一个白色立方体和一些黑色圆盘。这两个图中的知觉刺激物本身并不是闭合的，也不连接，是我们自己主观地将这些不闭合、不连接的线给“连接在一起”了，这些根据闭合原则建立起来的图形，只有在观察者的知觉经验中才存在。

图 3.8　知觉闭合原则图例

（4）连续法则（Law of Continuity）。连续法则是指人的意识会根据一定规律做视觉上的、听觉上的或是位移的延伸。如图 3.9 虽然是由多个黑色圆点和红色圆点组成，但是在我们看来，这更像是两条交会的线段，这些零散的点被我们主观地连在一起，并以连续的线段出现在我们的知觉经验中。因此，知觉的连续法则中的“连续”，并非事实上的连续，而是指心理上的连续。知觉的连续法则在绘画艺术、建筑艺术以及服装设计上早已广泛应用。这种以实物形象上的不连续使观察者产生心理上的连续知觉，从而形成更多的线条或色彩的变化，可以极大地增加美的表达。

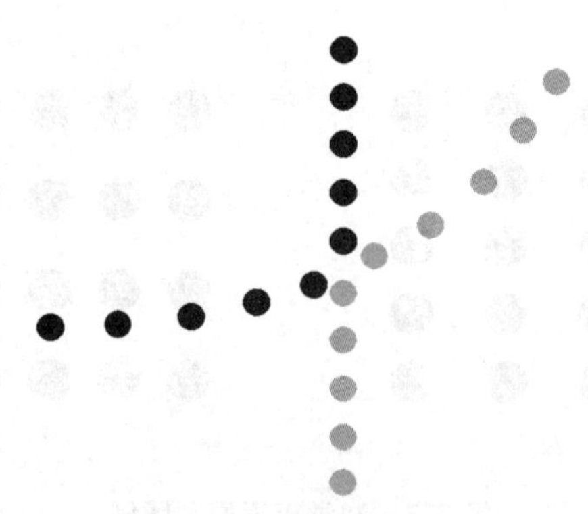

图 3.9　知觉连续原则图例

5. 知觉的理解性

人的知觉是一个积极主动的过程，等我们在感知某一事物时，总是依据既往经验力图解释它究竟是什么，这就是知觉的理解性。由于人们的知识经验不同，需要不同、期望不同，对同一知觉对象的理解也不同。例如，在图 3.10 中，左图中只有一些黑色斑点，难以分辨其具体是什么，当有人说出这是一条“狗”，马上这些斑点便显示成一条“狗”的轮廓；从中间的图形中，你看到的是兔子还是一只鸭子呢？右图中，你是看到一幅湖边美景图，还是一个婴儿熟睡呢？在旅游中，旅游者也会根据自己的经验对目的地的风景做出不一样的判断和评价，发出“横看成岭侧成峰，远近高低各不同”的感慨。

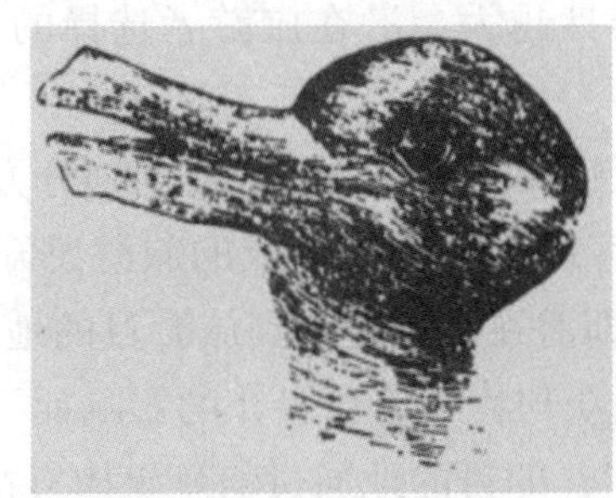

图 3.10　知觉理解性图例

第二节　旅游消费者对目的地形象的感知

旅游消费者对目的地形象的感知、对目的地旅游要素的感知以及对旅游条件的感知（旅游距离、旅游安全与风险等）对于旅游地开展旅游有时效性的旅游宣传活动以及制定有针对性的营销策略意义重大。因此，有必要对旅游消费者对目的地形象感知进行了解与阐述。

一、旅游消费者对目的地形象的感知

（一）旅游消费者对目的地形象感知的概念与类型

旅游目的地形象感知是一个复杂的专业概念，绝大多数学者都从主观的角度来定义旅游消费者的目的地形象感知。其中，Hunt（1975）最早提出，旅游目的地形象感知是人们对非居住地所持的印象；Crompton（1978）从认知层面丰富了 Hunt 的定义，指出旅游消费者的目的地形象感知是个体对某个目的地的信仰、观念、印象及感觉的综合。随着研究的不断深入，旅游目的地形象感知被赋予了更多的内涵，对目的地形象感知的定义，逐渐从认知层面扩展到情感层面，Fakeye 和 Crompoton（1991）指出，旅游目的地形象感知是潜在游客从大量整体印象中选择少数印象的基础上的精神构建发展。Gartner

(1993) 则将旅游目的地形象感知的定义从精神层面上升到了行为层面，并指出目的地形象感知主要通过认知、情感和意动三个相互关联的层次发展而来。

从国内的主流学术观点来看，所谓旅游消费者的目的地形象感知（Tourist Destination Image，TDI)，是指旅游者对旅游目的地总体的、抽象的、概括的认识和评价，是对旅游目的地的历史印象、现实感知和未来形象的一种理性综合（宋章海，2000)。相比较于国外的定义，这一定义更加符合我国旅游发展的实际情况。当然，旅游消费者对目的地形象的感知，并不是一成不变的，其感知过程是一个动态变化的复杂过程，受到很多因素的影响，如，保继刚（1996）指出，旅游者感知的旅游形象受到感知距离和目的地的人文事象等因素的影响；王家骏（1997）提出，如果旅游感知形象和旅游者的期望与偏好之间差异性越大，潜在旅游者选择的可能性越小，而同一性越大，中选概率将越大。

关于旅游者对目的地形象感知的类型，最经典的划分方式是 Gunn Clare 在 1972 年首次明确提出的“二分法”，游客或潜在游客形成的旅游感知形象可分为两类：一是“原生形象（Original Image）”，即潜在游客还未到旅游目的地之前所形成的旅游感知形象，这是种受新闻、电影电视、大众刊物等信息媒介的影响而形成的形象，是内生的；二是“诱导形象（Induced Image）”，即目的地通过信息媒体直接向定位的客源市场发送目的地相关信息而形成的形象，受目的地有意识的广告、促销、宣传推动影响。此外，Kotler (1994) 将其分为“发射性形象（Projected Image）”和“接受性形象（Received Image）”；Martin Selby（1996）将旅游消费者的目的地形象感知分为“原声形象（Original Image）”和“再评估形象（Re－evaluated Image）”；Michael Grosspietsch (2006) 区分了旅游者的“感知形象（Perceived Image）”和目的地的“投射形象（Projected Image）”，前者是潜在旅游者和现实旅游者对旅游目的地产生的认识和印象，后者是旅游经营者意图在潜在旅游者心中树立的形象。

（二）旅游消费者对目的地形象感知的特性

1. 整体性

旅游者在对旅游地进行形象感知的过程中，会对旅游地的诸多要素进行综合反映，与此同时，旅游者会受到首因效应、晕轮效应、刻板印象等心理定式的影响，某些突出的旅游地形象要素将会给其留下深刻印象，旅游者往往对这样的要素特别钟爱，从而以此作为出发点，形成对旅游地的整体印象。

2. 客观性

感知活动虽是主观活动，但它必须是对客观存在的一种主观反映。随着旅游消费者越来越成熟，其消费决策也越来越理性，对旅游景区或目的地的直观评价愈发客观。这种客观性就决定了旅游者在形成旅游地形象时会产生一定的共性和趋同性特征，哪些景点或旅游地值得一游，哪些景点或旅游地具有较强的吸引力，旅游消费者心中自有评判，这就为旅游地的形象建设指明了方向。

3. 个体差异性

旅游消费者对旅游目的地形象感知受到个人内在素质和外部因素的影响，会造成不同的游客对同一旅游目的地“仁者见仁，智者见智”。传统的旅游资源概念认为，只要能对旅游者产生吸引力，具备一定的旅游功能和价值的自然与人文景观是旅游资源，但旅游地的形象往往是更加重要的资源，会对旅游者决策和行为产生重大影响。

（三）旅游消费者对目的地形象感知的模型

关于旅游消费者目的地形象感知的形成模型，学术界根据外部因素对旅游目的地形象感知产生或转变的影响，提出了旅游目的地形象感知形成的静态与动态模型。其中，目的地形象感知的静态模型侧重于解释旅游者行为与目的地形象之间的关系，动态模型则更加专注于旅游目的地自身形象的构造与产生进程。

1. 静态模型

目的地形象感知的静态模型由 Baloglu 和 McCleary（1999）首先提出。通过采用问卷调查和路径分析法，这两位学者创建了一个目的地形象感知的形成模型（如图 3.11 所示）。该模型将影响目的地形象感知的因素分为个体内部因素和外部刺激因素，验证了“认知—情感形象”“情感—总体形象”“认知—情感—总体形象”三条路径关系的存在。在此基础上，Beerli 和 Martion（2004）对该模型做了进一步的拓展：其中，外部刺激因素中，信息源被细分为一手来源（以往的经验和游览的强度）和二手来源（主要包括诱导的、原生的以及自动的三种）；个体因素中，“旅游经历”被加入模型中。

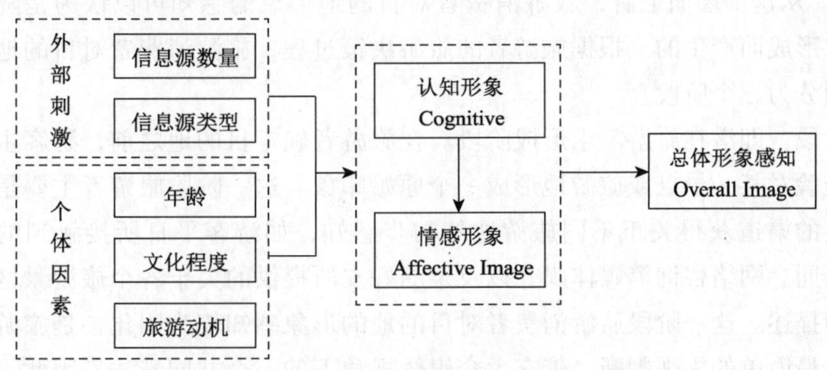

图 3.11 旅游目的地形象感知形成的静态模型

2. 动态模型

1972 年，Gunn Clare 提出了游客形成的目的地形象印象的两个层次：原生形象和诱导形象。在此基础上，Fakeye 和 Crompton（1991）加入了复合形象（Compound Image），该形象的产生融合了旅游消费者以往的知识和实地旅游后在目的地所获得的经验，并建构出了旅游消费者目的地形象感知的动态模型，解释了原生形象、诱导形象和复合形象之间的关系以及对旅游消费者选择目的地的影响。旅游消费者对目的地形象感知形成的动态模型具体如图 3.12 所示。

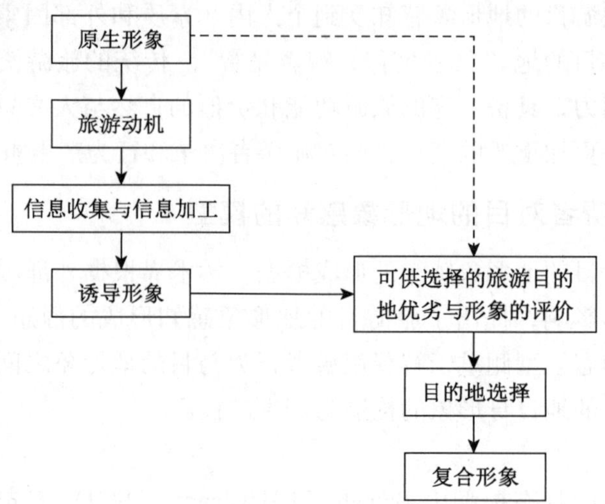

图 3.12 旅游目的地形象感知形成的动态模型

(四) 旅游消费者对目的地形象感知的形成机理

旅游目的地形象感知是旅游者对旅游地进行体验和参与的动态过程及结果，旅游者对旅游目的地的形象感知会对旅游者旅游决策及旅游行为产生重要影响（钱晓慧，钟晓鹏，2015）。从这个层面上看，旅游消费者对目的地形象的感知可以认为是随着旅游者的旅游需求形成而产生的。根据旅游者的旅游决策过程，旅游消费者对目的地形象感知的形成可划分为三个阶段。

第一阶段，即潜在旅游需求形成阶段。在旅游者确定目的地之前，游客主要是通过个人生活经验对某一景点或旅游地形成一个原始印象。这一阶段旅游者主要是通过各种直接或间接的渠道获得关于不同旅游地的初步感知，如游客平日所接触到的报纸、广播、电视新闻、网络咨询等媒体媒介以及亲朋好友所提供的关于各个旅游景区、景点的旅游经历与描述。这一阶段旅游消费者对目的地的形象感知较为固化，是旅游者对目的地最直接、最简单的主观判断，带有大众媒体视角下的一个共同看法。因此，这一阶段对目的地的形象感知容易让旅游者陷入刻板印象带来的感知误区。此外，该阶段消费者对目的地的原始印象具有典型的符号象征性，消费者会以目的地旅游资源的特点为核心，对其旅游吸引物进行简单的人文提炼，并在自己大脑中进行想象延伸和综合评价以获得具有某种象征意义的符号。例如，一个想要去购物娱乐的游客可能会首先想到香港或上海；说到小资、文艺，大部分消费者会想起丽江、厦门、大理等地方。

第二阶段，即旅游需求形成阶段。这一阶段是旅游消费者旅游需求被激发的阶段，游客会主动收集与目的地相关的信息，获取关于目的地旅游环境的总体印象，这就是所谓的感知环境。感知环境是消费者在对目的地相关信息加工后，形成的关于旅游目的地环境和形象的混合产物。旅游者对旅游目的地的形象感知越好，就越有可能选择该旅游地；反之，没有被旅游者摄入脑中，感知环境薄弱的旅游地，即便是具有较高的旅游价值，往往也提不起旅游者的兴趣，在旅游决策中易被淘汰。因而，旅游目的地能否吸引游客，不光依靠优秀的旅游资源，还在于客源市场对这些资源的认识。相较于第一阶段，该阶段消费者的感知结果更加具体，多属于诱发印象，受目的地营销手段的影响很大，旅游消费者的感知结果存在片面性和个体差异性。

第三阶段，即实地旅游之后。当旅游消费者离开常住地前往目的地旅游，游客就进入了目的地的实地感知阶段。旅游资源的不可转移性决定了旅游是一种特殊的在场体验方式。旅游者在进入旅游景区后，会根据在目的地所获得的旅游体验，将前期对目的地形象的感知结果与最终的感知结果进行对比，通过不断对比、修正，得到关于目的地一个较为具体、全面的感知结果。旅游消费者关于目的地的复合感知形象逐渐形成，并成为决定旅游者消费满意度与重游意愿的重要因素。该阶段，旅游者对目的地形象的感知程度受到旅游方式的影响较大，与跟团游客走马观花式的游览方式不同，自由行或者“背包客”有着更加充沛的时间和空间，对目的地的游览更为细致、深入，其所能获得体验以及对目的地的感知形象更加客观与深刻。

【知识链接】

目的地形象感知会影响游客的行为意愿吗

随着人们生活水平的提高，以及对放松愉悦等更高层次的追求，外出旅游已经成为人们日常生活中的常态。旅游目的地形象是吸引游客最关键的因素之一（李艳红，金海龙，2005），游客对目的地的旅游形象感知将如何影响或决定游客的行为意愿备受关注（Bigne 等，2001；Lee 等，2007；司马丹，2007；胡抚生，2009）。杨妮等（2015）以西安为例，在实地调查资料的基础上，从国内现实游客感知视角出发，采用主成分分析和因子分析，提取了西安旅游形象的五大构成维度（旅游行业发展水平、旅游核心吸引物形象、旅游人文环境形象、旅游自然环境形象以及旅游科技形象），利用结构方程模型（SEM），构建了旅游目的地形象感知与游客行为意愿之间的关系模型。结论表明：游客对西安的五种旅游形象构成因子会对游客行为意愿产生重要影响，旅游核心吸引物形象对游客行为意愿的影响最大，旅游科技形象的影响作用最弱，相关性最低。最后提出西安在以后的旅游营销中，应注重发挥本身的特色，将非物质旅游特色（古都文化）与物质旅游特色（兵马俑、城墙等遗址遗迹类旅游产品）完美结合，不断更新旅游产品，提高产品质量，打造核心景区竞争力。

资料来源：杨妮等．基于SEM的城市旅游形象与游客行为意愿关系研究[J]．干旱区资源与环境，2015（2）．

二、旅游消费者对目的地旅游要素的感知

旅游消费者对某一目的地形象的形成，是在对旅游地各个旅游要素感知结果的基础上形成的。具体来说，消费者对目的地旅游要素的感知主要有：对旅游吸引物的感知、对可进入性系统的感知、对旅游接待服务设施的感知、对管理及服务人员的感知、对当地居民态度的感知五个方面。

（一）对旅游吸引物的感知

旅游吸引物，是旅游地开展旅游活动，进行旅游开发的重要资源载体，也是吸引旅游者前往目的地旅游的主要动机。旅游离开了吸引物就不能存在（Pigram，1983），因为目的地没有吸引物将根本性地影响目的地的整体形象与市场状况（Mill 等，2002）。一般来说，消费者对旅游吸引物的感知主要集中在对旅游吸引物的品质（如数量、禀赋、特色性）以及价格等方面。消费者对旅游吸引物的感知评价越高，则旅游吸引物的市场开拓空间就越大。在对旅游吸引物品质的感知上，消费者希望自然类旅游景区是独特的、高观赏的、完整性好的景观，希望人文类旅游景区则是有文化底蕴、有文化积淀的。吸引物如果是有教育性、有信息价值和趣味性的，则可以极大地增加旅游消费者的认知体验；如果吸引物是可享受的、物有所值的、令人愉快的，则旅游消费者可以获得较高的情感体验。相反，游客对旅游吸引物及其相关活动的价值意识知之甚少，游客关于精确价格并不敏感。这也说明，只要目的地的旅游资源及其他旅游吸引物能够给旅游者带来较好的旅游体验感知，价格并不会阻碍他们前往目的地旅游。

（二）对可进入性系统的感知

由于旅游资源和旅游服务设施的不可移动性，旅游活动在某种程度上表现为一种空间的转移和地理环境的变更。开展旅游活动或者外出旅行就需要借助一定的交通工具，实现旅游消费者在居住地与目的地之间的空间位移。交通方式与交通条件的好坏直接影响着这种空间位移的实现。这就是旅游者对目的地的可进入性系统的感知。有些有特色的古村落、乡村旅游地或者农业观光区，拥有较高的旅游资源禀赋和吸引物品质，却难以成为旅游热点，其中一个重要的原因就是这些地理区位偏远的景区，交通不便，目的地的可进入性系统还不健全，游客往往需要花费大量的时间、精力、金钱到达目的地。因此，当游客对旅游地可进入的感知较低时，目的地通常难以成为游客的首选，可进入性相对较好的类似景区对这些游客具有更强的吸引力。俗话说“要致富，先修路”，这道理在旅游发展中亦然。

（三）对旅游接待服务设施的感知

目的地的接待设施，是指旅游目的地内的一系列能够满足旅游者各类消费需求的服务设施，主要包括住宿、餐饮、娱乐、购物、休闲以及其他辅助性设施。这些旅游服务

接待设施由于可以产生丰厚的利润，通常被旅游目的地出让给私营企业或个人投资经营。从感知内容来看，旅游消费者对旅游服务接待设施的感知主要集中在其服务质量、安全性、特色性以及价值与性价比等几个方面。其中，影响旅游消费者对服务接待设施感知最关键的因素是其服务质量以及设施的安全性。旅游接待服务设施是否能为游客提供舒适、安全的游览环境是决定其感知好坏的关键。

（四）对管理及服务人员的感知

旅游是一种特殊的在场体验方式。在旅游过程中，游客不仅希望能够欣赏到美景，还喜欢受到宾至如归的服务。当景区服务人员能够提供非凡的服务体验时，游客获得的是一种超预期的体验感受。景区服务人员所提供的服务质量是影响消费者感知高低的最重要的因素。游客会关注服务人员的仪态仪表是否得体、服务技能是否娴熟、服务态度是否诚恳、服务意识是否主动等，还会关注整体服务过程的质量，服务流程是否规范以及服务人员能否对顾客的要求做出快速合理的反应等。景区管理人员素质的高低、管理水平的高低也会影响消费者对目的地形象的感知。近年来，个别景区交通捆绑消费、强制购买保险，景区修缮导致的提醒服务不周全，旅游景区的标识系统不全面，景区停车场安全措施不到位等现象导致景区投诉频繁发生，给景区带来极大的市场负面效应，降低了景区在旅游市场中的形象与声誉。

（五）对当地居民态度的感知

在旅游发展过程中，开发商及经营者为了实现利润最大化，往往急于求成，牺牲社区居民的利益，当地居民承受发展旅游带来的“负面效应”。近年来，我国旅游的发展也是更多从旅游者及政府的角度考虑，常常忽略当地居民的利益和看法。这种情况要是长期发展下去，将会造成地方居民对旅游发展的冷漠、不支持，甚至是对抗，给旅游业的健康、可持续发展带来危及和隐患。社区居民的态度能极大地影响游客的旅游意愿，支持旅游发展的社区会给游客带来更好的安全感知，游客在旅游过程中也将获得更多的认同，游客的旅游意愿自然比较强；而对地方旅游漠不关心，甚至是抵制旅游开发的社区，顾客容易受到地方居民的抵触与排斥，难以得到社区居民的认同，这种情况下，消费者被宰、受骗的概率也比较高，游客自然难以获得较高的旅游体验，旅游消费者的满意度和再游意愿也通常比较低。

【知识链接】

不同旅游方式的游客对旅游要素形象感知的差异分析

旅游消费者对目的地形象的感知会因个体内在素质和外部因素的影响，而表现出差异。跟团游与散客游是旅游消费者开展旅游活动两种基本旅游方式，这两类游客对旅游景点、餐饮、住宿条件等选择的自主性不同，对旅游者目的地形象感知，特别是要素形象感知的产生自然各不相同。沈世琪（2016）以吐鲁番市为例，从旅游方式的角度出发，将游客分为组团游、自助游、半自助游三种方式，并对不同旅游方式的游客对目的地形象的感知差异进行了分析，相关结论表明：组团游游客对于旅游吸引物的形象感知要高于自助游游客，而与半自助游游客没有明显差异，半自助游游客与组团游游客也无明显差异，这结果主要受到游客旅游经历的影响；组团游游客对旅游设施的形象感知要显著高于自助游游客，半自助游游客对旅游设施的形象感知也要显著高于自助游游客，其主要原因是不同类型游客在旅游交通的可选择性方面的差异。

资料来源：沈世琪．不同旅游方式的游客对吐鲁番市形象感知的差异分析［J］．经营管理者，2016（11）.

三、旅游消费者对旅游条件的感知

旅游消费者对目的地的感知，除了对目的地形象的感知、对目的地旅游要素的感知外，还有一个是对目的地旅游条件的感知，主要有距离和旅游风险两个方面。

（一）对旅游距离的感知

距离是旅游地理结构的基本内容，是游客旅游行为决策中，作为耗费闲暇时间和可支配收入使用的重要指标。旅游者感知距离是旅游决策的重要因素，对游客的旅游空间行为有着重要影响。旅游消费者在选择目的地时，都要考虑从居住地到旅游区的距离。消费者对旅游距离的感知，一般以空间距离的远近来衡量，也常常使用时间长短来衡量。比如从上海到杭州，人们大多强调要坐几个小时的车，而较少说要经过几百里。

作为影响消费者旅游决策的重要因素，旅游距离对游客旅游行为的影响主要集中在两个方面：一个是“距离产生美”，即在一定距离上去感知对象，会有更好的审美体验。人们总是对远方的事物和美景充满各种向往，因为距离越远的地方，其地方特色一般越明显，能获得有别于在其常住地所获得的新鲜感，吸引力也就越强。另一个是“距离衰减定律”，即当距离超过一定的阈值时，距离不再成为吸引游客的重要因素，相反会限制和降低游客的旅游意愿。比如，在广州的游客，其旅游范围一般集中于华南、东南等长江以南地区，东北、西北这些距离较远的地区较少涉足。因此，根据旅游距离的感知原理，旅游景区管理者应充分利用各种方法，积极开展旅游宣传，利用不同地区游客的距离感知差异，开展差异化营销和宣传措施，引导人们的旅游决策。

（二）对旅游风险的感知

风险感知（Risk Perception）属于心理学范畴，Bauer（1960）最早将其引入消费领域，指个体对存在于外界的各种客观风险的心理感受和认识，并强调个体由直观判断和主观感受获得的经验对认知的影响。旅游风险感知，就是旅游者对旅游过程中可能存在的各种风险的心理感受和认识。了解游客对旅游风险的感知，对于了解和预测旅游者的购买行为有着重要意义。如，Sönmez 和 Graefe（1998）的研究证实：潜在旅游者对某地的风险感知水平越高，他们选择前往此地旅游的可能性就越低。Maser 和 Weiermair（1998）发现高风险感知会使潜在旅游者变得更加理性，具体表现为：做出行决定前花大量时间搜寻目的地信息。Kozak（2007）也发现，如果缺乏足够的安全感，人们会随时改变旅行计划，甚至放弃游览某地。因此，探求游客在特定情境下的风险感知特点，对症下药，尤其是在健康和安全等方面给予他们足够的保证，也是目的地建设和营销工作不可或缺的部分（李静等，2015）。

从游客的旅游风险感知类型来看，其所能感知到的风险主要如下：一是经济风险，主要指购买的旅游产品或旅游商品物非所值给游客带来的经济损失；二是期望风险，即购买的旅游产品没有达到预期所带来的风险；三是心理风险，即购买的产品与自身社会地位、形象的不符而造成损失的风险；四是身体风险，即旅游活动对旅游者带来的人体方面损害的风险；五是社会风险，即因购买决策而受到身边亲友的嘲笑、反对以及疏远的风险；六是时间风险，即消费者在购买决策过程中面临耗费大量时间搜集信息的风险。此外，对于出境游客，其面临的风险更为多样，如恐怖主义风险（“9·11”事件）、自然灾害风险（印尼大海啸）、政治动荡风险（阿拉伯之春）以及文化差异风险等。

旅游具有其自身的独特性，游客所能感知到的风险比一般购买行为的风险要高。第一，旅游产品具有无形的特点，在购买之前，游客是看不到、摸不到、尝不到的，旅游消费者在选择产品时面临的不确定更多，购买旅游产品后，能否到达其期望难以确定，容易感知到决策失误带来的风险。第二，旅游产品具有生产和消费同时性的特点，游客要想体验和消费旅游产品就必须亲身前往旅游目的地进行观光游览，在游客离开常住地前往目的地旅游的过程中，游客将面临来自各方面的风险，尤其是个人安全方面的风险感知，如女性游客在旅游过程中容易受到关于暴力和性骚扰方面的威胁，美国突发的恐怖或暴力事件，容易让前往美国的出境游客感知到人身安全的风险，等等。第三，旅游产品是一个涉及吃、住、行、游、购、娱等多方面的决策，收集信息和购买过程更加烦琐、复杂，费时费力，消费者更容易感知到实践方面的风险。

【知识链接】

雾霾对旅游者风险感知及旅游体验的影响

自 2013 年 1 月北京及中国中东部诸多城市出现严重雾霾以来，对中国雾霾状况的关注已经成为社会各界的热点议题。“雾霾是否影响中国的旅游市场，如何影响中国旅游业发展”等现实问题受到了众多旅游研究学者和旅游相关部门越来越多的关注与重视，并展开了一系列有益的研究与思考。李静等（2015）以赴京旅游者为研究对象，从旅游者感知的视角，探究了雾霾对旅游的影响。研究结果表明：一方面，国内外旅游者对北京雾霾的危害确实存在较强感知，游客在不同程度上都会担心，在旅行期间，雾霾会损害健康、破坏心情、妨碍风景观赏、削弱部分旅游景点游览价值，并使整个旅行体验质量大打折扣。另一方面，雾霾对旅游体验的消极负面影响会使旅游者感知到更高的风险，降低旅游满意度，影响游客对目的地的忠诚度；同时，对雾霾危害的担忧也会通过增加风险感知而使游客对旅行产生不满，丧失对旅游地的信心。受雾霾影响，北京入境游客量已出现一定下滑。要改变这一窘境，目的地应在极力推销旅游资源的同时，注意目的地生活环境的改善，给予旅游者足够的安全和健康保证，让旅游者享受到高水准的旅游体验，进而树立积极口碑并提高重游率。

资料来源：李静等．雾霾对来京旅游者风险感知及旅游体验的影响：基于结构方程模型的中外旅游者对比研究［J］．旅游学刊，2015，10：48-59.

第三节　旅游消费者对市场营销策略的感知

旅游消费者行为是一个历史的动态过程。因此，任何一种市场营销策略的目标和效果不能只停留在某一个阶段或消费者的某一种行为上，而应该尽可能地贯穿旅游者的整个消费过程。旅游景区的广告营销首先会影响消费者对目的地的原始形象感知，激发他们的旅游动机和旅游欲望，在旅游消费者入场体验后，通过景区内部营销和宣传手段，增强旅游消费者的实地体验质量，提高游客满意度和再游意向。基于前述的旅游消费者感知的特点以及消费者对目的地形象感知的过程，要想增强旅游消费者对景区市场营销的感知效果，强化目的地对旅游消费者的吸引力，旅游景区就应该与时俱进，创新旅游景区市场营销手段，增强旅游目的地的市场竞争力。下文将结合案例介绍当前较为主流和实效性较高的几种市场营销手段。

一、事件营销策略

事件营销在英文里叫作 Event Marketing，国内有人把它直译为“事件营销”或者“活动营销”。所谓的事件营销，是企业通过策划、组织和利用具有名人效应、新闻价值以及社会影响的人物或事件，引起媒体、社会团体和消费者的兴趣与关注，以求提高企业或产品的知名度、美誉度，树立良好品牌形象，并最终促成产品或服务的销售目的的手段和方式。旅游目的地的事件营销是旅游目的地为提升知名度，利用或策划为社会公众关注的重要事件所进行的旅游形象宣传。成功的旅游事件营销，社会公众关注度高，在较短时间内可以使传播信息最大化，传播效果最优化，营销宣传成本较低，因而是旅游目的地形象宣传常用的方法。旅游事件营销主要有三种类型：一是利用既定事件进行营销，如体育赛事、民俗活动等；二是利用突发事件进行营销，如，汶川地震时，四川省旅游部门为四川旅游树立了良好的形象；三是无中生有，策划事件进行营销。

近年来，许多目的地都将事件营销作为一种“营销利器”应用到营销传播中，成功地实现旅游地形象快速提升的目的。但需要指出的是，事件营销也是一把“双刃剑”，运用得当可以短平快地为旅游目的地带来巨大的关注度。比如说，1999 年，湖南张家界成功策划了“穿越天门”的飞行特技表演，中央电视台全程直播，使张家界在国内外的知名度有了极大的提升；2009 年，澳大利亚昆士兰州旅游部门策划了一个赢得“世界最好工作”的竞聘活动，在全球范围以竞赛方式招聘大堡礁的巡护员，以优厚的待遇、优美的风光吸引公众眼球。但旅游事件营销的失败案例也比比皆是，使景区的美誉度和形象大大受损。

二、情感营销策略

随着消费者的日益成熟，大众市场已经进入了情感消费时代，消费者购买商品所看重的已不是商品数量的多少、质量好坏以及价钱的高低，而是为了一种感情上的满足，一种心理上的认同。情感营销就是把消费者个人情感差异和需求作为企业品牌营销战略的核心，通过借助情感包装、情感促销、情感广告、情感口碑、情感设计等策略来实现企业的经营目标。情感营销从消费者的情感需要出发，唤起和激起消费者的情感需求，诱导消费者心灵上的共鸣，寓情感于营销之中，让有情的营销赢得无情的竞争。旅游之所以迷人，就是因为它与人们的多种情感紧密联系：除了乡愁，还有放松的惬意、内心的宁静、面对美景的心旷神怡、对别样风土人情的诧异、对古文化的迷恋、获得知识的满足感、怀旧情绪、对艳遇的盼望甚至危险的刺激……《海角七号》中的主角阿嘉一头扎进故乡恒春的怀抱；《非诚勿扰》，使得观众对葛优和舒淇感情故事的唏嘘，与对北海道风光和人文的下意识中的陶醉融为一体、难解难分。于是，恒春火了，北海道火了。因为它们在承托美景的同时寄托了情感。

三、体验营销策略

1970 年，美国未来学家阿尔文·托夫勒在《未来的冲击》中预言：“服务经济的下一步是走向体验经济，商家将靠提供体验服务取胜。”当前，体验经济已成为全球的一个时尚概念，涉及多种行业。对旅游来说，更是如此，因为旅游从本质上讲就是人们离开惯常环境到其他地方去寻求某种体验的一种活动，是一种天然的体验活动，是一种探索、一种感受、一种挑战，是一种在心理上的彻底放松。体验会涉及顾客的感官、情感、情绪等感性因素，也会包括知识、智力、思考等理性因素。体验的基本事实会清楚地反射于语言中，例如描述体验的动词：喜欢、赞赏、讨厌、憎恨等，形容词：可爱的、诱人的、刺激的、酷毙的等。旅游景区为何需要体验营销呢？因为，旅游消费者的情感需求在增加，旅游需求的日趋差异性、个性化、多样化，旅游消费者价值观与信念迅速转变，旅游消费者关注点也在向情感性利益转变。对于现代消费的观念转变，旅游管理者必须在品牌推广和活动设计上下足功夫，让旅游者获得更多的体验感知。

四、植入营销策略

植入营销通常是指将产品或品牌及其代表性的视觉符号甚至服务内容策略性融入电影、电视剧或电视节目各种内容之中，通过场景的再现，让观众在不知不觉中留下对产品及品牌印象，继而达到营销产品的目的。我们经常在众多电影、电视剧中看到不同旅游品牌的植入。例如，电影《变形金刚》将张家界的形象推向了国际，这种由电影引起的旅游热潮也被称为“电影引致旅游”（Movie Induced Tourism）；1991 年上映的《大红灯笼高高挂》使山西乔家大院成为有名的旅游目的地；2003 年播出的电视剧《似水年华》让人们记住了如诗般的水乡小镇——乌镇；2009 年的贺岁片《非诚勿扰》，使名不见经传的西溪湿地成为人们到杭州争相游览的旅游景区之一，而片中男主角乘坐乌篷船在湖中徜徉的场面令人印象深刻，很多游客也到西溪湿地争相体验。

五、口碑营销策略

口碑营销是指企业努力使用户通过亲朋好友之间的交流将自己的产品信息、品牌传播开来。相较于其他营销方式，这种以口碑传播为途径的营销方式成功率高、可信度强。从企业营销的实践层面分析，口碑营销是企业运用各种有效的手段，引发企业的顾客对其产品、服务以及企业整体形象的谈论和交流，并激励顾客向其周边人群进行介绍和推荐的市场营销方式和过程。与大众营销不同的是，口碑营销是基于社会化媒体平台的，强调关系与兴趣，是为了激发消费者分享正向口碑的，为企业品牌正向引导助力。如我们在很多论坛和微博上都看到过关于海底捞众多口碑的传播，还有快书包 1 小时到货给用户带来的惊喜分享，这些都是口碑碎片，通过用户自行分享出来，当企业使用此策略时，更多是利用口碑类媒体传播品牌的感受。对旅游景区来说，良好的口碑效应有助于改善目的地的形象，在潜在旅游消费者心中产生正面的原始印象，激发潜在游客的旅游需求和游览欲望。

六、比附营销策略

比附营销是一种比较有效的营销手段，能让目标受众迅速完成对营销标的物从认识到感兴趣甚至到购买的过程。其操作思路是想方设法将自己的产品或品牌与行业内的知名品牌发生某种联系（即攀附知名品牌），并与其进行比较，但承认自己比其稍逊一筹。比附营销在旅游景区发展的不同阶段，其所发挥的作用是不一样的。一般来说，在景区发展初期，为了打开市场，扩大市场知名度，实行比附营销是较为便捷和有效的方法，如许多山水类景区在市场推广过程中，会打出“小桂林”“小黄山”等口号，这种做法可以在最短时间内让旅游消费者了解并认同旅游景区。随着景区的日益成熟，在拥有一定市场知名度时，景区应逐步摆脱比附营销的思维定式，开始以自己的特色做独立宣传，如泰宁大金湖在初期以“小武夷”宣传，在自己不断壮大之后，开始转变思路，以“世界地质公园——大金湖”推向市场，让旅游消费者重新认识大金湖，摆脱消费者印象中“大金湖是小武夷山”的固有形象。

七、饥饿营销策略

饥饿营销是指商品提供者有意调低产量，以期达到调控供求关系、制造供不应求“假象”、维持商品较高售价和利润率的目的。表明上，饥饿营销的操作很简单，定个叫好叫座的惊喜价，把潜在消费者吸引过来，然后限制供货量，造成供不应求的热销假象，从而提高售价，赚取更高的利润。但“饥饿营销”的终极作用还不是调节了价格，而是对品牌产生了附加值。这种营销方式有效地利用了西方经济学中的效用理论，有意识去强化顾客在购买过程中感受到的心理满足感，具有浓郁的个人主观性。对旅游景区来说，饥饿营销不仅可以吊足消费者的胃口，激发旅游消费者的旅游欲望，还可以在一定程度上缓解旅游景区资源与环境的保护压力。

旅游中饥饿营销常用的策略主要有以下几种：

第一，数量饥饿。数量饥饿是饥饿营销中最常见也是最重要的方式。通过限制产品数量，供给小于需求，从而让消费者产生饥饿感，激发起购买欲望。如故宫、九寨沟、鼓浪屿等景区为了保护环境资源，在景区实行了限客处理，这实际就是一种数量饥饿营销手段。

第二，价格饥饿。价格饥饿是指商家通过大幅度提高产品价格，将众多消费水平有限的非目标消费群体排除在外，因高利润率而获得更高回报。该类饥饿策略常见于高端旅游消费市场，如高端的精品民宿。

第三，渠道饥饿。渠道饥饿是指商品销售渠道有限，消费者只能通过固定销售渠道购买中意产品。当前部分旅游产品也要充分结合景区自身特点，打响自身品牌，达到“只此一家别无分店”的效果。

第四，时间饥饿。时间饥饿是指通过不断宣传和制造话题，延长消费者确定购买与最终获得产品的间隔时间，让消费者一直处于对产品的饥饿状态，达到预期销售目标。像成都郫县的玫瑰谷、龙泉桃花沟等乡村旅游景点，通过不间断地制造谈论话题，给予消费者遐想空间，并以开花时节、景区优美景色为焦点，加深消费者对于乡村旅游景点旺季的期待。

第五，品牌饥饿。随着旅游业的快速发展，目的地之间的可替代性进一步增强，可识别性逐渐减弱。因此，旅游目的地和其他消费品一样，必须借助品牌进行识别和区分，以吸引旅游者。成功的旅游目的地营销在于构造一种无法模仿与复制的旅游品牌，这种品牌应该内生于地方旅游资源优势，并通过现代营销设计、包装而形成，它是旅游目的地形成可持续竞争优势的核心。

第六，人群筛选饥饿。利用消费者行为或人群筛选方法同样可以培养消费者饥饿感，提高品牌忠诚度。就像苹果手机已泛滥成街机，这就降低了其最主要一部分高端消费群体的忠诚度。很多奢侈品牌，因过去销售增长太快，太多人购买，使得其对核心消费者的吸引力不断下降。马尔代夫一度是国内游客首选的蜜月旅游地，然而随着大众化增高，较少得到关注的南太平洋小岛受到了高端旅游消费者的青睐。因此，只有筛选出优质目标客户，保持他们的品牌忠诚度，培养饥饿感，维持消费者黏性，其产品才能够长期受到消费者欢迎。

八、智慧营销策略

随着国家旅游局将 2014 年定为“智慧旅游年”，智慧旅游开始进入大众的视野，受到广泛关注。所谓的智慧旅游，就是利用云计算、物联网等新技术，通过互联网/移动互联网，借助便携的终端上网设备，及时发布旅游资源、旅游经济、旅游活动、旅游者等方面的信息，让人们能够及时了解这些信息，及时安排和调整工作与旅游计划，从而达到对各类旅游信息的智能感知、方便利用的效果。智慧旅游，是在大数据时代背景下应运而生的，也是未来旅游产业的发展方向，如何在智慧旅游时代下创新旅游地的营销方式和模式成了旅游地适应时代变化的关键环节。通过智慧旅游营销，旅游景区可以通过旅游舆情监控和数据分析，挖掘旅游热点和游客兴趣点，引导旅游企业策划对应的旅游产品，制定对应的营销主题，推动旅游行业的产品创新和营销创新。智慧旅游营销还可以通过量化分析和判断营销渠道，筛选可以长期合作的营销渠道。

此外，智慧旅游营销还充分利用新媒体传播特性，吸引游客主动参与旅游的传播和营销，并通过积累游客数据和旅游产品消费数据，逐步形成自媒体营销平台，形成以微博、微信为核心平台的“微”营销模式。比如，乌镇为了适应新时代的发展，大力开展智慧营销：2013 年，乌镇通过“智游宝”全面对接 140 多个在线旅游分销商，这其中不但包括中青旅遨游网、携程、途牛、驴妈妈等主流 OTA，还无缝对接了乌镇天猫旗舰店等直销渠道，助力乌镇智慧旅游快速发展。

【复习与思考】

一、名词解释

旅游消费者感觉　旅游消费者知觉　旅游消费者感知

二、填空题

1. 旅游消费者感觉的类别：______、______。

2. 旅游消费者知觉的特性：______、______、______、______、______、______。

三、简单题

1. 简述旅游消费者对目的地形象感知的特性。

2. 简述旅游消费者对目的地要素的形象感知。

3. 简述旅游消费者对旅游条件的感知。

四、论述题

1. 列举几种基于旅游消费者感知的市场营销策略。

2. 阐述旅游消费者目的地形象感知的形成机理。

【推荐阅读】

1. 白凯．旅游行为学［M］．北京：科学出版社，2013：134-144.

2. 吴津清．旅游消费者行为学［M］．北京：旅游教育出版社，2006：98-121.

第四章

旅游消费者态度

态度是一种复杂的心理现象，同时态度对人的行为有着很大的影响。对旅游消费者而言，态度是指在其享受旅游产品、体验旅游服务过程中，对旅游服务、旅游产品、旅游企业和旅游目的地较为稳定和持久的心理反应与情感倾向。在很大层面上，旅游消费者的态度决定了其旅游决策行为以及在旅游前、中、后各个阶段的消费行为。积极的旅游消费者态度有助于提高旅游者的满意度，增强旅游者的再游意愿，而消极、负面的旅游消费者态度则会降低旅游者的体验质量，造成负面影响。这就需要对旅游消费者态度进行深入的了解和认知，但是旅游消费者态度是一个复杂的心理现象，一方面是旅游者对自身态度—行为的认知；另一方面是旅游消费者对目的地态度的认知。旅游消费者各方面的态度也受到很多因素的影响，既有旅游消费者自身特征的影响，如年龄、性别、职业、教育程度、家庭背景、价值观等，又受到来自各种外部因素的影响，如旅游消费者所处的环境、社团群体等。因此，在了解旅游消费者态度的基础上，了解旅游消费者态度改变的方法。本章还介绍了相应的旅游消费者态度改变的策略。

【学习目标】

1. 知识目标：学习旅游消费者态度的定义、特征及其主要功能，把握旅游消费者态度的构成及其层次，以及旅游消费者态度在旅游消费者决策中的重要性；在了解旅游消费者态度形成和发展规律的基础上，掌握旅游消费者态度的影响因素。

2. 能力目标：通过学习旅游消费者态度改变的主要理论，掌握改变旅游消费者态度的基本策略和技巧。

【导入案例】

2010 年 8 月 23 日，一辆装载 25 人（包括 22 名香港乘客）乘客的旅游车在菲律宾马尼拉市中心基里诺大看台附近被劫持。经过谈判，6 名香港游客于中午前获释。23 日晚 7 时 40 分左右，菲警方实施突击解救行动，香港游客中 8 人死亡，6 人受伤。香港游客在菲律宾被劫持事件后，因菲律宾方面的不当处置，造成人质死伤。但事件发生后，菲律宾方面拒绝就此事道歉。2013 年 10 月 22 日下午，马尼拉市政府才通过特别决议案，就人质事件对北京、香港及人质家属进行正式道歉。但菲总统阿基诺表示，菲律宾政府不会就马尼拉人质事件道歉。直到 2014 年 4 月 23 日，菲律宾政府才正式向受害者及家属致歉。该事件一出，菲律宾当局对事件处理的方式和态度，不仅惹怒了香港人，内地众多网民也对此事表示愤慨，《南方日报》官方微博的一份调查显示，87%的网友表示会坚决抵制菲律宾旅游，直至菲律宾当局对事件做出满意回应和表示，仅 2%的网友表示不会抵制。考虑到出境游客的人身安全，中国外交部也相继发布《中国公民暂勿前往菲律宾》通知，我国赴菲律宾旅游产品也被紧急下架，携程菲律宾旅游产品也已下线暂停销售，北京、上海、广州、南京、沈阳等地多个旅行团紧急退团，随即到来的“十一”黄金周，赴菲律宾旅游受挫明显。

不尊重游客安全的国家，是不值得一去的目的地，这是共识达成的体现，是旅游者和旅游市场日渐成熟的表现。菲律宾对人质事件的草率处理，加剧了旅游者对其不稳定、不安全、不放心的顾虑，严重影响了旅游消费者对菲律宾旅游的态度，形成了抵制情绪。在旅游目的地经营过程中，如何认识旅游消费者的态度？为了改变旅游消费者的态度，旅游目的地和地方主管部门有哪些可以采用的具体措施？以上问题都是本章试图回答和阐释的。

资料来源：根据网络资料整理而得．

第一节　旅游消费者态度概述

一、旅游消费者态度的定义、特征与功能

（一）旅游消费者态度的定义

“态度”是社会心理学中一个非常重要的概念，是社会心理学理论和研究的核心内容。态度塑造我们的社会知觉和社会行为。在学术界里，对于消费者态度有三种不同的看法。

第一种看法认为，态度主要是情感的表现，或反映的是人们的一种好恶观。如心理学家瑟斯顿（Thurston Louis）认为，态度是人们对待心理客体如人、物、观念等的勘定或否定的情感。赖茨曼则将态度定义为“对某种对象或某种关系的相对持久的积极或消

极的情绪反应”。

第二种看法认为，态度是情感和认知的统一。对于态度客体的情感反应，是以客体进行评价所持的信念或知识为依据的，所以，态度既有情感成分又有认知成分。

第三种看法则将态度视为由情感、认知和行为构成的综合体。如弗里德曼（Freeman）认为，态度是个体对某一特定事物、观念或他人稳定、持久的，由认知、情感和行为倾向三个部分组成的心理倾向。这一定义也是目前较为主流和普遍接受的定义。

作为态度的一种具体形式，旅游消费者态度可以界定为：旅游消费者在享受旅游产品、体验旅游服务过程中，对旅游服务、旅游产品、旅游企业和旅游目的地较为稳定和持久的心理反应与情感倾向。

（二）旅游消费者态度的特征与功能

1. 旅游消费者态度的特征

（1）评价性。所谓评价，就是依据一定的价值准则对事物进行分析、比较、判断和决策的过程。这是态度最为核心的特征。这种评价可以通过言语、表情表现出来，也可以通过生理反应和行为表现出来。而且，这种评价既可以在意识水平上运行，也可以在无意识水平上运行。

（2）对象性。态度是有对象的，它总是针对某种事物。个体对同一事物的态度，其方向不一定相同，除了正向、逆向之外，还有介于两者之间的中性态度及异向的态度。也就是说，态度一般具有赞成或反对的方向特点，并具有程度的差异。态度的强弱也因人而异。

（3）差异性。受个体经验、偏好、年龄、性别等社会因素的影响，不同人对同一事物的态度可能存在较大的差异，表现出群体差异性。当然，随着个体消费经验的成熟，同一个人在不同的年龄阶段，对同一事物的态度也会发生变化。例如，人在年轻时喜欢繁华热闹的都市旅游，在年长时则更喜欢寄情于山水之中。

（4）稳定性。态度一旦形成，就会成为一种持续的心理状态，在一定时间内不易改变，相对比较稳定。态度的稳定性使其有别于暂时性的情绪体验和生物性的需要。当然，这种稳定性是相对的，一旦影响态度的某些内部因素和外部因素发生了改变，就可能引起态度的改变。

（5）内隐性。态度不能被直接观察到，只能从人们的言论、表情和行为等表现中间接地进行分析、推测或判明。态度本身是无法直接测定的，必须从个人的行为或与行为有关的语言行为表现中间接推断出来，测定态度需要一定的中间变量。

（6）复杂性。态度是一种有着不同层次的、复杂的心理结构。这些不同的层次都会对行为产生不同的影响。而且，在一定条件下，个体并不是经常表现出与内心态度相一致的外部行为。所以，简单地观察个体的行为不一定能推导出其真实的态度。

2. 旅游消费者态度的主要功能

（1）适应功能。适应功能（Adjustment Function）建立在操作性条件反射的基础上，我们倾向于对那些能给我们带来好处的事物或活动形成正面的态度，而对那些会给我们带来害处的事物或活动形成负面的态度。态度能使人更好地适应环境和趋利避害，指导消费者去获得渴望的利益。消费者对某一事物或现象的态度会随着事物的利好利坏的变化而变化，反映态度的适应功能。

（2）自我防御功能。自我防御功能（Ego Defense Function）是指形成关于某些事物的态度，能够帮助个体回避或忘却那些严峻环境或难以正视的现实，从而保护个体的现有人格和保持心理健康。譬如消费者使用漱口水、口香糖是为了避免口腔异味，以免在社交场合不被接受。游客在旅游决策失误时，会在他人面前辩解、掩饰。

（3）知识或认识功能。知识或认识功能（Knowledge Function）是指形成某种态度，更有利于对事物的认识和理解。帮助组织日常基础的信息、排序信息，摒弃不相关信息，形成产品或品牌或购物的知识。如游客在某一旅游地有过不愉快的旅游体验后，再遇到类似的情况，就能根据经验自我判断。

（4）价值表达功能。价值表达功能（Value-express Function）是表达一种核心价值观念、价值体系和自我形象，一般广告通过暗示使用、购买某产品能导致增强自我意识、成就感或独立等来利用态度的价值表达功能。如有的游客在外出旅游过程中喜欢入住高档酒店以显示自己的身份和地位。

二、旅游消费者态度的构成与层次

（一）旅游消费者态度的构成

根据前述弗里德曼对态度的定义，可以知道，态度是一个由情感（感觉）、认知（信念）和行为（反应倾向）所构成的持久系统。在态度构成的界定问题上，社会心理学界已经达成一定共识，即态度由情感成分（Affective Component）、行为成分（Behavioral Component）和认知成分（Cognitive Component）组成，这三种成分也被称为态度的三要素，或者态度的“ABC”模型。与其他类型消费者一样，旅游消费者态度的构成具有类似属性。基于三要素的旅游消费者态度构成模型如图 4.1 所示。

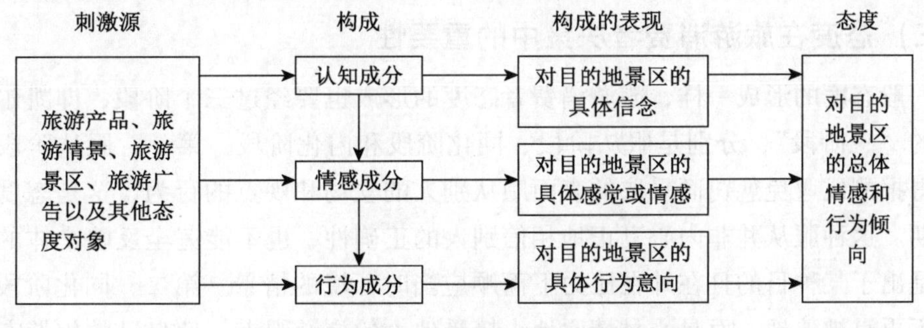

图 4.1 态度的“三要素”构成及其表现

认知成分是指个体对旅游态度对象所持有的知识、知觉、信念与见解。旅游者对旅游产品的认知，是在不断收集目的地资讯以及他人经验告知的过程中所形成的。例如，文艺青年可能通过社交媒体以及当代小说认知到丽江、鼓浪屿是一个环境优美的小资旅游地。

情感成分是对于形成旅游态度的对象所表现出来的好恶、肯定与否定的情感判断，是个体对态度对象的一种内心体验。消费者在对旅游产品广泛认知后，会根据自身需要和价值判断，形成对旅游产品的情感。比如，如果潜在游客是一名登山爱好者，在对华山等名山大川有一定了解后，就可能形成对华山、泰山等景区的喜爱情感。

行为成分是指个体对态度对象的行为倾向。这里说的行为倾向并不代表行为本身，而是做出行动前的思维倾向，即一种行为的准备状态。意向是态度的外在显示，是态度的最终表现，制约着人的旅游行为。当旅游者在对某地已经有了一定的情感认知后，就极有可能采取行动，赴目的地进行观光游。

因此，认知是形成态度的基础，情感是态度的核心，行为倾向是态度的表达。但是态度不是这三方面的机械复合体，而是以价值观为基础互动形成的一个高层次的概念。

（二）旅游消费者态度的层次

消费者参与，是指消费者对某一商品或服务感兴趣的程度，即某事物对消费者的重要程度。根据消费者参与程度的差异，旅游消费者态度可以分为三个不同层次。第一，高度参与层次，其态度形成路径为：认知（想法）—情感（感觉）—行为（购买）。第二，低度参与层次，其态度形成路径为：行动（购买）—情感（感觉）—认知（想法）。第三，经验学习层次，其态度形成路径为：情感（感觉）—行为（购买）—认知（想法）。

对于不同态度层次的旅游消费者，旅游管理部门应采取不同的营销策略。面对高度参与层次的营销策略可以通过广告大力宣传产品的属性和利益以影响消费者的信念；面对低度参与层次的营销策略应该重视景区宣传广告与展示，或者是将旅游产品及宣传广告放在人潮密集的地方，以便引起消费者的注意。而面对经验学习层次的游客，应该着重宣传自身旅游产品的优势，以旅游产品的独特性吸引这部分消费者前往目的地参观学习。

（三）态度在旅游消费者决策中的重要性

与一般态度的形成一样，旅游消费者态度的形成也要经过三个阶段，即凯尔曼的态度形成的“三阶段”，分别是服从阶段、同化阶段和内化阶段。第一，服从阶段是人们为了获得报酬或避免惩罚而采取的表面顺从别人的立场和观点的行为，这是态度形成的模糊时期。这种服从并非内心真正地相信别人的正确性，也不能完全反映个体的心理特征，只是出于某种目的且在外在压力下而顺应当时环境的情景。第二，同化阶段，旅游者个体不再是被迫地，而是心甘情愿地去接受他人的旅游观点，使自己的旅游态度与他人的要求一致，态度的同化阶段是认同过程，是个体社会化的重要组成部分，是态度形成的必要途径。第三，内化阶段是指旅游者从内心深处真正相信并接受他人的旅游观点，转变自己原有的旅游态度，形成新的态度，并且自觉地以这些态度作为衡量旅游行为的内在标准，来指导自己的旅游行为。

根据旅游消费者态度形成的三个阶段，可以认清旅游消费者的态度在旅游决策中所要经历的过程的重要性。态度在旅游消费者决策中的路径可以表示为：

内在需要 +（外部条件）→ 旅游动机 +（旅游产品）→ 旅游兴趣 +（旅游目标）→ 旅游态度 +（信息明确）→ 旅游偏好 +（旅游时机）→ 旅游决策 +（旅游准备）→ 旅游行为+（旅游体验）。

【知识链接】

黑色旅游能获得旅游消费者的支持吗

黑色旅游及其发展在国内外都是一个较具争议的主题，但部分旅游业发达国家也不乏黑色旅游开发的成功案例，如中国的南京大屠杀纪念馆、日本的长崎广岛、波兰的奥斯维辛集中营等。开发黑色旅游会遇到种种阻碍和压力，尤以旅游者对开发黑色旅游的感知与态度最为重要，特别是地方居民对开发黑色旅游的态度及情感保护，尤为敏感。

黄玉理和黄英（2013）以“汶川”地震灾区为案例地，通过问卷调查和实地访谈，调查了旅游者对汶川开发地震黑色的旅游态度与感知。结果表明，虽然很多游客（48.3%）没听说过黑色旅游，但相当一部分旅游者还是对黑色旅游持积极的支持态度的，但也强烈感知到发展黑色旅游会给当地灾民带来的一定的负面消极影响；在黑色旅游发展内容上，绝大部分旅游者认为，黑色旅游的载体可以多样化，旅游开发商应当理性评估黑色旅游给当地居民可能带来的影响，以及黑色旅游开发的载体形式是否可以被当地居民能接受。旅游开发的利益相关者应当充分认识到灾民作为灾难的受害者，其参与到黑色旅游中来，应该是出于一种对“性的感悟”而不是“生的无奈”，在黑色旅游规划中，要尤其重视社区群体正确认识并参与黑色旅游。旅游者参加黑色旅游的动机主要有“外界驱动”“好奇驱动”“情系灾区”“情感倾诉”四大类，旅游开发者在发展黑色旅游过程中，应该重视旅游消费者的这些旅游动机和需求的满足，提高黑色旅游地的市场认同度，增强旅游者的情感和好奇体验。

第二节　旅游消费者态度的影响因素

态度的形成实际上是一个个体社会化的过程，其形成与改变受到个体内外很多因素的影响。与一般消费者态度类似，旅游消费者态度的形成与改变也同样受到很多因素的影响。消费者态度的形成是由个体的先天遗传因素、主体自身因素，社会环境等因素的交互作用产生的。

一、旅游消费者对自身态度的影响因素

旅游消费者对自身态度的影响因素主要包括两个方面的内容：一是旅游消费者自身态度形成的影响因素；另一个是旅游消费者态度改变的影响因素。

（一）旅游消费者态度形成的影响因素

旅游消费者态度形成的影响因素有很多，总结起来可以归纳为两类：自身因素和社会环境因素。

1. 自身因素

（1）遗传因素。凯勒（Kelller，1992）等人研究了基因因素对态度形成的影响，研究证实了基因对态度形成有一定的作用。但是，由于基因对态度形成的作用机制尚未完全揭示出来，因此，人们普遍认同的观点是态度更多是在社会环境中通过社会学习等途径而获得的。

（2）个体需求。需要的满足与否是态度产生和发展的基础。个体对那些能满足自己需要的事物，或者能够帮助自己达到目标的事物，必然会产生积极的、喜爱的态度；相反，则会产生消极的、厌恶的态度。而对与自己的需要毫不相干或者关系不大的事物，人们往往产生无所谓或不置可否的态度。

（3）个体兴趣。兴趣是人们力求认识某种事物和从事某种活动的意识倾向。它变现为人们对某种事物、某项活动的选择性态度和积极的情绪反应。兴趣对旅游态度的影响包括：兴趣能促使旅游者易于做出旅游决策；兴趣有助于旅游者为未来的旅游活动做准备；兴趣可以刺激旅游者对某种旅游产品重复购买或产生长期使用的偏好；兴趣的个体差异影响旅游者的购买倾向；兴趣变化促使旅游者购买倾向的变化。

（4）个体知识结构。从态度形成的内在过程来看，经验的作用是非常重要的，尤其是经验的情绪效应。“一朝被蛇咬，十年怕井绳”，就是典型的写照。知识在态度形成中也有重要的作用。在认知性态度中，知识的作用尤为显著。在日常的心理咨询工作中，很多时候通过改变咨询者的认知来改变咨询者的态度，从而达到恢复咨询者心理平衡的目的。

（5）个人的价值观。人们对某一事物的态度往往不是直接取决于这一事物客观存在

价值，而是取决于对客观价值的认识。人们认为某一事物越有价值，所采取的态度就越强烈。在现实生活中，人的价值观受人的世界观、人生观支配。在不同的世界观、人生观的影响下，价值观一般是不同的，由此所形成的态度也是不一样的。

2. 社会环境因素

（1）父母及家庭因素。家庭是个体社会化的第一场所。父母及亲人是个体在成长过程中的第一任教师，也是儿童首先认同与模仿的对象。人们对许多事物的态度都会受到父母的影响，特别是个体的价值观、行为习惯、偏好喜爱等，大多是在父母及家庭其他亲人的影响下发展起来的。

（2）同伴影响。随着个体年龄的增长，父母及家庭的影响力会逐渐减少，同伴、朋友的影响力会越来越大。在其成长过程中，个体开始把自身所持有的态度、观点与自己同伴、朋友的观点、态度做比较，并以同伴的态度、观点作为依据来调整自己原有的态度。例如，在青春期后期，同伴已成为个体主要的参考群体（李建明，刘瑶，2003）。

（3）社会团体。个体自身所参加的团体，对其态度的形成也有明显的影响作用。首先，每一个团体都有自己的行为规范和准则，并要求团体成员共同遵守。其次，个体会认同所参加的社会团体，自愿采纳团体的态度。最后，对于同一团体的隶属，由于实际上有许多共同的生活内容，人们有相同或相近的知识、经验和社会视角，这使团体各成员的态度趋向一致。

（4）社会文化因素。文化作为人们社会化的大背景，深刻地影响到人们态度的形成。著名人类学家米德曾对南太平洋新几内亚岛的 3 个原始部落进行了长期跟踪研究，发现文化背景直接决定着人们对许多事物的态度，乃至整个思维方式。在一个叫阿拉佩什的部落，男子也同女性一样高度女性化。现代社会强调男子需要有刚毅、善于竞争、敢于搏斗的阳刚之气，而在阿拉佩什部落中，这样的男子是被人看不起的。

（二）旅游消费者态度改变的影响因素

1. 态度主体的态度系统特性

态度主体自身的态度系统主要包括态度的强度、态度的向中度和态度的深度三种。

第一，态度的强度。越强烈的态度对行为的决定作用越大，态度也越难以改变。比如一个有着强烈环境保护态度的旅游者，在旅游过程中不会因为其他人的不环保行为而改变自身对绿色环保旅游方式的态度。

第二，态度的向中度。态度向中度决定着态度本身与个人核心价值观的联系，也决定着态度对象和有关态度对于个人的意义。态度的向中度高，其对于个人的意义就越重要，相应的认知与情感支持也越多，改变起来也就越困难。

第三，态度的深度。有强烈情绪背景的态度，会存在非常强烈的、自发的态度改变抗拒反应，使人有意无意地拒绝改变自己原有的态度。

2. 外界条件影响态度的改变

第一，信息的作用。一般来说，信息传达者或者信息传播渠道的信誉、知名度以及权威越高，越容易改变游客的旅游态度，这也是名人广告效应的基本原因。旅游者在行动前，会主动收集各种有关的信息，各种信息间的一致性越强，形成的态度越稳固，因而越不容易改变。

第二，旅游者之间的相互感染。态度具有相互影响的特点，这在作为消费者的游客之间表现尤为明显。因为旅游者之间的意见交流，不会被认为出于个人的某种利益，也不会被认为有劝说其改变态度的目的，因而不存在戒备心理；此外，由于旅游者之间角色身份、目的和利益的相同或享受性，彼此的意见也容易被接受。当一个人知道某种意见来自与他利益一致的一方时，人们就乐意接受这种意见，有时甚至主动征询他们的意见，作为自己的参考。

第三，团体的规范、习惯力量等压力的影响。旅游者的态度通常与其所属团体的要求和期望相一致。这是因为团体的规范和习惯力量会在无形中形成一种压力影响团体成员的态度。如果个人与所属团体内大多数人的意见相一致时，他就会得到有力的支持；否则，就会感受来自团体的压力。

二、旅游消费者对目的地态度的影响因素

除了旅游消费者对自身态度的影响因素，旅游消费者态度还有一个重要的部分，是旅游消费者对目的地的态度及其影响因素。

（一）旅游消费者对目的地态度的类型

在旅游消费者对目的地的态度上，有几种比较常见的态度：

一是向往。向往通常是旅游者对目的地有种狂热的热爱和坚定的信念。较为常见的宗教教徒对宗教圣地的态度，女性对国际知名购物天堂的态度。对这种类型的游客而言，只要条件允许，他们就会积极地采取行动奔赴旅游目的地。

二是期待。期待是旅游者对目的地常见的一种态度。久居城市的居民会期待在乡间田野里自由和悠闲；面对即将来临的假期，我们总是期待外出旅行，追求新的体验，放松自己的身心。特别是对于一些新兴的人文景点，人们总是期待能在第一时间一睹风采。

三是好奇。目的地与游客常住地的差异性越大，通常越能吸引游客奔赴旅游，人们总是会对那些陌生而又充满神秘色彩的旅游目的地充满好奇。好奇是旅游消费者进行旅游活动的重要推动力。例如，20 世纪七八十年代，国外游客被中国的神秘感深深地吸引了，他们赴中国来旅游的主要动力，就是对中国这个封闭多年的社会主义国家面貌的好奇。

四是回避。当目的地让游客有厌恶、恐怖的情感时，游客就会对目的地产生回避的态度。游客回避态度的产生更多是受目的地社会环境的影响。回避的态度可能是短期的。例如，汶川地震后，由于当地交通及旅游设施的受损以及后续次生灾害发生的可能，许多游客都在震后一段时间内，回避赴川的旅游行程。旅游者回避态度也有可能是长期，比如战局纷乱的中东地区已经很难成为中西方旅游者的首选目的地了。

五是抵制。相比较于回避，抵制是旅游消费者对目的地最为负面、强烈的态度。比

如说，中日由于领土问题产生国际纠纷时，国内游客纷纷呼吁和抵制赴日旅游；再如，2010 年中国香港游客在菲律宾遭劫持之后，菲律宾政府无作为的处理方式，导致人质发生伤亡，引爆了全港各界对菲律宾旅游的全面抵制。

（二）旅游消费者对目的地态度的影响因素

旅游消费者对目的地的态度多种多样，不同旅游消费者或不同旅游目的地，态度类型也存在较大差异。总体来看，旅游消费者对目的地态度的影响因素可以大致归纳为四个方面的内容：一是旅游消费者自身的因素，如旅游者的经验经历、个性兴趣、需求偏好以及价值观等；二是旅游消费者所处的社会环境，如旅游者所处群体的态度、社会规范、道德标准以及情景压力等；三是目的地自身的影响，如目的地的资源属性（资源禀赋、品质、数量等）、旅游功能（能满足旅游者哪方面的旅游需求）、旅游目的地的形象声誉、目的地宣传途径与方式等；四是目的地居民及工作人员的影响，主要有社区居民对旅游者的态度、旅游服务人员的行为举止、旅游管理人员的素质与能力等。这四类影响因素之间的关系如图 4.2 所示。

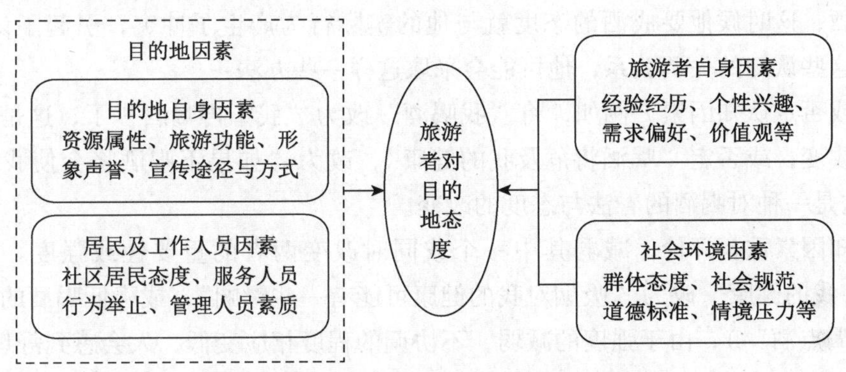

图 4.2 旅游消费者对目的地态度的影响因素

第三节 旅游消费者态度改变的理论和策略

了解旅游消费者的态度改变对旅游经营管理者具有重要意义。这是因为，通过了解旅游者态度的改变过程，旅游经营者可以采取有针对性的宣传或营销措施，改变目的地景区在旅游消费者心中的形象，在旅游消费者中树立良好、正面的旅游消费者态度。因此，下面将介绍与旅游消费者态度改变的相关理论，以及改变旅游消费者态度可以采取的策略措施。

一、旅游消费者态度改变的主要理论

个体形成一定态度后，由于接受新的信息或意见而发生变化，这个过程叫态度改变。态度改变理论就是人们在不断研究态度问题的基础上，形成的一套系统地改变个体态度的理论体系。

（一）认知失调理论

认知失调理论最早由费斯廷格（Leon Festinger，1957）提出，是研究人的态度变化过程的社会心理学理论。该理论认为，每个人的心理空间中包含多种多样的认知因素，比如观念、信仰、价值观、态度等许多方面。随着当前社会活动的内容不同，各种认知因素之间会存在三种关系，即协调、失调和不相关。当这些认知因素存在相互矛盾或冲突时，就会出现认知失调状态，这种状态是令人不愉快的。为了改变这种不好的状态，人们会采取一系列办法，力求恢复或保持认知因素之间的相对平衡和一致性。以喝酒为例，一个想要戒酒的人想尽量少喝酒或者不喝酒，但是一次同学聚会，面对老同学，他喝了好多酒，这时候他要戒酒的态度就与他的实际行为产生了冲突，引起了认知失调，为了平衡这些认知的失调关系，他可能会采取这样一些办法：

改变或否定认知因素，例如，将“我喝酒”改为“我不再喝酒”了，这是行为意向或行为的改变；或否定“喝酒将危及我的健康”，改为“如果不喝酒将会使我失去很多朋友”，这是一种对喝酒的看法与态度的改变。

对认知因素重新评价，减弱其中一个或同时改变两者的重要性或强度。例如，将“喝酒有害我的健康”改为“吸烟对我的健康可能有一些影响”，或降低喝酒的作用，决心“要少喝点酒”），由于强度的减弱，不协调的程度相应变低，人会感到舒坦一些。

在不改变已有认知因素的情况下，增加一个或几个能弥补鸿沟的新认知或理由。例如“喝酒可以增进我与同学之间的感情，个人安危是次要的”，或想“世界上喝酒而长寿者不乏其例，我可能就属于这种人”。这种方式可以减少不协调，但会出现辩解性理由。有些理由常以歪曲事实为代价，所以往往有害。

（二）认知平衡理论

认知平衡理论在20世纪40年代中期由美国社会心理学家海德提出的一种关于认知结构、过程和变化的理论。他把认知过程分解为认知要素，由此构成一个认知系统，当认知系统出现不平衡、不一致时，会产生一定的心理压力，驱使认知主体设法恢复认知平衡量。海德的理论更重视人与人之间的相互影响在态度转变中的作用影响，即重视中间人或传递者对态度改变的影响。这种理论通常用于一个主体（P），另一个主体（O），以及一个关联对象（X）之间的关系来说明。这三者有以下几种关系模型，具体如图4.3所示。比如，主体P喜爱音乐（X），主体O也喜爱音乐（X），于是P会对O产生好感或积极的情感评价，这里就存在一种都为正向的P-X-O封闭三角关系模式（见图

4.3a），这种状态对P来说心理上是平衡的。如果事情发生了变化，比如P和O已成朋友，P主张参加一个社团，O则反对参加这个社团。这时P-X-O的三角关系就出现了两正一负的模式（见图4.3e），P就会感到心理上的不平衡，产生紧张、焦虑，不舒适或不愉快。为了调整“失调”状态，P可能会采取：一是对O进行劝说，希望他改变对这一社团的看法，由负变为正（即恢复到图4.3a）的平衡态；另一种方法是改变自己对O（或对X）的态度，即疏淡或断绝和O的关系，态度上由肯定转为否定，关系上由正转为负（见图4.3c）；或改变自己对X的态度，即由赞成这个社团改为反对这个社团（见图4.3b）。认知平衡理论应用在旅游消费者态度上，可以发现旅游者身边的朋友、家庭群体对其旅游态度的改变作用很大，有时候，旅游消费者会改变自己的态度以与家人或者朋友的态度保持一致。

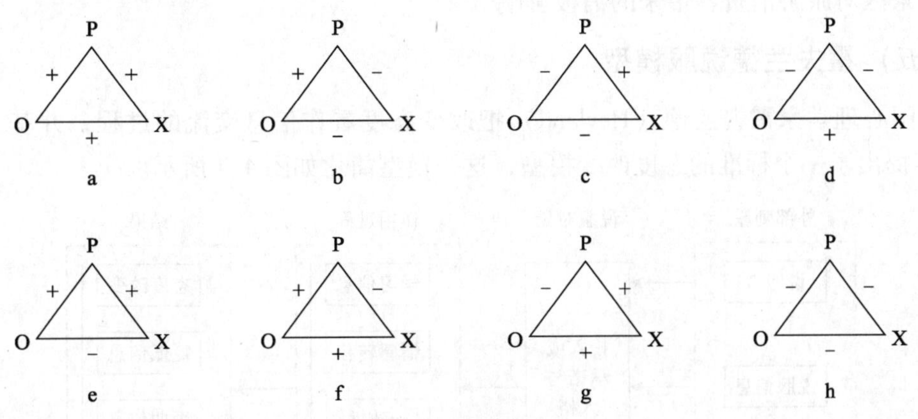

图4.3 海德平衡模型

（三）参与改变理论

参与改变理论由德国心理学家库尔特·勒温（Kurt Lewin）首先提出。该理论认为，个体态度的改变依赖于他参与群体活动的方式。个体在群体中的活动方式，既能决定他的态度，也会改变他的态度。勒温在他的群体动力研究中，发现个体在群体中的活动可以分为两种类型：一种是主动型的人，这种人主动参与群体活动，自觉地遵守群体的规范；另一种是被动型的人，他们只是被动地参与群体活动，服从权威和已制定的政策、遵守群体的规范等。他的研究表明，就某一对象而言，改变主动型人的态度要比改变被动型的容易得多，效果也更加明显。参与改变理论应用与旅游消费者态度改变中，可以发现，在旅游过程中主动参与的旅游者，通常可以获得较高的旅游体验，对旅游的满意度也通常较高，对旅游目的地的态度和评价也更加正面和积极。因此，对旅游经营者而言，利用旅游地的自然资源和社会文化，开发新的旅游活动，激发旅游消费者的主动性和游乐欲望，是旅游地改变旅游消费者态度和形象的一种重要途径。

（四）沟通改变态度理论

沟通改变态度理论，强调了人容易受到周围环境和一些媒介的影响和鼓动。良好的沟通可以显著地改变消费者对某些事物和人的态度看法。要取得良好的效果，沟通者的沟通技巧和方式特别讲究。许多心理学家认为，沟通对态度改变的影响，依赖于沟通者、沟通过程和沟通对象三个因素，沟通者需要有良好的沟通能力，沟通过程要能充分了解沟通对象的需求和动机，以其管用的言语来传达。当然，沟通对象的因素也同样值得关注，沟通对象的个性、年龄、性别、价值观等个体因素有时候会给沟通者的沟通带来极大的阻碍。在旅游过程中，当旅游消费者出现不满或者抱怨时，景区管理及服务人员应该心平气和地与游客进行沟通协商，通过沟通协调改变旅游消费者的负面态度，挽回旅游景区对旅游消费者带来的消极影响。

（五）霍夫兰德说服模型

美国心理学家霍夫兰德（Hovland）把改变态度看作信息交流的过程，并基于此于1959年提出了一个标准的态度改变模型，这一模型简化如图 4.4 所示。

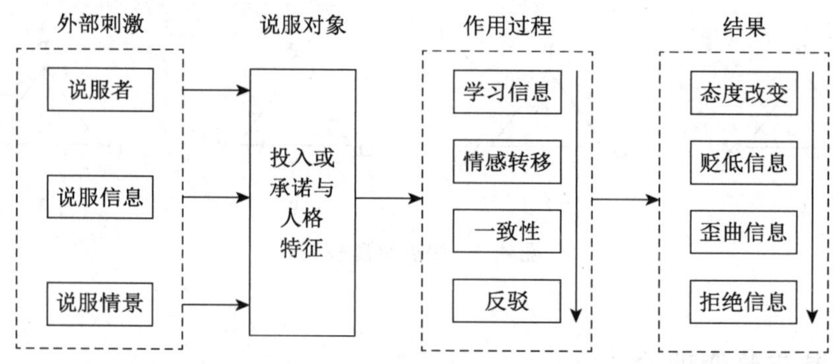

图 4.4 霍夫兰德态度改变模型

从霍夫兰德说服模型中，可以看出，说服者、说服对象、说服信息和说服情境构成态度改变所关联的四个基本要素，其中说服者、说服信息和说服情境构成了态度改变的外部刺激。在态度改变的作用过程中，被说服者首先要学习信息的内容，在学习的基础上发生情感转移，把对一个事物的感情转移到与该事物有关的其他事物之上。当接收到的信息与原有的态度不一致时，便会产生心理上的紧张，一致性机制便开始起作用。一致性理论（Consistency Theory）认为人们可以采用多种方式来减轻这种紧张，其中反驳就是减轻这种紧张的有效方式之一。按照认知反应论（Cognitive Response Theory）的观点，人们在接收到来自他人的信息后会产生一系列的主动思考，这些反应进而决定个体对信息的整体反应。在这里，这些信息所引发的反驳的数量及性质对态度的改变起着决定性作用，如果这种反驳过程受到干扰则产生说服作用，从而引起说服对象的态度改变；否则说服对象就会通过贬低信息来源、故意扭曲说服信息和对信息加以拒绝掩盖等方式来对抗说服，坚持自己原来的态度。在旅游中，人们总是热衷于跟别人分享自己的旅游经历，如果自己在某一旅游地的体验并不愉快，人们就会向他们的亲朋好友传播目的地负面、消极的信息，并极力劝说他们不要前往该目的地旅游，说服对象在听完他们的“不幸遭遇”后，极有可能改变对既定目的地的态度，改变旅游行程，更换旅游目的地。

二、旅游消费者态度改变的主要策略

旅游心理学研究表明，旅游者态度一旦形成，就会导致某种偏爱或某种方式的行为倾向。这种偏爱和行为倾向的形成会进一步影响旅游决策。旅游消费者态度改变策略的思路是通过改变态度的“三要素”（旅游认知成分、旅游情感成分和旅游行为倾向）来改变消费者态度。具体途径是，首先，从改变认知成分出发，促使消费者对产品有新的积极的评价，提高已存在的积极信念的强度，降低已存在的消极信念的强度；其次，改变情感成分出发，利用经典条件反射，激发对广告本身的情感，增加消费者对品牌的接触；最后，通过认知与情感成分的改变，改变旅游消费者行为，实现旅游消费者态度的改变。下面将结合这一思路，从具体的策略出发，阐述如何进一步运用上述理论来改变旅游消费者的态度。

（一）更新旅游产品与服务，提升目的地形象与服务质量

旅游产品是旅游者在旅游过程中所购买的各种物质产品和服务的总和，从某种意义上讲更新旅游产品是改变旅游者态度的最基本的和有效的方法。特别是随着旅游消费市场的日益成熟，游客必然要求享有更高层次的旅游消费，改变了过去单一的观光、娱乐等旅游需求形式，知识和技术含量大的以及那些独特性强的旅游产品更能吸引或刺激更多的旅游需求，使当代旅游需求呈现向高层次发展的趋势。具体来说，要使旅游者改变对某种旅游产品的态度，最简便的方法往往是改变旅游产品本身，然后，以某种方式确保旅游者发现这个改变。从旅游产品改变旅游消费者的态度来看，有两种途径：在旅游有形产品层面，可改变这些物品的外形、包装和性能，通过产品视觉的冲击，影响消费者的旅游态度；在无形产品方面，可以通过改变旅游服务来促进旅游者态度的改变。如改变住房、餐饮、提供额外服务，譬如当消费者刚好是遇上生日，可以送上一张贺卡或是一束花，让消费者对这些服务感到满意。

长期以来，过分重视景点开发，收取高价门票甚至重复卖票的现象非常严重，门票收入可以说是我国旅游业的一大经济来源。现在国内的景点门票已经超过了美国及欧洲等国平均水平，作为基本旅游消费的门票消费过多，而旅游产品相对匮乏，旅游消费者的消费积极性大受影响。因此，景区首先可应运用价格策略，给旅游者以公平合理的感觉，在以往的旅游消费中如出现强制性买卖，旅游团与商家串通等问题，使旅游者对价格和服务产生心理上的不愉快。再次，作为旅游经营者应该尽量避免出现类似的问题，尽可能地满足消费者，公平公正，让消费者感觉到满意。这样对消费者可能重游的印象

加分不少。最后，就是对旅游从业人员进行业务训练，提高人际交往和与旅游消费者沟通的能力。

（二）丰富目的地体验内容，增强旅游者情感体验

情感在很大程度上能够影响顾客的消费行为和旅游决策，是旅游消费者态度中情感成分的主要诱因。增强旅游消费者的情感体验可以极大地提升旅游消费者对目的地的正面印象，形成积极态度评价。主要策略有：

一是提升体验内容的吸引力，提高目的地的娱乐性、刺激性、大众性和审美性。首先，可以通过增加体验项目和增加高科技技术应用来使游客感到趣味性；其次，增设游客参与的旅游活动互动，让游客不再只作为听讲解人员介绍的观众；最后，景区设计与规划要呈现出地方或资源的特色，给游客带来真实的异地旅游心情，并让游客在这种环境中感到愉悦。

二是旅游从业人员与顾客亲切礼貌的沟通，用一些细节行为体现关爱，引导旅游消费者获得良好的情感体验。游客在选择旅游目的地时通常包含了自己的情感诉求，所以在宣传或营销时可以通过观察顾客的情绪反应以及技巧性的沟通来了解顾客的情感诉求，然后以顾客的角度换位思考进行恰当的营销，才能使顾客产生心灵共鸣，并愿意消费。

三是进行知识与文化体验。旅游体验活动在一方面也体现了人们对精神世界的追求，游客希望在旅游过程中获得知识，了解不同旅游产品的文化蕴涵。世界文化丰富多彩，不同旅游地都有自己独特的人文历史，旅游地可以通过书本阅读、影像观看等手段，更真实直观地在游客情境体验中融入更多的知识和文化，给游客一次难忘的体验经历。

（三）重视目的地旅游宣传，改变旅游者的知觉

信息是态度形成的一个重要因素，也是态度改变的重要依据，向游客宣传新的旅游信息会产生改变态度的效果。旅游市场不断变化，新的信息不断产生，游客掌握的新信息越多，旅游态度改变的可能性就越大。旅游目的地应该通过不同的宣传途径向游客输送新的旅游知识和信息。这主要是因为，旅游产品具有不可移动性、无形性和旅游者的异地性的特点，这就决定了旅游产品不可能像工业产品那样直观地在市场上用信息传递方式去沟通潜在的旅游者。

首先，作为经营者，要为自己旅游产品进行宣传，需要做到旅游宣传要实事求是，要切合游客心理，有较强的针对性，进行叠加式重复宣传，营销手段应多样化。其次，要提高信息的可信度，可以利用名人效应，使说服者的身份具有使人信服的权威性与吸引力，发挥权威暗示效应，利用合理的情景因素，提高宣传说服的效果。再次，是拓宽旅游信息宣传空间，比如，在城市旅游宣传中，城市街道、交通要塞的广告牌并不明显，公交车车身上的广告，车站霓虹灯牌的广告，传统食品的包装上等更能让普通大众

了解目的地。同时，要加强政府的参与力，旅游形象美誉度的高与低，直接影响了目的地及其所在城市的形象，必须多借助政府的力量，联合知名企事业单位进行共同宣传。最后，在宣传方式上，要进行叠加式重复宣传。一次性的宣传促销只能是昙花一现，往往达不到最终的效果，鼎沸一段时间后，几日、几个月后渐渐让人淡忘。要走出这种宣传窗死角，就必须反复进行宣传才会产生印象积累，刺激游客记忆力。

（四）打造旅游新焦点，引导游客积极参加旅游活动

打造旅游新焦点的目的在于发挥旅游事件营销的优势，重塑旅游目的地形象，扩大目的地市场知名度。主要是利用地方特色，重视节事活动，以节造势、以节兴旅，要继续推进市场化运作的办节模式，全面引入竞争机制，吸引国内外知名企业参与，政府组织协调，企业创新策划，切实减轻政府办节负担，借助旅游节庆活动影响力树立企业形象，实现经济效益和社会效益“双丰收”；实施节庆活动名牌战略，坚持少而精、树品牌，在创新形式、充实内容、扩大影响做文章，走市场化、特色化、专业化路子，打造出在国内乃至国际上较有影响的旅游节庆活动精品；要加强旅游与其他产业的融合联系，丰富和拓展旅游活动内涵，实现旅游活动规模和档次提升。

态度是知识的积累和信息的收集。改变一种态度，最好的办法就是改变知识的积累和信息的内容。人们对旅游的态度，归根究底取决于人们的价值观念和信念。心理学理论认为，个体所从事的社会活动的性质能决定个体的态度，也能改变个体的态度。因此，通过有意识地引导旅游消费者参加旅游活动，可以有力地促进旅游消费者积极态度的形成。其中，体验营销或者情感营销是提升旅游消费者活动参与度的有效营销手段。从体验营销的实践经验以及旅游消费者行为研究来看，体验营销的主要手段在于提升旅游消费者对旅游活动的参与度和满意度。如目前国内很多旅游地，都引入了相关旅游体验项目，极大地丰富了旅游消费者的体验内容。这些旅游体验项目的推出给旅游者留下了深刻的印象，并不断影响着旅游消费者的认知、情感和行为倾向，也通过其口碑效应传递给他人认知。

【复习与思考】

一、名词解释

态度　旅游消费者态度　态度改变

二、填空题

1. 旅游消费者态度的特征：______、______、______、______、______、______。
2. 旅游消费者态度的构成：______、______、______。
3. 旅游消费者态度可以分为______、______、______三个层次。

三、简单题

1. 简述旅游消费者态度的主要功能。

2. 简述旅游消费者态度的主要特征。

3. 简述态度在旅游消费者决策中的重要性。

四、论述题

1. 论述旅游消费者态度的主要影响因素。

2. 阐述旅游消费者态度改变的主要策略有哪些。

【推荐阅读】

1. 白凯．旅游行为学［M］．北京：科学出版社，2013：163-180.

2. 所罗门．消费者行为学［M］．8版．卢泰宏，杨晓燕，译．北京：电子工业出版社，2009：239-273.

3. 吴津清．旅游消费者行为学［M］．北京：旅游教育出版社，2006：122-125.

4. MCKERCHER，TSE T S M. Is intention to return a valid proxy for actual repeat visitation［J］. Journal of Travel Research，2012，51（6）：671-686.

5. JUVAN E，DOLNICAR S. The attitude-behavior gap in sustainable tourism［J］. Annals of Tourism Research，2014，48：76-95.

第五章 旅游消费决策过程模型

旅游消费决策是个人或群体根据自己的旅游需求与旅游目的，收集并加工相关的旅游信息，制订并选定具体的旅游方案或出游计划，并最终将这些方案或计划付诸实践的过程。旅游消费决策的内容和过程并不是单一、固定的，旅游者的消费决策过程是一个动态变动的决策行动组，会根据旅游者的旅游情况不断调整，作出常规性、外延性以及冲动性等决策行为。在旅游消费者的决策过程中，旅游者会受到旅游服务因素、社会支持因素、个人心理因素、群体支持因素、个人社会经济因素以及其他因素的影响。在此影响下，单一的旅游个体以及家庭型的旅游群体在旅游决策过程中也会表现出一定的差异性。系统理解和认识旅游消费者的决策过程，是旅游目的地制订精准市场营销计划、拓宽旅游市场知名度的关键。其中，了解旅游者的购前信息搜寻行为，旅游消费者购前决策的信息，则是增进旅游消费者对目的地了解和认识的一个重要前提。

【学习目标】

1. 知识目标：学习旅游消费者决策的相关概念、主要内容、类型等陈述性知识；了解旅游消费者决策的过程以及决策购买的几种模型，学习旅游消费者决策的特点及其影响因素。

2. 能力目标：掌握旅游消费者购前信息收集的主要来源，了解并掌握促进和影响旅游消费者购买的影响因素并进行购前信息搜集。

【导入案例】

何先生一家三口，准备周末一日自驾游。正值暑期，妻子和女儿均已放假，但是何先生由于工作关系，只有周末一家可以出游。于是，他们周六开始筹划，拟在居住地附近的县市选择一个旅游目的地共度周末。然后，开始着手收集资料，主要是网络搜索推荐、景区网站和咨询旅游经验丰富的人，从而对该区域内的风景名胜区和旅游度假区进行了解。由于家人对自然景观较为感兴趣，希望呼吸清新空气，也让在家长时间上网的女儿接触大自然，因而他们认为游览自然风景区容易获得较大的旅游满足。因此，决定以山地、海滩、溪涧和自然保护区为候选旅游目的地。受到金钱和时间的限制，以及对车辆行驶安全性方面的考虑，他们只能选择单一型方案。在山地、海滩、溪涧和自然保护区四种类型中，考虑新鲜感，居住地附近海岸宽广，沙滩众多，家人经常去玩，而且海滩游客众多，海水较脏；附近虽有一个自然保护区，但距离近，票价较贵，且有过游览经历，均不予考虑。山地和溪涧适合夏季旅游，但是山地树木多而茂密，蛇虫蚁兽出没，具有一定危险性，且登山耗费体力，与他们放松的心态不符，因此决定选择溪涧类景点作为此次目的地。在对比附近基础溪涧类景区之后，他们选择了开发比较晚、自然景观保存较为完整、行驶路线较为简单顺畅、景区风景具有一定特色、在同城网上具有折扣票价的景区作为他们这次的旅游目的地。

何先生一家人的周末旅行就是一个典型的旅游者的消费决策过程。那么，旅游消费者决策具体有哪些特点？哪些因素又会影响旅游者的消费决策？在旅游消费者购买决策过程以及购买决策中选择模型有哪些？旅游消费者又是通过哪些渠道获知购前信息的呢？这些都是有关旅游消费者购买决策的重要问题，也是本章试图解释和阐述的。

第一节　旅游消费决策行为概述

一、旅游消费者决策行为的定义与内容

（一）旅游消费者决策的定义

决策是人们在政治、经济、技术和日常生活中普遍存在的一种行为，是管理中经常发生的一种活动。决策是决定的意思，是为了实现特定的目标，根据客观的可能性，在占有一定信息和经验的基础上，借助一定的工具、技巧和方法，对影响目标实现的诸因素进行分析、计算和判断选优后，对未来行为所做出的决定。依此概念推知，在消费者行为领域，购买决策是指消费者谨慎地评价某一产品、品牌或服务的属性并进行选择、购买能满足某一特定需要的产品的过程。

在旅游领域，最早针对消费者旅游决策的研究是格里克斯曼，他在1935年从旅游动

机入手展开对旅游决策的研究，但没有提出旅游决策的具体概念。其后，Bettman、Luce和Patne（1998）提出，大多数人的决策受多种因素的影响是非完全理性的，这些因素会限制或激发他们的非理性行为，使他们的决策偏向或偏离理性轨道。保继刚（1999）对旅游消费者决策下的定义是：在人们出游前，对相关旅游信息的收集，然后根据自己的主观判断，作出出游决策的过程。Crotts和John（1999）则认为，旅游决策是指旅游者对一系列旅游目的地及旅游服务的各种功能属性进行仔细评价，理性地选择最能满足自己需要的一种方案，并且使出游的成本最小。

关于旅游消费者决策定义的成果，一种比较主流的看法认为，所谓的旅游消费者决策行为，是指个人或群体根据自己的旅游需求与旅游目的，收集并加工相关的旅游信息，制订并选定具体的旅游方案或出游计划，并最终将这些方案或计划付诸实践的过程（邱扶东，吴明证，2004）。

（二）旅游消费者决策的内容

根据决策的内容，旅游消费者决策行为有广义和狭义之分。其中，狭义的旅游消费者决策的内容仅仅包括消费者从众多备选旅游地选择一个目的地的过程；广义的旅游消费者决策则包括，消费者外出前往目的地到其返回居住地的整个旅游过程中所发生的所有决策，如酒店决策、餐饮决策、购物决策等。

具体来看，在出游前，旅游消费者决策行为的内容主要包括基本旅游决策（即去不去旅游）、旅游目的地决策、旅游方式决策、购买方式决策、旅行方式决策、住宿设施决策和付款方式决策；在出游中，旅游消费者实施的决策取决于旅游者在出游前选择的是团体包价旅游团还是进行自助旅游。若是后者，旅游者则随时随地可能面临着包括吃、住、行、游、购、娱等方面的决策。在返回途中，旅游者的决策内容较为单一，主要是交通工具的决策。

（三）旅游消费者决策行为中的角色

不同于其他一些比较简单的购买活动，旅游活动可以容易地确定购买行为中消费者的参与角色。比如，某次外出旅游决策中，家庭中的所有成员都有可能参与这项决策活动，并提出各自不同的意见。个体在一项旅游决策中可能充当以下角色：一是发起者，即首先提出旅游的人；二是影响者，即能直接或间接影响旅游决策的人；三是决策者，即决定去何处旅游、以何种方式进行旅游、何时旅游等的人；四是购买者，即实际购买旅游产品或服务的人或者支付旅游经费的人；五是使用者，即消费或使用产品或服务的人。

二、旅游消费者决策行为的特性

旅游消费者不同于其他消费者，其决策行为具有以下几点特性：

首先，旅游消费决策行为不是一次决策而是一系列决策，是一个决策组。旅游消费行为的活动空间范围相当大，时间跨越也比较大，在这个过程中旅游者需要决策的次数比较多，决策的内容也十分广泛，既包括买什么内容的旅游产品，又包括什么档次的、活动类型有哪些、如何分配资金和时间等。

其次，与其他消费决策一样，旅游消费者的决策行为具有一定的主观性。旅游消费决策易受情感的影响。这是因为旅游业是通过旅游工作人员为旅游者提供服务而存在，在服务人员与旅游者接触的过程中，双方容易产生各种情感，是一个情感密集型的行业，这次影响下，旅游消费者决策行为也会受到显著的影响。

最后，旅游决策结果评估的主观化。旅游产品具有无形性的特点，越是购买时花费了很多资金和精力的产品，旅游者的期望就会越高，而在消费活动中就越容易产生失落感，致使旅游消费者对其决策行为的评价不会很客观。

三、旅游消费者决策行为的类型

在决策相关理论的基础上，根据旅游业的实际情况以及旅游者的旅游消费行为，旅游消费者决策行为主要有三种类型：

第一种是常规决策。该决策是指决策者在解决一般性的旅游问题时，根据以前处理此类问题的经验迅速做出的决策。常规决策，又称为习惯性决策或惯例性决策。在现实生活中，由于个体认知水平和搜寻成本的限制，旅游者不可能收集到所有的信息，也很难完全知晓未来可能发生的状况，更无法确知每个方案实施后的具体结果，因此只能根据自身的经验、时间、资金，在自我认知水平的情况下尽量收集信息，在这些有限信息的情况下，列出并评选方案。

第二种是外延性决策。该决策是指对旅游中一些重大问题所做出的决策。围绕这种决策，旅游者要花费相当多的时间和精力去收集有关部门的信息并考虑多种方案，然后从中做出选择，解决此类问题需要决策者具有丰富的经验、渊博的知识、敏锐的洞察力和活跃的思维。所以这种决策又被称为广泛性决策或扩展性决策。对于很多旅游者来说，选择旅游目的地是一个外延性很大的决策过程，在其选择中要考虑许多因素，包括旅游目的的满足程度、自身的经济条件、闲暇时间的长短等，因而，旅游者在出游前对旅游目的地的选择上特别适合用这种外延性决策。在做出这种外延性决策过程中，旅游者往往会求助于朋友、同事、媒介甚至有关旅游专业人员等。

第三种是冲动性决策，或称为瞬时决策，和常规决策截然不同，冲动性决策指事先没有考虑而瞬时做出的决策，它通常为广告牌或其他形式的户外广告，或旅游者自身的从众行为，如朋友旅游的体验、劝说等激发而引起的，而不是建立在以往经验的基础上。

以上的三种类型的决策对于不同的旅游者，可能采取不同的决策方式，如经常出游的、旅游经验丰富的人一般情况下根据其需要和旅游目的地更多地采用常规性决策，而初次旅游者、旅游经验缺乏者或对某些旅游十分注重的人则可能更多地采用外延性决策。即使对同一个人，其决策方式也不可能是一成不变的，他可能在每次旅游决策中都会有变化，正常情况下，人们做出旅游的决策分布在常规性决策和外延性决策之间（如

图 5.1 所示)。

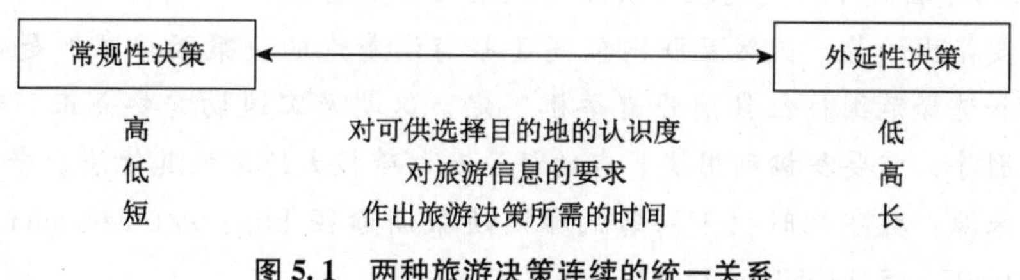

图 5.1 两种旅游决策连续的统一关系

【知识链接】

“互联网+”背景下游客旅游决策的新途径与新选择

随着移动互联网时代的到来,“以人为中心的信息传播和共享”影响着各行各业,并带来经济的变革。在当前中国旅游高速发展的黄金时代,“互联网+旅游”正成为新时期旅游业鲜明的时代特征,在此基础上,旅游者的消费决策也正发生着巨大改变,游客可以更多地通过网络来帮助自己做出合理决策。因此,在网络化时代下,如何运用科学、专业的大数据平台,引领“互联网+”新常态,精确把握游客旅游需求,正确引导游客消费方向,成为旅游目的地不容忽视的重要时代课题。

当前,移动互联网和手机已经成为我们器官的延伸,渗透到生活的每个时刻、每个角落。百度大数据显示,每天有百亿次的搜索覆盖旅游人群,在媒体去中心化、信息过载以及受众赋权等趋势的带动下,游客对旅游信息正由过去的被动接受转向为主动搜索;同时,游客只依赖自己大脑中储存的有限的知识和印象做决策的习惯也正在改变,并且有意识地利用互联网的无限信息进行与“外脑”的共同决策。搜索、垂直平台以及社交网络分享成为网络化时代游客决策的重要途径之一,如百度、谷歌等搜索引擎,Ota 平台、各种 App、论坛、贴吧、微博、微信、Twitter、Facebook 等。

在数字化背景下,游客的决策模式也发生着重大变化。首先,在移动互联时代,人们获取信息和做决策是完全碎片化的,在任何时候、任何地点,信息的作用都得到凸显。其次,借助移动互联网,游客的决策路径可以轻易从一个阶段进入下一个阶段,或者间隔跳跃到其他阶段,颠覆了过去“传播步伐控制游客决策”的模式。再次,游客行前的旅游决策 78%是通过互联网搜索实现的,一般来说,游客需要的搜索才会“从有意向到决定购买”,移动 APP 成了游客收集旅游信息的主要途径。最后,随着网络社交渗透率的提高,旅游消费者的决策更多地来自以社交媒体为主的朋友圈分享,对年轻人而言,互联网分享已经成为他们的生活习惯,他们对旅游体验都有着强烈的分享欲望,同时他们的旅游决策对口碑分享依赖度也更高,社交媒体的大 IP、综艺热点、大事件,以及明星、达人、意见领袖等 KOL 的体验分享，更是激发其旅游决策的重要途径。

但需要指出的是，虽然互联网提高了旅游消费者的决策效率，但是互联网丰富的信息和选择范围往往让消费者举棋不定，这些游客迫切需要公正、专业的信息和决策引导，需要积极利用消费者的评论及口碑极大地影响其他消费者的决策。

资料来源：数字化时代下游客的旅游决策新途径 http：//travel. sina. com. cn/china/2016-07-15/1405331923.

第二节　旅游消费决策过程

一、旅游消费决策过程的影响因素

旅游者在出游之前任何因素都有可能影响其最终的旅游决策，影响因素的研究也是旅游决策研究的重要方面。国外学者，如 Mayo 和 Jarvis（1981）指出个人内在心理因素与外界社会因素都会影响旅游决策过程。Cees Goossens（2000）分析旅游信息和娱乐动机之间的关系，指出信息是刺激人们产生动机的外在推力，动机进而又推动人们对信息的需求，并最终产生出游决策行为。Berger 和 Mitchell（1989）研究表明，消费者的产品知识及信息即是消费者的主观知识，这些主观的知识也是影响消费者决策的一个重要因素。国内学者，如聂献忠（1995）指出旅游目的地环境信息、旅游者个人的满足程度、出游动机以及旅游需求和旅游感知价值等都会影响旅游者的出游决策。孙玉贞（1999）认为旅游者对目的地资源的喜好程度与感知程度是影响旅游者出游决策的重要因素。杜江（2003）研究指出，旅游决策的影响因素主要包括旅游者自身特征、旅游方式、旅游动机、旅游信息、亲朋好友的意见、旅游产品与服务的价格、旅游目的地的文化特点等。

结合已有旅游消费者决策的研究成果和游客消费决策的实践，旅游消费者决策过程中的影响因素可以分成以下六类：

第一，旅游服务因素。包括客源地旅游服务系统、出行服务系统、目的地服务系统和支持服务系统。主要涉及吃、住、行、游、购、娱、咨询、信息、预订、导游、售后等具体的旅游服务。

第二，社会支持因素。个人的心理和行为受社会环境的规范和制约。社会对旅游的宣传、倡导，并提供一定的便利，无疑会促进旅游风气的形成。同时，社会支持已经使旅游成为现代人生活方式的重要组成部分，有机会、有条件而不去旅游，个人不仅会感受到外在的社会压力，而且会感受到内在的心理冲突。

第三，个人心理因素。人的行为是个人特征与环境互相作用的产物。个人心理因素会影响他们怎样认识、评价旅游环境，以及持有什么样的决策标准，从而影响他们的旅游决策。

第四，群体支持因素。个人的心理和行为既受所属群体的影响，又受参照群体的影响。因此，时尚、家人、亲朋好友等，都会影响个人的旅游决策。在旅游活动中，很多情况下参照群体比所属群体拥有更大的影响力。

第五，个人社会经济因素。日常生活的压力、金钱、时间等因素，是现代旅游的基本约束条件。对于现代人来说，在拥有金钱和时间的情况下，想要解除日常生活的压力，最佳的途径就是外出旅游。

第六，其他因素。包括几个难以归属到其他类型之中的因素，如亲朋好友的旅游推荐、旅游广告宣传、旅游目的地远近、旅游目的地的类型、旅游目的地有无突发事件等。

二、旅游消费者的决策过程

（一）旅游消费者的类型划分

旅游消费者从类型上划分，分为个体旅游消费者和群体旅游消费者。这两种旅游者的消费行为存在一定差异，其消费决策也有所不同。个体旅游者较为简单，即指单一的旅游个体。群体旅游者类型相对复杂，既有家庭型旅游群体，又有社会组织型群体等多种不同类别。

1. 家庭型旅游群体

家庭属于社会群体最基本的范畴之一，家庭被称为初级群体的典型。研究表明这种最重要的消费单位按成员在决策过程中所起的作用不同又可以分为四种：丈夫支配型，妻子支配型，共同影响、各自做主型，共同决策型。在具体决策项目上这些不同类型又会有不同的情况。在中国的社会环境下，妻子大都有独立的工作，与丈夫有平等的决策地位，况且旅游属于耐用消费品以外的享受商品和服务的购买，决策应更慎重。因此大多为共同支配型，而有经验的成员更具有影响力。同时，独生子女在中国家庭中的地位上升，也决定了其意见不可忽视。

2. 社会组织型旅游群体

它是执行一定社会职能、完成特定社会目的、构成一个独立单位的社会群体，在社会学中被称为次级群体。有时这种社会群体的规模较大，甚至有相当的一部分人不认识，互动关系也是间接的。组织中的人走到一处共同外出旅游，既是群体凝聚力的反映，也可能或多或少反映了某种“群体压力”的存在，即群体的普遍意识对个人观念施加压力。他们的决策和旅游活动取向一般是由组织中的权威人士决策而成的。比如，各旅游地广泛出现的散客拼团的现象。

3. 社会阶层型旅游群体

社会阶层是社会中按文化、职业、收入等分级排列的具有相对同质性和持久性的群体。每一个阶层都有类似的价值观、态度和自我表现意识。相同阶层里的个人在同阶层的社会圈内，在交往过程中可能由其相似的兴趣、性格、经济状况而导致共同的行为取向，所以这些人比较容易被组织起来。当这些人以群体的形式外出旅游时，他们的决策和旅游活动取向比较容易达到一致。比如，单位组织的集体旅游团。

旅游群体如果按团体的组织形式划分，还可以划分为自组织的临时性旅游群体和他组织的临时性旅游群体。其中，自组织的临时性旅游群体中，各个成员可能原来就存在一定的关系，如家庭关系、社会组织关系、社会阶层归属等。通过自发组织起来，将一个日常性的复杂的社会关系转化为临时的、角色变了的新型旅游关系，这种关系会在旅游过程中孕育成员的谅解、互助情感，使人增进了解、加深感情、密切关系。与个体旅游者的决策过程相比较，这种群体旅游者的旅游决策不管是在旅游前还是在旅游过程中，都有很大的不同。另一类，他组织的临时性旅游群体，通常是指群体内的成员是由外部团体（如旅行社）组织起来的。该群体的成员可能并不认识，处于不同的社会组织、社会阶层，他们能够被某一旅游组织会聚到一起，原因是他们对某种先定的旅游活动过程达到了一致的认可。所以，这种旅游群体的旅游决策过程的关键是识别并评价由各个不同的外部组织提供的群体旅游活动方案的价值，一旦符合个人的旅游目标，个体便主动参与到群体当中，成为其一员。显然，这种群体的成员在决策时彼此之间并不需要互动，这样，群体旅游决策过程与每个旅游者个体的独立的旅游决策过程已经不存在根本差异。

（二）旅游消费者的决策过程

1. 个体旅游者的消费决策过程

相较于群体旅游消费决策过程，个体旅游者的消费决策过程较为简单，总体可以归纳为以下三个步骤：

第一步，确定旅游需求，明确旅游目标。个体旅游者在进行旅游决策时，通常会先根据自身的旅游需求，确定旅游被选目标。这些目标既有一般性的（如令人向往的景色），也有非常具体的（如交通工具的选择、酒店档次的确定等）。这是旅游消费决策的萌发阶段。

第二步，收集信息，确定满足其旅游需要目标的最好方案。收集信息是一个连续的过程，但每个旅游者在做这一工作时的性质和程度却大不相同。比如冲动型的购买者容易为一时一地的打折让利和方便条件所打动；理智型的旅游购买者可能会从朋友、同事、媒介甚至有关旅游公司或旅行社等机构收集有关信息，细心比较、左右权衡，决不轻易做出决策。

第三步，旅游者对各种备选的旅游目的地进行过滤和筛选。在这个评估过程中，旅游者选择一个满足其旅游需要目标的最佳方案，并进行预订或预购，同时进一步深入了解有关目的地的一些细节性信息，如景点漫步的线路、景点开放时间、办理签证手续等，从而为实际旅游过程做好充分准备。当然，如果在这个阶段中旅游者发现没有可以满足其需要的目的地，他就必须修改其旅游目标，或重新收集有关旅游信息。

2. 群体旅游者的消费决策过程

群体旅游决策的过程较为复杂，这是一个涉及群体内每一个成员需求得到合理诉求的过程。其消费决策过程一般包括以下几个步骤：

第一是个体需要的萌发。行为的产生开始于动机，需要则是动机的基础，当旅游者对自己的现状有不满足感、出现心理失衡并在心理上意识到某种期望时，需要就从此产生。

第二是群体共同动机的确认。当旅游者意识到自己的旅游期望需要通过与他人结伴或成为由他人组织的旅游团队中的一员才能获得满足时，群体旅游这种方式就基本确定下来了。共同动机的确认也是群体旅游得以成形的重要前提条件。

第三是信息的收集。信息收集是在文化、社会、个人等综合因素的影响下，由个体分别进行的工作。其信息来源主要有个体自身的知识积累和旅游体验形成的反馈、亲朋好友和邻居及同事的意见、相关团体的信息以及商业信息等。

第四是旅游方案的共同评估。每个旅游者在收集信息时可能已经不自觉地对信息进行了初步的筛选，然后，把群体旅游者中的各自信息协调至最大化满足群体大多数成员需要，这是群体旅游共同决策形成的基础。

第五是旅游决策的形成。群体旅游中最大化满足成员的旅游方案不可能使所有的群体旅游者期望得到满足。但在主要的方面和对绝大多数成员而言，是具有充分的凝聚力，这样，群体旅游决策就形成了，也意味着群体旅游者开始旅游体验了。

第三节 旅游消费决策模型

一、早期旅游消费决策模型

基于对旅游者决策过程分析，不少学者提出了各种类型不同的旅游决策模型。如 Wahab、Crompton 和 Rothfield 提出的旅游者购买决策模型，就是最早描述旅游者购买决策过程的模型之一（见图 5.2）。

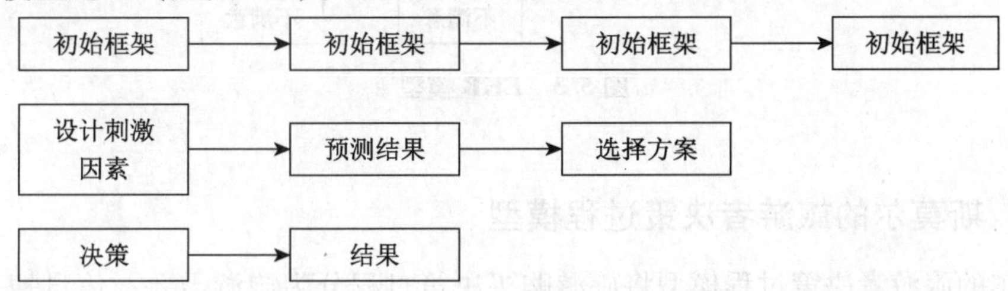

图 5.2 最早的旅游者购买决策模型（Wahab、Crompton 和 Rothfield，1971）

Wahab 等学者指出旅游者购买行为是有意识的计划和理性思考的活动，但模型没有考虑一时冲动而进行购买的决策。模型通过逻辑演进的思路描述了旅游者决策行为，并首次引入“刺激因素”，勾勒出旅游者的决策行为基本过程。

二、国外旅游消费决策模型

（一）Engel-Kollat-Blackwell 模型

恩格尔—科拉特—布莱克威尔模型（Engel-Kollat-Blackwell，EKB 模型，EBK Model），是著名的消费购买决策模型。从纵向来看，该模型由信息处理过程、决策过程以及影响决策的因素三个部分组成。从横向来看，在消费者产生需求进而开始信息搜索的情况下，消费者所处的环境使得他们开始了内部信息搜寻的环节，进一步确认需求，进入外部信息搜寻环节。通过接触、注意、理解、接受与保留等外部信息的刺激与处理以及个人因素与周边环境因素的影响下，形成了备选方案与购买决策。最后，在形成购买意向的过程中，消费者的个人因素尤为凸显。可见，EKB 模型展示了多种消费行为的研究范式，也结合了消费行为研究的两种基本模式，较为系统、完整地呈现了消费者购买决策的整个过程与影响因子（如图 5.3 所示）。

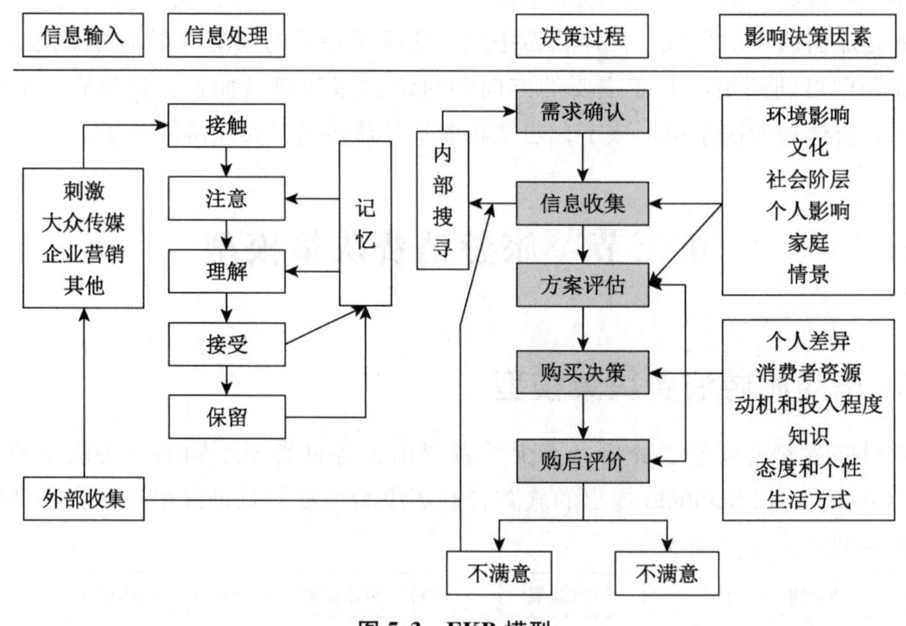

图 5.3　EKB 模型

（二）斯莫尔的旅游者决策过程模型

斯莫尔的旅游者决策过程模型将旅游购买决策过程分为旅游需要、信息搜寻、评估旅游方案与决策四个阶段。旅游者的购买决策是旅游刺激、影响旅游行为的个人和社会因素、外部变量以及旅游目的地的特征或旅游企业的服务特色这四个方面共同作用的结果。旅游者的个性特征、态度和价值观念、社会经济状况个人与社会因素会影响到旅游者的动机与旅游期望，进而影响到旅游者的旅游需求；旅游产品的广告、旅游书籍、他人参照与旅游企业的建议以及对旅游机构品牌、旅游目的地的形象的认可、以往旅游经验、知觉风险、时间与金钱等外部刺激因素都会对旅游者产生需求、信息搜寻、方案评估以及购买决策这四个过程产生影响。最后，旅游者所选择的旅游目的地与所购买的旅游服务都会影响旅游者下一次的购买决策行为。斯莫尔的旅游者决策过程模型较为详细地概括了整个旅游购买决策过程的影响因素。这个模型为旅游目的地及旅游企业提供了详尽的消费者购买决策影响因素，但是该模型在旅游者的信息搜寻方式与购买意向刺激上有所欠缺（如图 5.4 所示）。

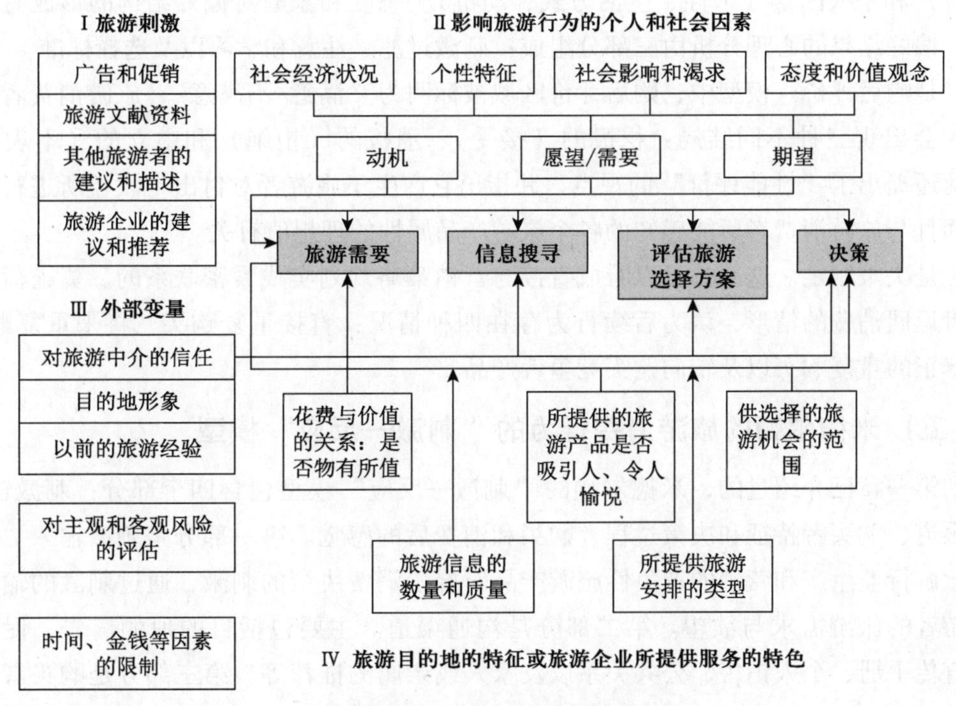

图 5.4 斯莫尔的旅游者决策过程模型

（三）玛蒂森和沃尔的旅游者决策过程模型

如第一章已介绍过的，该模型于1982年由玛蒂森和沃尔两位学者提出，他们认为旅游者的决策过程包括五个主要阶段：①旅游者产生出游的愿望；②旅游者收集信息，评估对目的地的印象；③旅游者比较各种可选择的旅游方案，做出旅游决策；④旅游者准备出游，并形成旅游体验；⑤对旅游的结果和满意程度进行评估。模型中除了说明旅游消费者的决策过程外，还对影响旅游消费者决策的因素进行了细分，主要包括三个方面：旅游者的特征因素（社会经济背景和行为特征）、旅途的特征（如旅途时间、同伴数量、旅途距离等）以及目的地资源与特色（主要包括目的地基础设施、地理与环境、主要资源、居民态度、社会结构、旅游服务等）。

（四）莫霆荷的度假旅游者行为模型

如第一章已介绍过的，莫霆荷（Moutinho，1987）在对葡萄牙度假旅游者的行为进行调查的基础上，绘制了一个旅游消费者购买决策过程模型。莫霆荷模型共由三部分组成：

一是决策前及决策制定过程，由偏好、决定和购买三个阶段构成。莫霆荷认为，旅游产品通常是被依次分别购买的，并非常常以“包价形式”一次性购买。对某个目的地的偏好是由一系列因素形成的，包括内在环境影响（文化规范和价值观、参照群体、社会地位）和个人因素（个性、生活方式、动机）。态度和家庭对偏好结构的形成有重要影响，偏好结果的心理分析由三部分组成：刺激过滤、注意和学习以及选择标准。

二是购后评价。模型中，购后评价区域被标明为“满意/不满意”，旅游消费者的后续行为会出现三种不同结局：积极的（接受）、消极的（拒绝）和中立的（不表态）。莫霆荷还提出了“性能评价”的观点，并指出它产生于旅游者对付出与收益所进行的比较，而且与旅游消费者所能感知的各个旅游产品属性的理想值有关。

三是决策制定。这部分可以看成直接与营销策略规划实践紧密联系的。莫霆荷根据旅游者返回消费的情形，认为后续行为存在四种情况：直接重复购买、将来重复购买、经过修正的重复购买以及转向购买竞争者产品。

（五）米德尔顿的旅游消费行为的“刺激—反应”模型

如第一章已介绍过的，米德尔顿的“刺激—反应”模型包含四个部分：刺激输入、沟通渠道、购买者特征和决策过程、购买和消费后的感觉。第一部分是刺激输入。主要是指旅游行业生产和营销的竞争性旅游产品对旅游消费决策的刺激，通过刺激的输入激发旅游者的旅游需求与欲望。第二部分是沟通渠道。主要包括目的地的广告、促销活动、宣传手册、个人销售、公共关系以及家人或亲属的推荐等。第三部分是购买者特征和决策过程。主要包括旅游者的心理特征、经济和社会背景、态度等，旅游者会对所搜集的信息进行学习、感知，并根据自己的欲望、需求和旅游目标，进行旅游决策。第四部分是购买和消费后的感觉。主要表现为旅游者是否满意这次旅行，以及旅游后对目的地的忠诚态度如何等。

（六）梅奥和贾维斯的旅游决策影响因素模型

梅奥和贾维斯提出，旅游者在做出购买决策的过程中很容易受到内在或外界等情境因素的影响，这种影响主要有心理因素与社会因素两种，如图 5.5 所示。旅游者的动机、学习、感知、态度、个性特征是构成心理因素的主要组成。旅游者的动机驱使其投入到获取旅游信息的过程，通过不断学习、吸收以及个人经验的修正，形成购买意向。

在此过程中，消费者的个性特征，如消费习惯、消费偏好也会对其购买意向的形成产生影响。同时，旅游购买决策者的角色与家庭影响、参照群体、文化背景以及社会阶层进一步影响了旅游者的选择。家庭影响、个人文化背景及社会环境的约束、他人的经验都会对存在不确定性的旅游消费过程产生很大的影响。梅奥和贾维斯高度概括了旅游购买决策过程的影响因素，但是忽略了外界企业营销刺激的作用。同时，由于过分强调行为影响，未能结合旅游者的购买决策过程，为旅游营销人员提供消费行为具体过程上的有效建议。

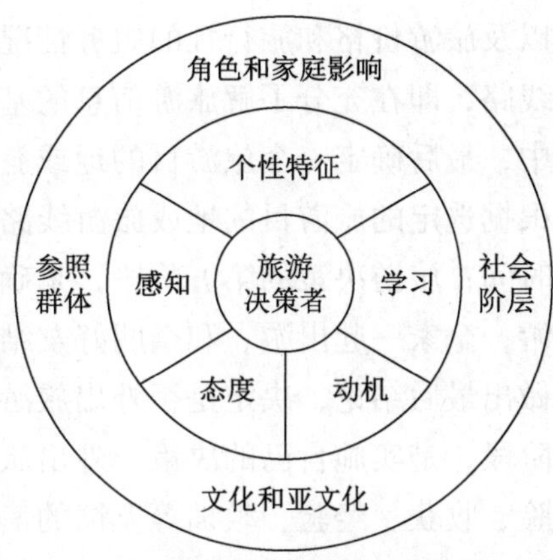

图 5.5 梅奥和贾维斯的旅游决策影响因素模型

三、国内旅游消费

（一）邱扶东的出游决策过程模型

邱扶东等（2005）在以往研究的基础上，通过访谈和问卷调查，提出了旅游消费决策的“七阶段”模型。在该模型中，个人的旅游决策过程被划分为产生旅游的需要或动机、收集有关旅游的信息、确定旅游目的地或旅游线路、旅游预算、确定出游方式、决定是否外出旅游、外出旅游七个阶段（如图 5.6 所示）。

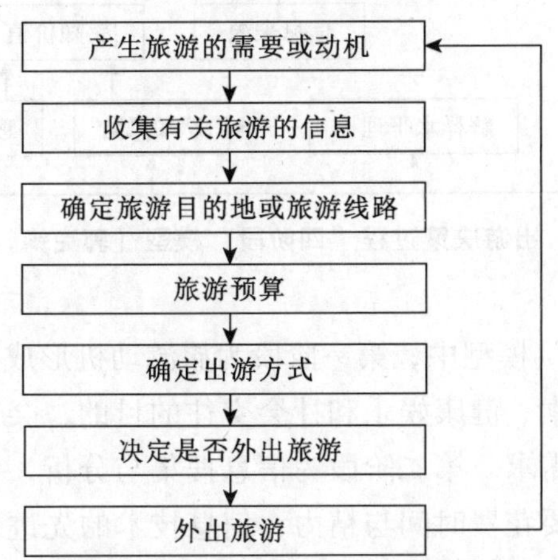

图 5.6 出游决策过程“七阶段”模型（邱扶东，2005）

上述模型认为，对于大多数人来说，旅游决策的第一阶段，是产生外出旅游的想法，即在日常生活和工作中，各种原因，产生了旅游需要或动机；旅游决策的第二阶段，是通过各种渠道（如通过旅行社、亲朋好友、网络、新闻报道、旅游广告等）收集有关旅游的信息，包括旅游目的地的景观、气候、风俗、治安状况、宾馆情况、交通，以及旅游价格和旅行社的服务情况等；旅游决策的第三阶段，是确定旅游目的地或旅游线路，即在充分了解旅游信息的基础上，从两个以上可供选择的旅游目的地或旅游线路中，最后确定一个旅游目的地或旅游线路；旅游决策的第四阶段，是进行旅游预算，即根据选定的旅游目的地或旅游线路的情况，结合自己的支付能力，确定花费多少金钱和时间；旅游决策的第五阶段，是确定出游方式，即根据实际情况，确定是自己一个人出游、全家一起出游、和亲朋好友结伴出游，或者参加旅游团；旅游决策的第六阶段，是做出最后结论，决定是否外出旅游，或者对前面的有关决策进行调整；旅游决策的第七阶段，是实施自己的决策，外出旅游。同时，旅游行为使旅游者获得前所未有的旅游体验、收获、经验、教训等反馈的信息，将影响他们下一次的旅游决策。

（二）郭克锋的出游决策过程模型

郭克锋（2009）认为，旅游决策是一个连续的过程，包括旅游动机的产生、信息收集与分析、最终决策、游后评价四个阶段。在此基础上构建了旅游消费决策的“四阶段”模型。其模型具体如图 5.7 所示。

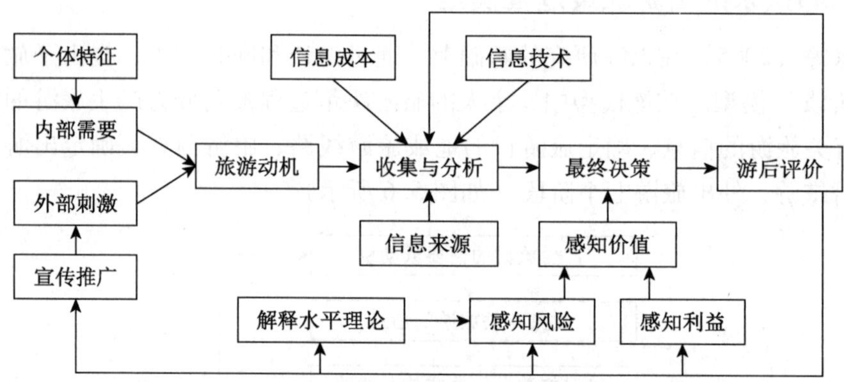

图 5.7　出游决策过程“四阶段”模型（郭克锋，2009）

在郭克锋的“四阶段”模型中，第一阶段为旅游动机形成阶段，人们为了扩展更新生活、逃避现实、好奇探索、健康娱乐和社会交往的目的，会产生旅游动机，在内外力推拉的作用下，形成旅游需求。第二阶段为信息搜集与分析，信息搜集受到信息成本的影响，消费者搜集信息需要花费时间与精力，信息技术的先进性使信息传播更为迅速及时，降低了旅游者的信息搜集成本。更重要的是，它改变了以前的电视、广播、报纸和杂志等信息传播媒体只能单向传播的缺点。第三阶段为最终评价阶段，旅游者信息搜集与分析完成之后，就要利用分析所得结果进行相关旅游决策，包括旅游目的地选择、线路选择、旅行社选择、时间选择、花费选择等。旅游决策的目标是使旅游效用最大化，感知价值影响消费者的最终决策。第四阶段为游后评价阶段，旅游决策做出之后，旅游者开始旅程，旅游者将旅程中的实际体验与旅游期望相比较，将实际感知利益与决策时的感知利益相比较从而修正感知利益，将实际感知风险与决策时的感知风险相比较，进而修正感知风险，修正后感知利益与感知风险影响感知价值，进而对以后的旅游决策产生影响。

第四节　旅游消费决策与购前信息搜寻

购前信息搜寻是消费者购买过程中的关键步骤（蔡培，2008）。随着我国消费品市场从卖方市场向买方市场的转换，了解消费者购买决策过程，尤其是消费者购前信息搜寻行为，对于促使企业产品信息为消费者接受则具有重要的意义。对旅游消费者来说，购前信息搜寻可以提升旅游决策质量及降低不确定性（麦金托什和格德纳，1990），旅游者在搜寻过程中也会获得愉悦性心理体验（赫希曼和霍尔布鲁克，1985）。因此，本节将结合旅游消费决策的特点，介绍旅游消费者的购前信息搜寻。（我国消费者网上信息搜寻行为研究）

一、旅游消费者购前信息搜寻概述

（一）旅游消费者购前信息搜寻的定义

关于信息搜寻（Information Search）的定义，不同的学者从不同的角度提出了自己的观点，例如，Wilkie（1994）认为，消费者的信息搜寻是“指消费者为获取有关产品，商店的知识所付出的努力”，通过获得一些信息来增加消费者对于商品的了解，协助其做出判断以降低购买时的不确定性。Engel 等（1995）认为，信息搜寻是指“消费者有意识地激活记忆里所储存的知识、信息或在周围环境中获得信息的过程”。Solomon（1996）则将信息搜寻定义为“消费者为了制定合理的决策，而对环境进行观察以获取适当资料的过程”。

作为一种特殊的消费类群，旅游消费者的购前信息搜寻，是指旅游消费者为了制订合理的旅游决策，从内外部信息源中搜寻各种相关旅游信息的过程。旅游消费者购前搜寻的目的是为了减少信息的不对称性和不确定性，制订合理、合算的旅游行程，避免旅游行程中意外的发生，以获得更好的旅游体验和旅游质量。

（二）旅游消费者购前信息搜寻的分类

根据信息搜寻的目的来分类，旅游消费者信息搜寻可分为购前信息搜寻（Pre-purchase Search）和持续性搜寻（Ongoing Search）。购前信息搜寻是指旅游消费者以购买为目的所采取的信息搜寻活动，而持续性信息搜寻是指并非为了特定的目的而进行的信息搜寻活动，旅游消费者的搜寻活动可能仅仅是因为旅游消费者对某一旅游地有情感寄托，而与购买与否无关。实际中，这两种搜寻难以区分，有时候，旅游消费者可能原先有个目的地选择，但在经过一段时间的信息搜寻后，可能会因为某些情况取消旅游行程；而有时候，旅游者原本没有出游的打算，而是出于兴趣进行信息搜寻活动，但是经过一番搜寻后，却产生了旅游动机进而采取了旅游行动。

根据信息来源分类，旅游消费者的信息搜寻可以分为内部搜寻（Internal Search）和外部搜寻（External Search）。内部搜寻是指旅游消费者试图从长期记忆中提取与购买旅游产品与旅游服务有关的信息的过程；外部搜寻是指旅游消费者通过外部环境的各种不同来源获取相关旅游产品或服务的信息的过程。此模型的有个前提假设，即旅游消费者都是理性的，旅游消费者会为了做出更好的决策而搜寻信息，并为之付出努力。当旅游消费者采用内部搜寻不能获得所需的信息或者信息不足时，则会转向外部搜寻。

（三）旅游消费者购前信息的主要内容

从旅游消费者购前信息搜寻的内容来看，Chu（2001）提出，旅游消费者购前搜集的信息主要包括航班、住宿、租车、景点介绍、邮轮、天气、旅游指南、火车票、风俗民情等信息。Choi 等（2007）发现，出行前旅游者主要搜寻住宿、机票、天气或旅行建议、地图或行车指南、景点、大众性旅行信息以及大型活动等信息；旅行中主要搜寻天气或旅行建议、地图或行车指南、大型活动以及餐馆等信息；旅行结束后则会对旅行经历进行分享。李君轶、杨敏（2010）则将游客关注的网络旅游信息划分为基础旅游信息、游购娱信息、游览信息和网络口碑效应信息 4 类。

综合起来，旅游消费者的购前信息主要包括三大类：空间维信息、时间维信息和属性维信息。

空间维信息，主要是表征旅游实体的空间位置、形状及与其他空间实体拓扑关系的信息，属于定位信息，用以确定旅游实体的空间关系和所处地理位置，反映旅游实体的空间分布状况（曾澜，2006）。信息内容主要包括旅游目的地的地理区位、行政归属、景点分布以及与旅游者居住地的距离等。

时间维信息，体现旅游事件的发生随时间变化的规律。信息内容主要包括旅游目的地的淡旺季时间、最佳旅游观赏季节以及从居住地到目的地的所需时间等方面。

属性维信息，则是旅游目的地有关的其他信息，主要包括旅游资源信息、旅游产品信息、目的地基本信息、配套产业信息 4 个方面。其中，旅游资源信息主要包含目的地资源特色、资源类型、资源品质、资源数量等信息；旅游产品信息主要包含产品线路、旅游纪念品等信息；目的地基本信息主要包含目的地的内外部交通条件、地形地貌、天气气候、社会结构、经济发展、人文环境等信息；配套产业信息主要包含目的地的商业设施（如餐饮设施、住宿接待设施、旅游交通设施、旅游购物设施、旅游娱乐设施等）和服务设施（如游客集散中心与救援服务设施、旅游标识设施、旅游厕所及其他）两方面的信息。

二、旅游消费者购前信息搜寻的影响因素

消费者的信息搜寻行为会受到许多因素的影响，不同的消费者有不同的搜寻行为，即使是同一个消费者也会在不同的购买情景下产生不同的购买举动。学者们对影响信息

搜寻的因素做了许多研究，一般来讲，这些影响因素包括两大类；一是环境因素，包括文化、家庭、情景、社会、他人等来自于自身以外的因素；二是个人因素，包括年龄、性别、教育、收入、生活形态、知识、动机等来自于自身的因素。

Newman 和 Richard（1977）在其对购买汽车和家电的信息搜寻行为的研究中，将信息搜寻的影响因素归纳为以下六类。

一是搜寻成本：现金、交通成本、时间与心理成本。

二是潜在利益：消费者产品知识、购买经验、知觉风险和知觉价格差异。

三是购买策略：消费者对于品牌、商店的偏好以及信息获得的策略。

四是情景变量：消费者所感受到的时间压力、财务压力与商店位置。

五是人格特质：消费者人格特质中追求成就、喜欢刺激与主动的特性。

六是其他变量：消费者的社会地位、教育、所得与在家中扮演的角色。

Beatty 和 Smith（1987）将影响消费者信息搜寻的因素整理为以下五类。

一是市场环境：市场上相对可供选择的数目、复杂性与营销组合、市场的稳定性、信息的可获得性、城市区域的大小等。

二是情景因素：时间压力、社会压力（来自家庭、同事、老板）、财务压力、组织程序、生理与心理状况、信息来源的可接近性以及特殊的购买时机等。

三是潜在利益：消费者知觉价格、知觉风险、知觉价格离散程度、相对可供选择的产品、产品属性的数目、产品分类的重要性以及决策制定的角色（家庭、组织、社会）。

四是知识与经验：消费者既有的知识、产品使用频率、品牌忠诚度、购买产品的次数以及对先前购物决策的满意度。

五是个人差异：消费者个人能力，训练与解决问题的方法、广纳意见、事前计划、创新，知觉收益以及搜寻信息的方法（逛街娱乐、信息来源、涉入程度、人口统计变量、人格特性与生活形态）。

Hawkins 等（1995）将外部信息搜寻的影响因素分为以下四类。

一是市场特性：选择方案的数量、价格范围、商店的集中性。

二是产品特性：产品价格、产品差异等。

三是消费者特性：经验、购物导向、社会地位、年龄、知觉风险。

四是情景因素：时间、愉快的购物环境、社会环境等。

从旅游消费者的消费行为和决策过程来看，Jeng（1999）认为，旅游计划中的信息搜索是一个高度动态的活动，它的成功与否取决于个人的知识背景、性格特征、具体任务以及度假计划的阶段；Snepenger（1990）将影响旅游者信息搜索行为划分为四种，即旅行团构成、目的地是否有亲戚朋友、类似的旅行经验以及目的地的新奇度。借鉴 Fodness 和 Murray（1997）的研究成果以及旅游消费实践，旅游消费者购前搜寻的影响因素有以下几个方面。

一是环境因素：旅游信息搜索任务难易度、搜寻工具的便捷程度、备选方案数量、备选方案复杂性等。

二是情景因素：先前满意度、时间限制、知觉风险、团队构成。

三是旅游者特征因素：教育程度、先验知识、参与程度、家庭生命周期、社会经济地位。

四是产品特征因素：旅游目的、旅游方式、交通方式。

五是成本因素：时间成本、金钱成本以及机会成本。

【知识链接】

“遨游”让旅游决策更简单

近年来，随着在线旅游市场竞争的日益激烈，海量的旅游产品被不断推向市场，这一方面增加了游客的选择多样性；另一方面，相较于机票、酒店等标准化产品，旅游产品通过要素的不断整合，产品千差万别，增加了旅游消费者决策和信息搜集的难度。比如说，四晚五天的台湾自由行产品，网上价格却有1000多元的差别，这让游客极为困惑，不得不耗费大量的精力进行烦琐的咨询和比对，给消费者带来了不便，也不利于企业的效率提升。

遨游网首先在网站中增添了“旅游产品对比功能”，有效地解决了游客选择的问题。现在，游客只需在遨游网的搜索框中输入想去的目的地名称，就可以在每个旅游产品下方找到一个“对比”标签，选择感兴趣的产品后，点击“开始对比”，系统将从基本信息、费用、酒店、往返交通、可选附加服务、参考行程6个维度、12个小类中对所选中的产品进行全方位的对比。目前，遨游网的旅游产品比对功能可以实现任意三条旅游产品的对比。遨游网的这一功能避免了游客在各个网页之间反复对比，或者打电话进行咨询的烦琐，可以更加理性地根据自己的实际情况进行旅游决策，极大地简化了游客从出行意向到预订下单的流程。目前国内各大OTA旅游网站中，仅有遨游网、携程、同程三家旅游电商推出旅游产品对比功能，与其他OTA网站不同的是，遨游网的产品对比功能可以将不同类别的旅游产品放在一起对比，例如将自由行和参团产品进行对比，有效解决了游客是参团还是自由行的“纠结”。

旅游产品要素多、链条长，涉及内容广，要将这些烦琐的“部件”整合成一件标准化的产品并非易事，可以反映旅游电商对航空、酒店、景区、地接等多方面资源的整合能力。作为中国在线旅游的领导品牌，遨游网在继承中青旅30多年行业资源掌控和深厚积淀上，围绕互联网、移动互联网时代用户需求和交互行为变化，帮助用户实现更加友好的旅行体验，产品对比功能只是一个小小的标志。

资料来源：遨游网率先推出旅游产品对比功能　让旅游决策更简单［EB/OL］. http：//mt. sohu. com/20150317/n409897723. shtml.

三、旅游消费者购前信息的主要来源

旅游消费者在信息搜寻过程中，经常需要寻找信息的来源，以获取决策所需的信息。

Beales 等（1981）将消费者的信息来源分为内部信息和外部信息，并且根据信息的获取方式，将信息来源划分为主动取得和被动取得。其中，内部信息来源主要有主动取得（如过去的搜寻和个人经验）和被动取得（如低涉入学习）；而外部信息则主要通过不同渠道主动搜寻的方式取得，如中立团体、人际接触、营销员与广告、商品观察与试用等。

Beatty 和 Smith（1987）在探讨消费者外部信息搜寻的信息来源时，将信息来源分为以下几类：一是媒体来源（Media），如电视、广播、报纸等；二是人际来源（Interpersonal），如朋友、亲戚等；三是零售商来源（Retailer），如拜访商场或询问销售人员等；四是中性资料来源（Neutral），如消费者报告、消费者团体或政府机构的报告等。

Hawkins 等（1995）将外部信息来源分为五种：一是以往的搜寻、个人经验以及低涉入学习等；二是人际来源（Personal），如朋友或家庭；三是中立来源（Independent），例如消费者团体或政府机构；四是市场来源（Marketing），如销售人员或广告；五是经验来源（Experiential），如消费者对产品的观察或试用。

根据一般消费者购前信息搜寻的影响因素，旅游消费者在购前信息收集过程中也受到许多内外部信息的影响（如图 5.8 所示）。

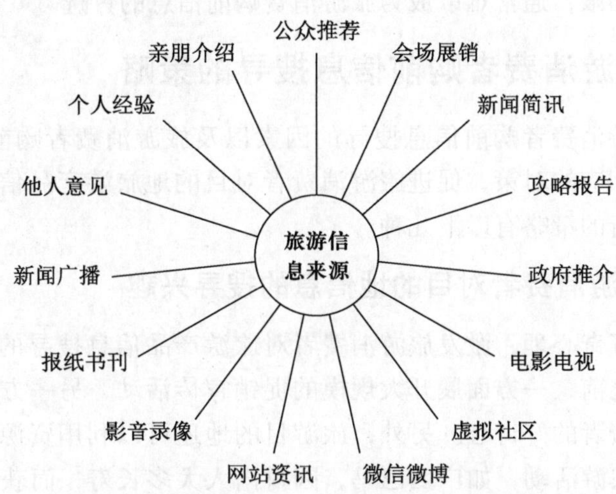

图 5.8　旅游消费者购前信息搜寻的主要来源

总体来看，旅游消费者购前信息搜寻的来源主要有以下几类：

（一）人际来源

主要包括消费者的个人经验、亲朋的介绍、其他人给予的信息与意见以及一些名人或公众人物的推荐等。相比较于其他信息来源，旅游消费者对这部分购前信息具有更高的认知度，对信息的信赖程度也越高，有时候会直接决定旅游消费者的旅游决策行为。

（二）传统媒体来源

媒体是旅游消费者获取购前信息最主要的一种渠道，一般包括新闻广播、报纸书刊、电影电视、新闻资讯、文学小说等。比如，电影或电视剧里出现的旅游场景或者文学小说中对某一旅游地的精彩描述，生动直观地展现了旅游地的形象和特色，加深了旅游消费者旅游目的地感知，也就比较容易激发旅游消费者的出行欲望。

（三）网络传媒来源

如网站资讯、微信微博、虚拟社区（如豆瓣、猫扑等）等。这部分信息的内容最为丰富。网络传媒已经超越报纸、杂志、电视等传统媒体，成为旅游者获取旅游信息的首选渠道（巫宁，2007）。但是网络信息繁杂多样，可靠性、透明度相对不高，旅游消费者通常需要花费一定的时间对所搜集的信息进行筛选和甄别，增加了旅游购前信息搜集的难度和工作量。

（四）营销市场来源

该部分主要包括目的地所在地的政府推介以及旅游展销会场的产品展销。这种由政府主导或者在公众场合进行的旅游宣传展销可以增加购前信息的权威性，容易赢得旅游消费者的信赖，但是信息收集的过程需要花费相对较多的时间、精力和费用，而且信息量较少、内容较为局限，通常难以成为旅游消费购前信息的首选。

四、促进旅游消费者购前信息搜寻的策略

在分析影响旅游消费者购前信息搜寻的因素以及旅游消费者购前信息的来源选择，旅游目的地应采取相应的对策，促进旅游消费者对目的地旅游产品信息的搜寻。具体来说，较为常见、可行的策略有以下几种。

（一）激励旅游消费者对目的地信息的搜寻兴趣

利用消费者的好奇心理，激发旅游消费者对旅游产品信息搜寻的兴趣。例如，福特公司在推出新车型之前，一方面展开大规模的促销宣传活动，另一方面又对新轿车严加保密，从而激起消费者的好奇心。另外，旅游目的地还可以利用资源优势，开发独特性强的旅游产品或者旅游活动，如广西巴马，因村内人大多长寿，而获得“中国第一长寿村”的美誉，许多游客为了弄清巴马的长寿秘诀，亲身体验长寿村的居住环境，一时间巴马受到了国内外众多游客的热烈追捧。此外，旅游目的地还有借助故事营销、事件营销的渠道特点，借助热点事件，让旅游目的地在消费市场上成为旅游焦点，吸引旅游消费者聚焦。

（二）利用意见领袖传播目的地旅游信息

在口头传播过程中，某些消费者总是比他人更经常主动提供购物信息，从而成为该

类产品购买的意见领袖。随着互联网时代普及，旅游景区应当充分利用网络意见领袖对其他旅游消费购物行为的影响，促进旅游产品和服务信息的口碑传播。首先，确认景区旅游产品购买的意见领袖。对意见领袖的行为特征目前尚未达成共识，通常的看法是某类产品购买的意见领袖往往对旅游感兴趣，拥有丰富的旅游经历、知识和出游经验，在网络及行业中具有一定知名度。其次，利用意见领袖的博文、攻略、体验报告等加速旅游目的地形象在目标旅游消费者当中的传播。具体措施有：一是加大对意见领袖直接促销的力度，以期通过意见领袖向其他消费者传播目的地旅游信息。二是利用免费接待的方式，促使意见领袖到旅游目的地游玩，进而带动其他旅游消费者前往旅游。三是直接聘用意见领袖作为企业促销顾问或者形象代言人，借此影响并推动其他旅游消费者对目的地的选择。

（三）重视网络新媒体对旅游消费者引导作用

正如前面所介绍的，互联网传媒已经超越报纸、杂志、电视等传统媒体，成为旅游者获取旅游信息的首选渠道。2009 年，美国有 85%的在线旅游者（1.35 亿）认为互联网是最重要的旅游信息来源。2010 年，网易联合中山大学发布的报告也显示，有 80.1%的国内网民通过网络获取旅游信息。旅游者对网络的广泛使用推动了在线旅游市场的发展。2009 年。美国在线预订市场规模达到 884 亿美元，占全部旅游总收入的 39%；而同年，我国该市场规模为 38.9 亿元，同比增长 32.3%，截至 2010 年 12 月，在线旅行预订用户也达到 3613 万，2013 年将增长到 1.68 亿。

1. 重视网络旅游信息搜寻者人口特性的挖掘，提高网站信息发布的靶向性

旅游网站要重视网站流量统计日志数据的分析，挖掘访问者的人口特性和浏览行为特征，重点面向中青年旅游者，发布创新性、个性化的旅游产品信息。而对价格较为敏感的旅游者，应及时发布价格折扣信息，重视团购、闪购等新型营销方式的运用，提高网站吸引力和营销效益。

2. 丰富旅游网站内容和功能，增强娱乐性和交互性

一方面，要重点关注规划型和交易型动机旅游者的信息需求，提供准确全面的旅游信息，并完善网站的信息查询、产品预订和社交功能。另一方面，要加强图片、视频、Flash 动画等信息形式与虚拟现实、GIS 等技术的应用，给用户以美好的视觉享受和感官刺激，提高网站的娱乐功能和交互性，满足旅游者的虚拟体验、娱乐学习和休闲消遣需求，增强网站黏性和用户浏览深度。

3. 准确把握旅游者的网络旅游信息需求特征，提高网站信息的匹配性

首先，旅游网站应重点丰富交通、住宿、目的地和景点等核心旅游信息，以辅助旅游者的旅游决策与旅行计划。其次，在发布土特产、旅游纪念品、娱乐设施、特色餐饮等辅助性信息时，应突出特色和地方性，以增强网站吸引力。最后，要配套产品点评系统，也可与主流旅游点评网站建立链接，以提高网站信息的可信度，有效发挥点评信息的口碑效应。

4. 拓展市场细分视角，提高网站信息的精准性

旅游网站应根据不同搜寻动机对用户进行市场细分，并根据其信息和功能偏好，提供不同版本的访问入口。同时，要利用眼球跟踪技术，根据用户浏览行为特点，结合不同动机用户的搜寻内容偏好，对网站栏目进行优化组合，以提高网站的精准性和营销功能。另外，要重点面向规划型和交易型动机的旅游者，有针对性地选择网站关键词，开展搜索引擎营销，以提高网站的网络可见度和点击率。

【复习与思考】

一、名词解释

购买决策旅游消费决策　旅游消费者购前信息搜寻

二、填空题

1. 个体在一项旅游决策中可扮演的五种角色包括：______、______、______、______、______。

2. 旅游消费者决策行为的主要类型包括：______、______、______。

3. 旅游消费者态度可以分为三个层次：______、______、______。

三、简单题

1. 简述旅游消费者决策的内容。
2. 简述旅游消费者决策行为的特性。
3. 简述个体旅游者的消费决策过程。
4. 简述群体旅游者的消费决策过程。
5. 简述旅游消费者购前信息的主要内容。
6. 旅游消费者购前信息的主要来源有哪些?

四、论述题

1. 论述旅游消费决策过程中的主要影响因素。
2. 阐述促进旅游消费者购前信息搜寻常用的策略。

【推荐阅读】

1. 郭国庆．市场营销学通论［M］．北京：中国人民大学出版社，2014：175-275.

2. 白凯．旅游行为学［M］．北京：科学出版社，2013：51-67.

3. 吴津清．旅游消费者行为学［M］．北京：旅游教育出版社，2006：122-125.

4. PARK S，NICOLAU L J. Asymmetric effects of online consumer reviews［J］. Annals of Tourism Research，2015，50：67-83.

5. 邱扶东，吴明证．旅游决策影响因素研究［J］．心理科学，2004，27（5）：1214-1217.

第六章 旅游消费者体验

旅游体验是旅游消费者前往一个特定的旅游目的地花费时间来游览、观光、娱乐、学习、感受的过程以及所形成的身心一体的个人体会。旅游体验根据不同标准可分为不同的类型。旅游体验对一个人的发展具有重要的作用。旅游体验对旅游者健康、旅游者的认知与教育、对旅游者的心理社会性发展和旅游者的人际关系等产生重要影响。因此，我们要善于开展旅游体验营销来促进旅游业的发展。

【学习目标】

1. 知识目标：学习和把握旅游体验的概念、类型和旅游体验对旅游者个人的重要性，领会旅游体验对旅游者的影响。

2. 能力目标：把握旅游体验营销的模式，掌握旅游营销的基本策略。

【导入案例】

西藏，接近人性的本源

2000 多年前，释迦牟尼曾预言，在末法时代，地球仅留西藏一块净土。这净土不是物质的，而是精神的。在物质文明高度发展的今天，有西藏这块贫穷的地方，可能是一种悲哀；但有西藏这块净土，这是人类的一大福气。去西藏，我们无法也不应该满足物质欲求，而应该也能够经受精神的洗礼。西藏是人类最后的精神家园。一个摄影家在西藏，他要做的不应该仅仅是拍摄，更重要的是理解、体悟、涤荡自己的心灵，升华自己的精神。

最近，一位朋友志愿援藏去了那曲，在他的行囊里有一盘太极拳教学VCD，说是西藏环境险恶、生活艰苦，唯恐体力不支，学练太极可强身健体。我想，一段时间后，他一定会改变初衷，或者放弃学练太极拳，或者升华学练动机，因为在那样的环境里，人不会过分注意肉体的东西，而会产生强烈的精神皈依的愿望。

如果我们有幸爬上6600多米高的冈仁波钦神山，站在蓝天之下，雪山之巅，深深吸口气，诵唱“六字真言”，不，只要你发一声“嗡”字，立刻便会有冲开喉结、共振头脑、震荡五脏六腑的感觉。“嗡”的一声，就使天地震颤，万物震颤，宇宙全都震颤，三千大千世界全都化成了这一声，全都融成了这一声，而这一声在刹那又化为无，化为虚空。于是一切朗朗，一切渺渺，一切神秘微妙，一切坦白分明。这时，你还会在乎你手中的相机？还会在乎五花八门的摄影技巧？还会在乎编辑评委的意图？还会在乎金钱名利！这时，只有蓝天、白云、雪山、草地、牛群……当然还有雅玛印契在你心中。

资料来源：佚名. 西藏，接近人性的本源［EB/OL］. http：//www. tibdtch. com/blog/2500. html.

案例分析：

从案例的描述中我们可以切身体会到，在西藏这样一个圣洁的地方，旅游体验给主人公和他的朋友们带来心灵的震撼。那么，旅游体验作为一种旅游者与自然的互动、社会互动的过程，有哪些特征？有哪些类型？哪些因素会影响旅游的体验？会给旅游者带来哪些方面的影响？这些将是本章的主要内容。

第一节　旅游消费者体验概述

一、旅游体验的内涵

（一）体验

20世纪90年代开始，人类迈入“新经济”时代，体验经济已成为继产品经济、商品经济和服务经济之后的一种新型经济形式。

体验又称为体会，是人们用自己的生命来验证事实，感悟生命和留下印象。所谓体验经济，就是企业以服务为舞台，以商品为道具，围绕着消费者，创造出值得消费者回忆的活动。其中的商品是有形的，服务是无形的，而创造出的体验是令人难忘的。与过去不同的是，商品、服务对消费者来说是外在的，但体验是内在的，存在于个人心中，是个人在形体、情绪、知识上参与的所得。

（二）旅游体验

旅游体验是一种以超功利性体验为主的综合性体验，是指旅游消费者前往一个特定的旅游目的地花费时间来游览、观光、娱乐、学习、感受的过程以及所形成的身心一体的个人体会。在这种体验过程中，旅游者可以在风景观赏中获得审美愉悦，可以在与人交往中品味多彩人生，可以在积极模仿他种角色的过程中发现和发展自我，也可以在旅游消费过程中享受世俗之乐。这些愉悦在总体上都附属于某种超功利的色彩。旅游体验以追求旅游愉悦为目标。旅游愉悦是一种特殊的愉悦，它是旅游者在旅游过程中通过观赏、交往、模仿和消费等方式所体验到的放松、变化、经验、新奇和实在等心理快感。

（三）旅游体验的特点

旅游体验在于旅游者主动参与，在于旅游者用整个身心来体验。旅游体验既具有所有体验的特征，又具有旅游商品的特征，它是旅游商品和体验两者的融合。了解旅游体验的特点有助于我们全面了解和掌握旅游体验的本质。

1. 价值性

旅游提供者提供的旅游体验必须是富有价值的，这不仅是体验和旅游体验的必要特征之一，也是提供给旅游者的意义之所在。与以往的旅游商品提供相比，旅游体验的价值性表现在给予旅游者更深的价值体验：一是旅游体验本身具有的精神价值特点，使旅游者在体验的过程中更能感受人生的意义，使人深刻感受人生哲理与人之为人的内涵；二是旅游者期望通过旅游改变自己的生活，或者通过旅游把握人生价值，或者通过旅游满足自己在平常生活中无法满足的东西。同样，旅游体验对于服务人员也是富有价值的，只有旅游服务者意识到旅游体验的价值和意义，才能保证旅游体验过程中服务的质量，才能更好地实现旅游服务的价值。

2. 综合性

旅游体验的综合性在于旅游者所得到的是一种综合的内心感受。旅游者在旅游体验过程中，产生的内心感受不仅涉及客体，还涉及周围的环境；不仅经过感性认识阶段，还经过理性思考的历程，是理性和感性的融合，而且对于旅游者来说，最终得到的体验是一个综合了各方面因素的结果，所以旅游体验具有综合性。

3. 深刻性

旅游体验与以往旅游经历的区别在于旅游体验能加深旅游者的印象，给旅游者留下难忘的记忆，并且通过各种纪念品使旅游者记住这次旅游体验。一直以来，人们总对美好的事情念念不忘，无非因为过去的快乐和无忧已不再可寻，而旅游体验可以让人们再次拥有那种快乐，虽然物是人非，但新的东西也可以满足人们的根本需求，并给人们留下深刻的印象。

4. 服务性

服务性是服务产品特有的特征，包括无形性、生产和消费的同步性和不可储存性等。服务性是旅游体验提供者在经营体验过程中不能忽略的重要特征之一，它在旅游体验过程中起着举足轻重的作用。没有好的服务，就难以使旅游者获得美好和愉悦的体验。迪士尼乐园成功的重要原因之一是其提供了宾至如归的服务。

5. **异地性**

旅游体验作为一种旅游商品，必然具有旅游的特征，也就是旅游者必须经过旅行到异地才能获得旅游体验，也正是这种异地性满足了人们暂时离开现实生活、寻求新的文化生活氛围的需求。从这一点上讲，旅游体验给予旅游者的是另一种生活方式。

6. **参与性**

虽然现在旅游体验还包括被动式的体验，但是随着人们个性化和参与性需求的加强，旅游体验趋向于旅游者的积极参与。在服务营销中，要求顾客成为良好的合作者是确保服务质量的重要部分，所以旅游者的积极参与一方面能够确保服务的质量，另一方面使旅游者能充分发挥主观能动性，在旅游体验过程中得到意外的满足。

7. **主观性**

无论旅游者的出行动机如何不同，他们从旅游体验中感受到的共性，是愉悦旅游体验使旅游者得到了一种对自己富有意义、综合性的内心感受，这种内心感受带有强烈的主观色彩。不同的主体即使是参与同一种体验过程，其主观感受也不会完全相同，它是不可复制、不可转让、非我莫属的，所以旅游体验带有主观性。

二、旅游体验的类型

（一）根据旅游者参与的主动性与投入程度划分

派恩与吉尔摩根据旅游者参与的主动性与投入程度，将旅游体验划分为娱乐型体验、教育型体验、逃避型体验和审美型体验四种类型，认为每个旅游者的旅游经历都是以上四类体验不同程度的结合。

1. **娱乐型体验**

消遣是人们最早使用的愉悦身心的方法之一，也是最主要的旅游体验之一。游客通过观看各类演出或参与各种娱乐活动，使自己在工作中造成的紧张的神经得以松弛，让会心的微笑或开怀大笑抚熨心灵的种种不快，从而达到愉悦身心、放松自我的目的。娱乐体验渗透到游客体验的整体过程中，无论是景区动物的一个滑稽动作，还是美丽景观带给人的视觉冲击，都会起到愉悦身心的作用。被誉为中国最大的主题娱乐公园的深圳欢乐谷，用不同的娱乐主题满足游客多样化、个性化的旅游需求，使游客感受不同的娱乐经历：过山车让人体味穿越矿区的惊险与刺激，四维影院让人感受全方位的视觉冲击，卡通城让人沉迷于童年的回忆，魔术晚会则让人在瞠目结舌中体验超凡的感受，不同的娱乐主题为不同年龄的人们塑造了属于自己的娱乐经历。

2. **教育型体验**

旅游也是学习的一种方式，尤其是人文类景点，如博物馆、历史遗迹、古建筑等，其深厚的文化底蕴、悠久的历史传统、高超的建筑技术都会令旅游者有耳目一新之感，学习因此而融入旅游者旅游的全过程。Beeho 和 Prentice 在对遗产地旅游者的旅游体验调查中发现，游客主要获得了有益的学习体验，此外，还获得了情感上和思想上的体验。

近年来在我国各地兴起的“农家乐”项目，也成为许多父母教育子女的方式，让孩子亲自种植蔬菜、水果，亲自管理，体会种植的乐趣和收获的快乐，在潜移默化中将节约、勤劳的教育理念灌输进孩子的意识中，寓教于乐。

3. 逃避型体验

工作的压力、日常生活的烦琐、人际交往的复杂令现代人在生活中很少有时间摘下戴在脸上的层层面具来审视自己内心的真正需求。因此，他们更渴望通过旅游活动，暂时摆脱自己在生活中扮演的各种角色，抛却大堆的日常琐事，把工作置于脑后，在优美、轻松、异于日常生活的旅游环境中获得一份宁静、温馨的体验，寻找生活中另一个摆脱束缚和压力后的真实自我。到农家体验田园生活，可以使旅游者在相对淳朴的人际关系中放松自我，在恬淡的、与平常生活相隔绝的田园世界中把自己从日常的紧张状态中解脱出来，从而获得解脱后的舒畅、愉悦；探险旅游、极限运动则使旅游者在极度的刺激中、在不断的超越中冲破心理障碍，跨越心理极限，在获得巨大的成就感和舒畅感的同时，忘却生活中的种种琐碎、压力和不快，进而实现自身的精神解脱。

4. 审美型体验

对美的体验贯穿于旅游者的整个活动中。旅游者首先通过感觉和知觉捕捉美好景物的声、色、形，获得感官的愉悦，继而通过理性思维和丰富的想象深入领会景物的精髓，身心俱沉迷其中，心驰神往，从而获得由外及内的舒畅感觉。自然景物中的繁花、绿地、溪水、瀑布、林木、鸟鸣、动物、蓝天等，人文景物中的雕塑、建筑、岩绘、石刻等都是旅游者获得美感体验的源泉。此外，景区布局合理，营造出天人合一的整体环境氛围，以及旅游从业人员、景区居民的友好、和善、热情也是游客获得审美体验的途径。如碧峰峡景区融幽谷、飞瀑、清溪、珍禽于一体，森林覆盖率达95%，游客在景区中可以享受与温驯的野生动物零距离接触的乐趣，也可以在晚上租一顶帐篷，体味野居的滋味。景区的住宿设施设计为竹木结构的低层建筑，与周围的自然环境十分协调，掩于丛林之中，保证了游客视觉上的完美性。主体建筑——游客接待中心，以其优美的几何造型，使游客无论从哪个角度看都可获得巨大的美感。

（二）根据旅游者的动机划分

1. 情感体验型

根据马斯洛需求层次理论，对于情感的需求是人们感情需求的重要组成部分之一。旅游体验中的情感体验主要是满足人们对于亲情、友情、爱情等情感的渴求。如广之旅独家推出的“孝顺团”，让长辈们在旅游活动中体验人间亲情，体验后辈孝顺之心，体验广之旅亲如子女的导游服务。

2. 文化体验型

领略异域风情与文化是旅游者求新、求异心理体验的主要目的之一。随着旅游业的发展，具有良好教育背景和文化素质的旅游者呈逐年增长趋势，文化型旅游体验主要满足旅游者对于历史文化等的认知和对旅游目的地的文化、宗教等的好奇，有助于人们把握人生的价值。

3. **生存体验型**

人类在自然面前经历了由强烈战胜欲望到和谐共处思想的转变，大自然未知的秘密和人类对自身生存能力、生命的挑战和自我实现的需求等使得生存型旅游体验应运而生。这种类型的旅游体验在旅游者志愿参加的情况下，帮助旅游者真正认识自身和生命的价值。当然，这类体验活动的设计主要针对某些需要刺激和具有冒险精神的人们。如体验野外生存——去亚马孙体验生存之旅、到南极体验生存极限等。

4. **民族风情体验型**

这类旅游体验让旅游者在少数民族当地浓郁的氛围中，真切地感受他们的生活，体验他们生活的每一个细节，了解他们对于自然和生活的不同看法，满足旅游者的好奇、轻松和欢乐的心理需求。旅游经营者在提供民族风情旅游体验的同时，必须处理好舞台表演与真实性之间的关系，让旅游者体验到原汁原味的民族风情。

5. **学习体验型**

这类旅游体验主要满足人们对于自我发展和丰富知识的需要，也满足现代人在娱乐中学习的需求，学习体验的设计有助于人们在旅游体验中更轻松地学习到新的东西。

6. **生活体验型**

生活体验型旅游方式为旅游者提供了亲近旅游目的地居民、社区居民、融入目的地生活文化圈的机会，反映了旅游者对于自我完善的需求，希望通过了解他人来完善自己，也反映了人们对另一种生活的好奇。

7. **娱乐体验型**

娱乐的体验发展已久，随着人们生活的变化，旅游者在娱乐中需求的不仅仅是刺激，还有其他更深的含义。让旅游者在娱乐中得到更多的价值，给娱乐体验赋予更深的意义，这样才能吸引更多的娱乐体验旅游者。

三、旅游体验对旅游者的重要性

（一）丰富的经历有助于个人形成正确的世界观、价值观

人们的世界观和价值观绝非凭空产生，是人们在认识世界和改造世界（即经历与体验）的过程中逐渐形成的，只有拥有丰富的经历，才能形成正确的世界观和价值观，而这对于一个人的发展至关重要，即所谓的“认识的高度决定发展的高度”。

（二）丰富的经历有助于提升一个人的自信心、毅力

相关研究发现，一个人能否成功，除了智力因素外，情商高低将起到根本的决定作用。而情商的高低与一个人的经历高度正相关，所以经历的丰富程度将影响和制约一个人情商的高低，也将直接决定一个人成功与否。

（三）经历对于一个人的教育起到非常重要的作用

教育家杜威认为，创造充分的条件让学习者去“经历”是教育的关键，把经历当作主体和对象、有机体与环境之间的相互作用，主张以这种进步的教育方法使学习者从活动中学习。经历本身就是学习主体与被认识客体间互动的过程，“经历的价值怎样，全视我们能否知觉经历所引出的关系，或前因后果的关联”。旅游这种特殊的个人体验无疑具有重要的教育价值和意义，对于人们形成正确的世界观、价值观，提升个人的情商和智商均具有重要的作用。

四、旅游体验的影响因素

（一）目的地的社会文化

旅游目的地的社会文化对旅游者在当地的旅游体验起着至关重要的作用，在经济基础较好、开放程度较高的地区，当地居民对游客的进入表现出欢迎的态度，旅游者进入该地区，能够获得较好的旅游体验。相反，在较为落后闭塞的地区，当地居民并不希望有外人进入来打扰他们的生活，甚至对游客的来访表现出不满和愤怒，旅游者进入该地区很难获得更好的旅游体验。

（二）文化的融合性

一个地区的居民接受了旅游者进入该地区，但不意味着旅游者在该地区能够获得较好的旅游体验。例如，在我国少数民族聚居的地方，虽然当地居民热情好客，但他们却有着自己独特的风俗习惯、民族信仰和生活方式，如果旅游者不能适应和接受当地的风俗与信仰，那自然会引起当地人的不满甚至是仇恨，在此情况下，旅游者的体验不可能是愉悦的。

（三）旅游产品的特性

旅游产品的特性直接影响旅游者的体验，突出互动性、差异性、多样性、娱乐性、知识性和享受性的旅游产品，能让旅游者获得较好的旅游体验。如游客高度参与的瓜果采摘等农事劳作旅游，可以在参与农事劳作中获得真实的体验，从而备受游客的喜欢。

（四）旅游者的个人因素

吃、住、行、游、购、娱六大要素贯穿于旅游者的旅游全过程，而旅游者的个人喜好等会决定这六大要素给人带来的体验好坏。旅游体验虽然在异地发生，但每个人都不可能完全脱离自己的日常生活方式，如果旅游目的地的生活方式与旅游者本身的生活方式差异太大，旅游者的体验会受到相应的影响。因为人们在长期形成的习惯中往往感到自在舒服，而异地的突然改变会使其产生不安全感。如南方人不一定能适应北方人的面食，而北方人不一定受得了南方食物的辛辣，等等。

第二节　旅游体验对旅游者的影响

一、旅游体验对旅游者健康的影响

身体、脑、感觉能力、运作技能以及健康方面的发展都属于人的生理（身体）发展的范畴。然而，国内外学界关于旅游体验对旅游者生理（身体）发展的研究，大多局限于对健康的影响方面。世界卫生组织于 1946 年对健康做出的定义是："健康不仅为疾病或虚弱之消除，而是体格、精神与社会之完全健康状态。"因此，健康包括生理（身体健康）和心理（心理健康）两个方面。

旅游与健身是双胞胎。人们旅游的过程，也就是体育锻炼的过程。旅游其实是健身的一种方式。体育健身旅游的内容，可以是观赏体育赛事，可以是森林浴、日光浴、沙滩浴、矿泉浴，也可以在公园中散步、打太极拳、跳舞，还可以在度假村住上一段时日，等等。只要能满足自己的心理需要，都可以。经常参加旅游健身的人，其免疫细胞明显增加。从医学角度而论，这就是一种心理训练。它可使人体分泌出有益健康的激素、酶和乙酰胆碱等活性物质，调节血液流量，兴奋神经细胞，加快新陈代谢。参加体育健身旅游时，往往有一种好心情，机体如同一个加满油的机器，感到自己是一个健全的整体，使思维和身体融于一体。

体验旅游有助于调节情绪，促进身心健康。人们利用一定时间，参加体验旅游，有利于调适心理，缓解心理疲劳，是保持心理健康的有效途径。体验旅游不仅是健身的过程，而且是净化心灵的过程，怡情悦性的过程，消除精神紧张的过程。同时，通过体验旅游活动能增加人与人之间接触、交流，释放心理负荷，增进了解和友谊，使人的社会需要得到满足，身心欢快，有助于消除孤独症，从而实现对人的生物功能与社会功能的调控，弥补和纠正由于生物功能对社会功能适应而产生的亚健康。

二、旅游体验对旅游者认知学习与教育的影响

认知是指通过形成概念、知觉、判断或想象等心理活动来获取知识的过程，即对个体思维进行信息处理的心理功能。认知的发展主要体现在学习能力、记忆能力、解决问题的能力、语言技能、抽象思维能力等的发展方面。关于旅游体验对旅游者认知发展的影响，国外学界的研究起步较早，但尚不系统，且主要关注的是旅行体验的认知学习与教育。这一方面的研究集中在以下几个领域：其一，海外游学的学习。主要研究主题有海外游学的旅游动机、海外游学的裨益、短期海外游学的影响、海外游学的长期教育结果。其二，通过旅行的学习。主要研究主题是通过自助旅行的学习，如野生动物旅游等。巴拉泰恩等（2011）以野生动物游的参与者为研究对象，讨论野生动物旅游能否对

旅游者的个人行为的改变产生影响。研究结果除了对这个问题给予肯定性的回答外，还发现了旅游者行为的改变表现在家庭实践、购物实践、户外环保责任、志愿环保参与等多个方面。在国内学界，一项对大陆赴台“自由行”旅游者的地方认同与休闲效益关系的研究发现：首先，大陆赴台“自由行”旅游者对台湾的地方认同以环境认同程度最高，依恋程度最低，其在台湾从事休闲活动所获得的休闲效益以社会效益最高，生理效益最低。其次，不同个人背景与游程规划的大陆“自由行”旅游者在地方认同与休闲效益程度方面有显著差异。最后，地方认同与休闲效益间呈显著正相关且彼此间存在典型相关关系（赵宏杰、吴必虎，2013）。

【相关链接】

修学旅行

修学旅行是人生时间、空间的一种延展，其中一个重要目的和效用就是学习知识，增加阅历。修学旅游是旅游项目中的古老品种，历史上，游与学一直紧密结合在一起，“读万卷书，行万里路”就是经典写照。修学旅游是指以提高国民素质为主旨，以一定的修学资源为依托，以特定的旅游产品为载体，以个人的知识研修为目标，以旅游为表现形式的市场化的专项旅游项目。

孔子以周游列国著称，他曾率领学生在艰难困顿中遍踏山川都邑，广求知识，丰富阅历，考察政风民情，宣传礼乐文化长达 14 年之久，堪称世界修学旅游的先师和典范。中国许多王朝也接待过来自欧洲、亚洲国家的人员来华修学旅游。

修学旅游是教育和旅游的功能统一，是典型的寓教于乐的教育产品，同时它的产品内涵充满知识性、产品之间有着明显的主题性差别，在旅游动机和功能上看充满教育性，从形式上看充满娱乐性，从活动方式上看又有体验性。它与学校教育相比较，使知识的传播和吸收变得更生动和直观，富于趣味。

三、旅游体验对旅游者心理社会性发展的影响

心理社会性发展是指情绪、自我、气质、人格、品德以及社会关系的发展变化，主要包含自我意识、独立性、自尊、人格特征、友谊、道德、爱情、家庭关系等具体方面。国外旅游学界较早关注到了旅游体验对家庭的影响。旅行作为一种利用家庭时间的方式，可以有助于强化沟通、减少离婚可能性、加强毕业生的家庭联系、增加成年人和儿童的幸福感（Durko & Petrick，2013）。与旅游体验对旅游认知发展的影响的进展类似，国内学界有学者开始进行探索。例如，黄向（2014）认为，旅游体验是旅游研究的核心问题，从心理学的角度看，旅游体验是旅游情境中的主体幸福感。旅游体验存在孤独体验、成就体验和高峰体验三因子的“榄核形”结构。孤独体验是旅游者对旅游在外

离开熟悉的环境产生的安全感与孤独感的综合体验，处于模型的基础位置。高峰体验是旅游者进入自我实现和超越自我的状态时感受或体验到的最完美心理境界，处于模型的最高层次。处于中间部分的成就体验是旅游者在行程中所获得的宁静、愉悦、满足之感，以及在旅程结束之后对行程的怀念向往等的各种一般感受。

四、旅游体验对旅游者人际关系的影响

（一）旅游体验对家庭关系的影响

一般来说，家庭关系是个体人际关系最为密切和重要的组成部分，对每一个体的生活与发展来说都具有重要的意义。然而，在现代社会生活中，随着经济诉求的增大和工作压力的增加，人们越来越容易忽视与家人的相处，从而影响到了家庭关系的维护。2012 年，美国咨询机构埃森哲通过互联网对全球 31 个国家的中型到大型企业组织高管进行研究，调查显示有一半的受访者不满意他们的工作。42%的人说他们因为事业牺牲了与家人共处的时间。同时，58%的人认为工作要求已经对其家庭生活、与家人的关系产生了负面的影响。相关研究也表明，长时间工作和休闲时间减少，会增加在工作和家庭中生活的压力，降低家庭幸福感。可见工作压力的增大、家人间相处时间的减少、生活满意度的降低，这些都是直接导致现代生活中家庭关系恶化的因素。如何避免家庭关系的恶化，维持一个和睦亲密的家庭关系氛围值得每个人的关注。越来越多的研究表明，家庭的休闲娱乐尤其是度假活动，能够创造家庭回忆、增加家庭成员的联系，有利于家庭和睦，建立良好的家庭关系。

（二）旅游体验对其他社会关系的影响

旅游体验对旅游者其他社会关系产生的影响包括：旅游者原来部分人际关系的改变和新的社会关系的建立。

1. 原有人际关系的改变

旅游者在旅游过程中往往会结伴而行，除家庭成员外，这些游伴有可能是身边的同事、同学、朋友甚至是彼此有点认识的一般熟人。与家庭旅游一样，旅游者与熟人在一起出游的过程中，很有可能因为旅途中的朝夕相处促进感情提升，特别是自助旅游者，在旅游中常常需要共同讨论制订决策，彼此关系因为互动的强化以及对旅游愉悦时光中的共同记忆而得到升华。当然，双方关系在旅游过程中也可能没变甚至出现恶化，因为在旅游过程中彼此之间距离很近，为双方提供了重新审视自己与对方关系的机会，有可能因为发现对方的一些缺点，感到不能容忍，从而影响到原有的社会关系质量。大部分情况下，旅游有助于旅游者释放日常工作压力和调剂单调生活带来的乏味，旅游可以使旅游者调节出行前消极低落的情绪，而旅游后愉悦的心情有助于改善与他人的社会关系。

同时，旅游过程中旅游者接触到的“他者”以及对自我的反思，有可能改变旅游者

对原有社会关系的态度。有研究表明，旅游结束后，一些旅游者常常会感到对某些社会准则和文化的不适应；也有旅游者提到经历极端自由的体验后难以适应那种有规律的生活，并且很难再与朋友建立亲密关系。在丽江、阳朔这样的旅游城镇里，经常可以发现一些来自大都市的年轻人辞去原本工作留在当地开间小店融入当地生活，这些人很多都是在当地旅游回去后发现不适应大城市的生活节奏和复杂的人际关系，最终选择放弃原本的生活状态。

2. 新社会关系的建立

旅游者在旅游过程中会构建出许多新的社会关系，其中旅游者与目的地居民的交往关系是学界研究的重点。旅游者与旅游者之间的关系可以分为旅游之前不认识与旅游之前认识两类。在旅游之前不认识的前提下，旅游者与旅游者的关系又可分为三种：冷漠的陌生人、旅游世界中产生一般互动的人以及旅游世界中结识的新朋友。

第三节　旅游体验营销

一、旅游体验营销的含义及特点

（一）旅游体验营销的含义

旅游体验营销是指旅游企业根据游客情感需求的特点，结合旅游产品的特点和旅游服务的属性（卖点），策划有特定氛围的营销活动，让游客参与其中并获得美好而深刻的体验，满足其情感需求，从而扩大旅游产品和服务销售的一种新型的营销活动方式。

（二）旅游体验营销的特点

旅游的本质就是一次旅游经历和阅历，就是一次体验。体验营销是一种伴随着体验经济出现的一种新的营销方式，形象地说就是卖感觉、卖体验。体验经济的发展以及休闲旅游时代的来临，带来了营销模式的根本性变化，体验式营销作为一种为体验所驱动的营销和管理模式，将很快取代传统的营销和经营方法，正式登上历史舞台。旅游所具有的典型的“体验性”特征决定了在旅游活动中开展体验式营销不仅具有必要性，而且会比其他营销方式、方法收到更好的实效。针对特定的消费人群，设计出差异化的体验旅游产品，并利用企业优势，制造产品独有的个性，已成为现今旅游市场的新方向。旅游体验营销主要有以下特点。

1. 以体验为卖点吸引游客

顾客的体验来自于消费经历对感觉、心灵和思想的触动，它把企业、品牌与顾客的生活方式联系起来。因此，对旅游企业来说，营销活动应在游客的旅游体验深度上下功夫，这样才更能吸引消费者。旅游体验营销所真正关心的是游客期望获得什么样的体验，旅游产品对游客生活方式有何影响，以及游客对于这种影响有何感受。比如，乡村旅游者到乡村旅游，希望感受到朴实的乡土气息，吃几顿土灶做的农家饭，在松软清香的泥土上散散步，看一看一望无际的田野，和当地老农民唠唠嗑，真实地体验一下农村远离城市尘嚣的宁静生活。这才是体验营销人员应该深入考虑的卖点，而不是把旅游者带到农村去生硬地兜一圈，或是简单体验一下乡村招待所里的“城市日常家庭生活”。

2. 旅游场景强调主题化

从体验的产生过程来看，主题是体验的基础，任何体验活动都是围绕一个体验主题来展开的。体验营销首先要设定一个“主题”，即体验营销应该从一个主题出发并且所有产品和服务都围绕这一主题，或者至少应设有一个“主题场景”（如一些主题博物馆、主题公园、游乐区，或以某一主题为导向的一场活动等）。并且，这些“主题”并非随意出现的，而是体验营销人员精心设计出来的。例如，广之旅旅行社曾组织过“夕阳红恋之旅”，就是专为单身老人搭建鹊桥而设计的旅游产品。

3. 产品设计以体验为导向

体验营销必须创造顾客体验，为顾客留下值得回忆的事件和感动瞬间。因此，旅游企业在设计、制作和销售产品与服务时必须以顾客体验为导向，企业的任何一项产品、产品的生产过程或售前、售中和售后的各项活动都应该给顾客留下深刻的印象。旅游企业在宣传介绍产品时就应给游客以美好的遐想空间，从而渴望真实的体验。例如，香格里拉的服务口号“殷勤友好亚洲情”，很容易让人联想到一种温馨、舒适和体贴的酒店服务，继而心向往之。在实际提供服务时更是要方方面面保证旅游者的体验质量。体验决定了旅游者对旅游产品的满意度和品牌忠诚度。

4. 营销活动以游客为中心

首先，体验营销者真正以游客的需求为中心来指导旅游企业的营销活动。如老年旅游者喜欢节奏较慢、风景优美、安乐闲适的旅游，于是就有旅行社突破传统的海南几日游，推出专为老人设计的三亚度假一月游。其次，体验营销真正以顾客为中心开展企业与顾客之间的沟通。如专营老年旅游的上海老城隍庙旅行社建立了老年俱乐部，大大加强了其与旅游者之间的信息和情感交流，从而得以及时更新、升级旅游产品和服务，有效增加了游客的体验，使游客获得物质和精神上的双重满足。

二、旅游体验营销的形式

体验营销的形式有感觉营销、情感营销、思考营销、行动营销和关联营销 5 种。对于旅游业，体验营销的这 5 种方式各有其目标和手段（如表 6. 1 所示）。感觉营销通过人的五大感觉器官创造直觉体验的感受；情感营销以营造情景和氛围来建立情感纽带；思考营销通过设计问题来引发游客的思考和开发智力；行动营销通过身体体验影响游客的生活行为；关联营销连接个体与社会群体满足游客的自我改进和社会认同的渴望。

表 6.1 旅游体验营销方式的目标和手段

方式	目标	手段
感觉营销	创造直觉体验的感受	视觉、听觉、触觉、味觉、嗅觉
情感营销	游客内在的感情和情绪	营造游客需要的情境与氛围
思考营销	游客智力启迪和认知	以创意的方式引起游客思考
行动营销	有形体验和游客的互动	以行为体验推出新的生活形态
关联营销	满足游客自我改进的渴望	建立个人对产品的偏好，形成一个社会群体

三、旅游体验营销的实现与突破

（一）感觉营销的实施

感觉营销的诉求目标是创造知觉体验的感觉，它经由视觉、听觉、触觉、味觉与嗅觉传达信息，力图通过给顾客留下深刻的感官体验而确立企业品牌的独特形象。它以满足人们的审美体验为重点，通过选择利用美的元素，如色彩、音乐、图案等，以及美的风格，如时尚、典雅、华丽等，配以美的主题来迎合消费者的审美情趣，引发消费者的购买兴趣并增加产品的附加值。典型的如我国著名的九寨沟景区，它以高山湖泊群和瀑布群为其主要特点，五彩的海子、错落的飞瀑、细软的河滩、叮咚的涓流、圣洁的雪峰、幽静的森林及独特的藏族风情，融声、光、色、香于一体，展现出其独有原始自然美，加之变幻无穷的四季景观及丰富的动植物资源，被誉为“人间仙境”“童话世界”，成为络绎不绝的旅游者心中唯美的天堂。

在实施感觉营销时，需要考虑的是应该怎样立体地、感性地实现感官知觉上的体验。在酒店营销中，感觉营销也是非常重要的。酒店实际上向消费者提供的是一种综合服务产品。客人在酒店就餐，除了享受到美味的菜肴、热情的服务外，还有通过视觉、听觉、触觉、嗅觉对环境气氛、服务技术、服务质量的体验。这也正是为什么酒店在保证餐饮服务质量时，特别强调服务环境质量的原因所在。例如，一杯果汁在中国的奶茶店只卖 2 元人民币，而在迪拜七星级酒店的售价却高达 50 美元。这 50 美元中果汁的使用价值所占比例微乎其微，而绝大部分是酒店提供的高额附加价值，其无形性是顾客通过体验才能获得的。酒店服务的体验本质，决定了酒店服务产品体验质量与传统的服务质量有很大不同。顾客对体验质量的评价很大程度上是主观的，而不是客观的。

1. 视觉营销的实施

视觉营销是以人们的视觉审美情趣为诉求，经由视觉刺激，提供给游客以美的愉悦、兴奋、享受与满足。每个人的生活环境与背景不同，对于视觉享受的要求也不同，这种不同的要求也反映在消费行为中。旅游消费行为中的视觉享受主要表现为：产品本身存在客观的美的价值，如张家界的美丽景色对旅游者所形成的视觉上的冲击、敦煌壁画给人们带来的艺术美感等。对于景色美丽的自然景区以及艺术水平较高的历史文化古迹来说，这类旅游产品能给旅游者带来视觉的享受和愉悦。购买这类产品时旅游者体验到了美感，满足了对视觉享受的需要。视觉营销在传统的旅游营销中加入了美学的成分，使得旅游景区在旅游产品越来越同质化的今天能有效吸引旅游者的目光，实现景区及其旅游产品在市场上的差异化，赢得竞争优势。

视觉设计是一个景区最基本的设计，它研究的是整体环境与景观的搭配，是以“观”为主体。有形设施主要包括景区的游乐设施、停车场、饭店、商店、洗手间、道路以及建筑小品等。在传统景区设计中，一般仅仅考虑到这些设施的功能和效用，而忽略了它们对于营造整体体验情景的作用。在体验设计中，仅仅拥有完善、方便的设施是远远不够的，还要让这些设施发挥自己独特的加强体验的功效。景区的设施建设就要坚持生态原则、整体和谐统一原则和美感原则。

例如，景区的厕所建设最能凸显该景区的档次，它既要与景区建筑协调，又要有自身的特色，所谓“景区好不好，一看厕所就明了”。海南南湾猴岛的卫生间是一座座很别致的用椰子壳搭建的尖顶木屋，木屋房顶和屋檐周边种满了红花绿叶，房顶上的花草都垂到了卫生间里，卫生间里面像个小花园，没有空调，却凉爽透气，鸟语花香，阳光明媚，很有海南生态特色。猴岛的卫生间是废物利用，就地取材的，用当地棕榈秆搭建，椰子壳做瓷砖；在屋顶栽种藤条植物，让其攀爬到卫生间里；卫生间墙面上挂的画，都是景区员工自己拍摄的猴子滑稽的表情。这些独特的视觉设计让游客上卫生间也能大饱眼福。

视觉最具冲击力，给人印象最深，体验的回味与感悟源于视觉。营销策划设计的重要内容之一即是VI设计。许多景区在旅游形象设计中的视觉识别系统的设计就是为了实现景区的视觉营销效果。视觉识别系统包括标志符号系统和应用符号系统。其中标志符号系统包括了旅游地标徽、标准字体、标准色、象征性吉祥物等。而应用符号系统则主要有旅游地纪念品、办公及公关用品、指示类应用设计、广告、旅游地服务人员的视觉形象等。其他的案例包括各地都出版有大量的摄影作品集，如内蒙古阿拉善盟额济纳旗的胡杨林照片集等，起到了很好的营销效果。

在酒店营销中，顾客利用感官对酒店产品的感知及由此所获得的印象，将直接影响到他们对酒店产品的质量及酒店形象的认识和评价。要在感官上为顾客创造体验价值，酒店不仅要对“外环境”——有形物进行包装（包括酒店的建筑、设备设施、有形产品），还要对“内环境”——环境气氛、顾客系统、员工进行内包装。

酒店在实施视觉营销过程中，酒店建筑的外观、设备设施的设计以及产品的包装是否符合顾客的审美观等都是至关重要的。如顾客期望五星级酒店的外观设计能独具特色，期望酒店的设备设施美观，具有艺术性，期望酒店的菜肴能满足其视觉、听觉、味觉和嗅觉的享受。除外观设计外，环境的感觉营销也是不容忽视的。环境的感觉营销是由环境的各个要素共同作用所形成的对人的感官的总体印象。色彩的轻重、灯光的明暗、温度的高低等都是环境中影响顾客感觉体验的要素。顾客通过感官对这些元素的感知形成体验和感受，良好的环境能为顾客营造舒适、兴奋、静谧、浪漫等体验。

顾客和员工是在消费者消费过程中不可缺少的两个因素。顾客在酒店消费时，也会对其他顾客和为其服务的员工产生感官印象。他们的服饰打扮、言行举止影响着顾客的感觉体验，这就要求酒店必须对顾客和员工进行适当的“包装”。对于员工，要规范其仪容仪表、语言和行为；对于顾客，要细分顾客群，区别对待。例如，领位员应把来餐厅就餐的白领顾客引到较安静的位置上。

2. 听觉营销

营销技巧千变万化，除了一般的视觉营销外，听觉营销也不容忽视。景区最大的声音是游客的声音，听觉设计就是通过有效的手段来降低游客的噪声，进而保持景区自然之音，如鸟鸣声、林涛声。生活功能区可以设计间歇播放背景音乐，音乐所传达的意境应该是和主题紧密联系在一起的。而在寺庙参观，若是遇上僧人们做早课，则可听到绵密专一的念佛声、虔诚清净的诵经声，佛味浓厚，涤荡心灵；甚至是听上一声美妙悠远的击磬清音，也能一洗俗世尘劳，“万籁此皆寂，唯闻钟磬声”之境让人心旷神怡。同样，气味被作为顾客体验不可分割的一部分，已经成为营销的一个新的方向，在景区设计中，同样可以用气味来增强游客体验。例如，在四川的野人谷，我们可以建立珍稀植物观赏走廊，让游人在鸟语花香的世界里享受自然的清新；利用景区丰富的水资源，可以在泉水流经处设亲水点，让游人可以亲自感受和品尝山泉的甘甜。

景区营销还有一个非常好的方法就是让旅游插上歌声的翅膀，让旅游者置身于悠扬动听的歌声中。音乐是最没有障碍的交流载体，音乐的这种特质近年来被频频用于各种商业、非商业的宣传攻势中，并衍生出体育歌曲、公益歌曲、企业歌曲和旅游歌曲等。在仔细剖析景区产品特性是否适合听觉营销后，景区就可以以简短、易读、易记、有趣的音乐方式进行景区营销，并达到引人注目的目的。具体来说，景区可以将景区的特色、景区产品的特点通过歌曲的形式向社会公众传播，歌曲越吸引人，其营销宣传的效果也会更好。

一曲脍炙人口、家喻户晓的旅游歌曲，可以唱响一个城市、一个景区、一个企业……例如，《太阳岛上》虽然只给作者带来了15元的稿费，但它带给哈尔滨旅游的效益却是无法估量的。在那个时代，这首歌无疑是有极大感召力的。旅游歌曲必须情景交融。要把一定的理想、追求，或者是一种思想、情绪，结合在景观之中，这就是感动人的地方。在这方面的成功案例有：邵春先生策划的由日本著名歌星演唱的《无锡旅情》让成群结队的日本人按歌索景来到无锡；风靡一时的《太湖美》《请到天涯海角来》《我想去桂林》等都是无意识创作出来的旅游歌曲的佳作，而这些歌曲在客观上令其所涉及的景区受益匪浅，可谓“无心插柳柳成荫”。随着旅游业的发展，旅游歌曲的这种作用逐渐显露出其市场价值，于是一些旅游景区、旅游企业纷纷出资请专业词曲作家为自己“量身定制”听觉标志，使旅游歌曲的创作开始进入了有意识创作的新时期。

近期产生的一些旅游歌曲有：《情系峨眉山》《好花红》《惠州行》《绿都河源，我可爱的家园》《欢乐世界》《长江汉江》《养马岛之恋》《月亮岛》《响沙湾之歌》《黄河不糊涂》《西厢记》《前进吧！永济》《桃花盛开幸福里》《美丽的康定溜溜的城》《万绿湖，你是幸福泉》《西湖雨》《月牙泉》《鼓浪屿之波》《烟花三月》《神奇的九寨》《请到天涯海角来》《丽江：梦中的香格里拉》《平遥古韵》《伊犁：塞外江南》《丝路花雨锁泉州》《明月杭州夜》《大理雪月觅风花》《曲阜孔儒风》《青稞飘香日喀则》《情满康定》《水墨丹青凤凰城》《阳朔美景画中游》《青瓦白墙恋徽州》等。

（二）情感营销的实施

情感营销是触动顾客的内心情感，目的是给消费者创造兴奋、快乐、自豪的情感体验。对于酒店企业来说，其服务的体验本质决定了这种营销往往贯穿顾客从入店之前到住店之中再到离店之后的整个过程，即在“入店之前—住店之中—离店之后”的过程中，酒店始终围绕情感进行深度营销，顾客始终都能对酒店提供的情感体验深有感受。

入店之前的情感营销一般体现在酒店的品牌形象、店名和外观上。例如，香格里拉品牌往往会让人想起她“殷勤好客亚洲情”的形象。再如，上海百乐门大酒店在为饭店取名和进行店标图案设计时，体现的是“幸福、快乐”的情感氛围。“百乐门”三字象征欢乐、吉祥，含有“君入吾门，百事快乐”的意思，让消费者产生追求快乐的情感体验。

入店之后和住店之中是顾客消费酒店服务产品的主要过程，情感体验更是必不可少。情感营销在这一阶段除了提供常规的人性服务，还应体现出个性化、差异化的互动服务。例如，在特殊节日可以策划晚会，在顾客生日那天可以在其枕边放上一张小小卡片或是一束鲜花，还可以通过设计一种故事情节或场景触动消费者内心深处的情感，牢牢地抓住消费者的心。

离店之后，并不意味着顾客的体验就结束了。情感营销仍能起到重要作用，它既能在售后服务中得以运用，也可以在客户关系管理中发挥作用。顾客离店后可能会对酒店的失误进行投诉，可能会长久地忘记了这个酒店，这时酒店都可以本着让利于消费者和“以情感人”的原则为其服务。甚至可以为顾客建立个性档案，在特殊的纪念日为其送上温馨的祝福。

情感营销诉求顾客内在的感情与情绪，目标是创造情感体验，其范围可以是一个温和、柔情的正面心情，也可以是欢乐、自豪甚至是强烈的激动情绪。感受营销运作需要的是真正了解什么刺激可以引起某种情绪，以及能使消费者自然地受到感染，并融入这种情景中。新加坡航空以带给乘客快乐为主题，营造一个全新的飞行体验。该公司制定严格的标准，要求空姐如何微笑，并制作快乐手册，要求以什么样的音乐、什么样的情境来“创造”快乐。通过提供出色的顾客服务，新加坡航空公司成为世界上前十大航空公司和获利最多的航空公司之一。

目前，用娱乐作为营销手段已经成为越来越多的景区的选择，娱乐营销已成为景区竞争的新焦点。我们很多旅游产品往往是同质的，但没有一种娱乐带来的快乐是相同的。娱乐营销通过传递给旅游者不同的娱乐和快乐感受提高产品的差异性，已成为景区成功营销的重要策略。景区娱乐营销就是借助娱乐活动，将娱乐因素融入景区产品或服务，从而促进景区产品或服务宣传和销售的过程。娱乐营销以消费者的娱乐体验为诉求，通过娱悦消费者达到营销目标。

在景区娱乐营销过程中，带给旅游者快乐的情感体验尤为重要，所以用什么样的形式吸引旅游者参与是一种娱乐营销成功与否的关键。所有的娱乐活动都是为了给旅游者带来多重感官的体验，捕捉消费者的注意力，最终达到刺激旅游者购买和消费的目的。

每个游客都希望自己所购买的是一次难忘的、愉快的旅游经历，没有人会愿意为一次枯燥无味的经历而付费，所以在旅游业中，娱乐营销策略尤为重要。旅游景区应该将娱乐营销的思想贯穿整个营销过程的始终，在游客旅游的整个经历中适时地加入娱乐体验，使整个旅游过程变得有趣而愉快，从而提升游客的满意度。

娱乐营销的形式是多样的，它包含电影、电视、广播、印刷媒介、体育活动、旅游和探险、艺术展、音乐会、主题公园等相互融合的各类营销活动。娱乐营销要不断创新，并与时代潮流紧密联系在一起。因为消费者的喜好是在不断变化的，所以要满足消费者的娱乐需求，就要提供给消费者最受欢迎的娱乐因素。比如，迪士尼主题公园，送你进入魔幻世界，各种人物造型栩栩如生；柏林的索尼中心，使来自世界各地的年轻人体验到高科技带来的新鲜与快乐。娱乐化的活动有如化装街舞、游行表演、对歌等。

（三）思考营销的实施

思考营销诉求的是智力，以创意的方式引起顾客的惊奇、兴趣、对问题集中或分散的思考，为顾客创造认知和解决问题的体验。户外拓展旅游项目采用的就是典型的思考营销方式。它要求旅游者在户外发挥团队协作精神，以勇气和智慧解决实际困难，突破重重障碍，最终到达目的地，完成旅游活动。这个合作与思考的经历是最吸引旅游者体验的亮点。旅游是一项需要智力参与的活动，通过运用思考营销可以充分发挥旅游者的智能，使其获得成就感和满足感。比如，《3000 美金走遍世界》的作者朱兆瑞在签名售书过程中发起过“最省钱环球旅行”活动，即谁能以低于 3000 美金的费用游玩遍全世界，将获得他颁发的大奖。有不少人踊跃报名参加这项活动，认为运用智力以最低成本享受环游世界的乐趣很富有挑战性。

思考营销以启发人们的智力为目的，通过在产品的营销中加入一些有创意、有知识性的因素，以引起消费者的兴趣和参与，使其在消费过程中获得认识和解决问题的体验，满足消费者的求知需求。酒店的思考营销要体现在产品的设计上、环境的营造上和促销方式上。

1. 知识性产品

酒店的知识性产品，就是指在产品本身所具有的使用价值的基础上，增加其知识价值，使顾客在购买这种知识性产品的过程中，获得新的知识，提高人们的购买欲望。酒店的知识性产品主要是餐饮和客房产品两部分。打造餐饮的知识产品，要在餐饮产品中更多地融入食品科学、营养学和医疗保健等科学知识以及与产品有关的历史典故等人文知识。如有些酒店有专门的素食特色餐，在顾客品尝美味时，酒店人员就可以向他们介绍素食有助于卫生（保护生理健康）、卫性（保护平和的性情）、卫心（保护善良的心灵）的优点，再深入一点，还可以讲述一下佛教的素食习惯始于梁武帝看到《楞严经》上“菩萨慈悲，不忍食众生肉”的故事。

2. 知识性环境

知识性环境，就是指在酒店的装修格调和内部环境的营造上，要体现一定的文化氛围，给顾客一种知识的享受，为其提供一个思考的空间。知识性环境的营造是酒店进行思维营销的重要条件。例如，将酒店的咖啡厅布置成“图书馆”，在店堂的四周安放书架，上面摆满各种书籍。消费者在工作之余，悠闲地坐在咖啡书屋里，一边品尝着咖啡，一边翻阅自己感兴趣的书籍，轻轻松松地获得知识。顾客消费的不仅仅是一杯饮品，而且是一种心情、一种知识。

3. 知识性促销

知识性促销，是指在酒店产品的促销方式上增强知识的传播功能，对酒店产品的现实和潜在顾客进行产品使用前的培训，在培训的过程中宣传产品的知识性，使消费者在消费前学会使用和消费知识产品的技能，增强他们的购买欲望。在酒店推销西餐时，可向目标顾客介绍西方饮食知识，讲解如何使用刀叉，示范如何品赏各种酒品，甚至赠送西餐文化书报杂志。消费者可以边吃边学，吃的是情调，学的是知识，感受的是文化，这种就餐显得高雅许多。

（四）行动营销的实施

行动营销的目标是影响旅游者的生活态度和方式。行动营销通过增加他们的行动体验，指出做事的替代方法和不同的生活观念，或是满足他们对某种生活状态的渴望。例如，盛行于我国中学生中的出国夏令营，将营员安排在国外学校或普通家庭住宿，让他们和当地人英语交流，入乡随俗地与当地人共同生活，使他们有勇气脱口说英语，并对异国他乡的生活有直接的感性认识，这种旅游体验无疑会让他们终生难忘，而且会影响他们对未来生活的设想。再如福建首家“禅文化”酒店，客房内布置非常简单，一张床、一个蒲团、一壶茶、一顶香炉，还有墙上一幅禅字，再吃上一顿素斋，客人在简单的食宿中便能感受佛家的清净，体察内心的无为。

增加游客的参与活动就是要多设计让游客参与的体验项目。在这个过程中，景区为游客提供了一个“亲身体验”的平台，让游客参与了生产过程。那么对于景区的体验活动设计要把握以下三个原则。

1. 差异性

差异性表现为唯一、第一与多样。要体现新鲜感，首先景区产品要有特色，具有唯一性，即独特性；其次景区产品具有第一的特征；最后要给顾客多种选择。特色要求景区要有主题，要让游客对景区有不同的“地方感”。它必须提供游客某种独特的旅游体验。“做一天和尚撞一天钟”主题旅游就是寺庙深度游中独特的行动体验，旅游者可以在寺庙的安排下与普通僧人同吃同住同劳动，体会几天出世的清修生活。

2. 参与性

如果没有参与，难以形成真正的体验。参与性体现在两方面：项目本身需要游客参与以及游客参与项目的设计与组合。观众已经不满足于作为一个被动的旁观者。景区是剧场，顾客则既是观众更是演员。

3. 挑战性

项目的设计还要考虑对游客具有一定的挑战性，给游客突破自己生命极限证明自己生命价值的机会，这些项目能为游客培养一种强烈的自豪感。当游客爬上一座高峰、跳一次蹦极或飞跃某一峡谷，征服某种艰难险阻成功完成了别人无法完成或自己以前无法完成的事件时，自豪感就油然而生了。

旅游者的角色扮演体验需求也为企业的行动营销带来了新的契机，即以顾客所追求的生活方式为诉求，通过将企业的产品与某一种生活方式相结合，达到吸引旅游者的目的。随着社会经济的快速发展，人们工作之余，渴望离开现在所生活的环境，体验另外一种截然不同的生活方式的愿望越来越强烈。这样的需求，就给旅游业带来了又一个发展的契机。这种营销利用了人们在现实生活中生活方式的巨大差异，该体验营销策略可以让游客有机会体验他人的生活和心理。

例如，成都农家乐休闲旅游的策划就是将农田划分为一小块一小块的菜地，长期租给城市中的居民，让他们在双休日前来自耕自耘，体验一份自给自足的田园快乐。在新西兰罗托鲁瓦景点的彩虹广场，有内容丰富的新西兰农场的生活示范和表演，两位牧羊人介绍精彩的新西兰农场表演，从表演中观众可体验到农场的生活和牧场内的工作，如利用牧羊狗来赶羊的示范，还有剪羊毛的示范及处理羊毛的方法。在表演过程中，观众也有机会参与各种示范，如挤牛奶、喂小羊喝奶等。

（五）关联营销的实施

关联营销包含感官、感觉、思考和行动营销等层面，是一种联动性极强的全面混合式体验模式，它是体验营销的高级模式。关联营销超越私人感情、人格、个性，加上“个人体验”，而且与个人对理想自我、他人或是文化产生关联。关联营销的诉求是为自我改进（如想要与未来的“理想自己”有关联）的个人渴望，要别人对自己产生好感。如成为万豪酒店的 VIP，该顾客便能成为酒店高档次客户群中的一员，享受更个性化的服务，从而感到更有尊严，更加自信，同时更注重提升自我形象和提高自身素质。关联营销让个人和一个较广泛的社会系统（如一种亚文化或一个群体等）产生关联，从而建立个人对某种品牌的偏好，同时让使用该品牌的人们进而形成一个群体。

关联营销是体验营销的最具综合性的一种方式，它能带给消费者最全面的混合体验。感官刺激引起兴趣，达到知晓后的认知程度；情感营销建立情感纽带，进而理解；思考营销可以使顾客深入分析，形成持久的认知，然后生成态度；行动营销促销行为动机的产生，最后完成购买行为；关联营销提供超越个人的体验，有助于建立品牌忠诚。在此基础上，消费者个体的混合体验和他与整个服务群体的共有混合体验构成了一种全面的服务体验。

四、旅游体验营销策略

（一）设计体验策略

旅游企业要根据游客精神文化需求的特点，确定旅游主题，巧妙构思表现主题的艺术形式，营造特定的浓郁氛围，精心设计旅游体验，使游客获得美好而难忘的体验。旅游企业要调查了解游客的精神文化需求的特点，根据调查的结论进行心理定位，以精练而形象化的语言，概括出特色鲜明而富有感召力的主题。要巧妙构思表现主题的艺术形式，设计出具有艺术感染力的旅游体验营销活动。要根据旅游体验营销活动的性质、特点，营造特定的环境与浓郁的氛围。

（二）吸引参与策略

吸引参与策略是指旅游企业巧妙策划极具魅力的旅游体验营销活动，吸引游客积极主动参与，并获得欢乐而难忘的体验。旅游企业首先要吸引旅客参与。以策划新、奇、特、美的旅游体验活动，吸引游客的眼球，或采用某些激励措施，激发游客参与的积极性。其次，让游客主动参与。旅游企业要充分发挥“编剧”角色的作用，设法让游客在旅游服务的舞台上主动参与，尽情表演。最后，让游客全程参与。让游客参与旅游前、中、后的全过程，获得各环节的不同体验。

（三）互动双赢策略

互动双赢策略是指通过加强游游企业与游客之间的信息和情感交流，形成相互促进的良性互动，实现游客满足体验需求、旅游企业扩大销售的双赢目标。实施这一策略，要做到三个互动：一是信息互动。一方面，旅游企业要把体验营销活动的有关信息及时准确地传递给游客；另一方面，游客也要把对体验营销的评价、意见和建议等信息反馈给企业，促进相互了解。二是情感互动。要加强旅游企业与游客之间的情感交流，使互动由信息层次深入到情感层次，促进相互信任。三是行为互动。旅游企业与游客之间由情感互动深化为行为互动。双方都根据反馈信息，调整各自的行为，促进相互支持。

（四）情感诉求策略

情感诉求策略是指旅游企业根据游客的情感需求特点，策划充满浓烈人情味的旅游体验营销氛围与活动，激发游客产生积极的情感，满足其情感体验需求。采用情感诉求策略要求如下：一要有热情。旅游营销人员要满腔热情地接待游客，吸引他们积极主动参与活动。二要有真情。旅游营销人员要真心实意地对待游客，讲求经营信誉，以真诚打动游客。三要有深情。旅游营销人员对游客的情感表达，要发自肺腑和心灵深处，才能与游客产生心理共鸣。

（五）突出个性策略

旅游企业要根据游客个性化心理需求的特点，结合适宜于展现个性化风格的旅游产品和服务，策划能展现个性的旅游体验营销活动，满足游客个性化的体验需求。采取这种策略，要选择个性化游客群体，结合个性化的旅游产品和服务，如探险旅游、体育旅游和摄影旅游等。要策划个性化的体验营销活动，旅游企业所策划的活动必须能让游客充分彰显其个性风格。

（六）综合体验策略

综合体验策略是指旅游企业要为游客提供各种类型、不同层次的全方位综合性旅游体验，满足游客多样化的精神文化需求。实行这种策略，要策划娱乐、教育、审美和遁世等不同类型以及感官、情感、思维、行动和关联等多种层次的旅游体验，满足游客的多样化体验需求。同时，还必须注意以下几点：

1. 外部体验应以内部营销为基础

旅游企业的营销工作对象不仅仅包括外部公众，还应该包括内部员工。内部营销是指企业像对待外部游客一样对待自己的员工，在员工为游客提供满意的服务和体验之前，旅游企业要做到先使员工体验到满意与忠诚。在体验营销中，内部营销显得尤为重要，因为企业在很大程度上是依赖员工去进行体验的即时创造和传递的。体验主题再明确，体验设计再完美，却会因员工的一次疏漏或怠慢而大大影响体验的效果，甚至将体验全盘破坏。

2. 注重旅游产品的心理属性的开发

旅游产品中包含的心理属性因素将越来越多地成为旅游体验营销成败的关键性因素。因此，在旅游产品开发过程中，旅游企业必须十分重视产品的品位、形象、个性、情调、感情等方面的塑造，营造出与目标游客心理需要相一致的心理属性，帮助目标游客形成或者完成某种感兴趣的体验。

3. 明确体验的主题

目前，我国不少旅游目的地（包括其组成要素旅游纪念品）缺乏个性与特色，给游客千篇一律的感觉，究其根由，在于规划者、建设者、经营者的头脑中缺乏统一的，渗透各方的、鲜明独特的主题，或主题定位错位。这种主题不明确或者主题定位错位使得游客抓不到主轴，不能整合所有感觉到的体验，也就无法留下长久的记忆，这就直接影响旅游企业的生存和可持续发展。所以，在旅游体验营销中，主题的确定应根植于本地的地脉、史脉与文脉，应根据主导客源市场的需求，突现个性、特色与新奇，避免与周边邻近地区同类旅游目的地的雷同。整合多种感官刺激，调动游客的参与性。只有亲自参与其中，并在参与中思索与体会，才能得到真正的体验。而且体验所涉及的感官越多，就越容易成功、越令人难忘。实施旅游体验营销是现代经济发展和旅游本身对旅游企业提出的要求。

五、旅游体验营销中应注意的问题

不管旅游企业是在其传统的产品和服务中附加体验，还是把体验当作核心提供物来经营，成功开展体验营销，需要注意以下几个问题。

（一）体验必须有明确的主题

主题就如同一篇文章的中心思想，主题不明确，体验设计难以给顾客留下深刻印象，一支乐曲的主旋律，缺乏主题，东拼西凑，甚至会事与愿违地造成负面体验。因此，旅游企业应将精心挑选的主题作为体验设计与传递的指导性纲领，将旅游企业的产品和服务以及每个要素和细节有机地结合在一起，旅游企业的所有营销手段都必须支持体验的主题。

目前，我国不少旅游目的地（包括其组成要素旅游纪念品）缺乏个性与特色，或“翻版克隆”其他旅游目的地的模式，或张冠李戴、生搬硬套，给旅游者千篇一律的感觉。究其原因在于规划者、建设者、经营者的头脑中缺乏统一的，渗透各方、鲜明独特的主题，或主题定位不当。

主题的确定应根植于本地的地脉、史脉与文脉，应根据主导客源市场的需求，凸显个性、特色与新奇，避免与周边邻近地区同类旅游目的地的雷同；整合多种感官刺激，调动旅客的参与性。

不仅如此，体验又是个性化的，不同的人对同一景象、同一游程的体验是不同的。因此，一方面，旅游服务供给者应该设计和提供参与性强、兴奋感强的活动与项目；另一方面，要提倡深度的体验旅游，旅游者既要身游又要心游，游前要了解旅游地的历史与环境，游中要善于交流，游后要“回味”和“复习”，要动腿走、动嘴问、动脑想、动手记，把观察上升为心得，从经历中提炼体验，不断提高旅游素质。

（二）体验主题应与企业的商业性质和经营宗旨相一致

与企业的商业性质和产品特性不相符的体验主题，往往会使顾客感到不伦不类，因而很难产生感召力。另外，企业向顾客提供的体验必须与自身定位或经营宗旨相一致。只有这样，才能树立起一贯的企业形象，有力地吸引目标顾客。例如，美国西南航空公司，一直将自己定位于票价低廉和没有附加服务的航空公司，因此，它不会如大西洋航空公司那样在飞机上提供按摩服务，但这两家公司同样都很成功。这样的做法有利于企业树立自己的品牌形象，提高企业自身的信誉度，企业的品牌形象在客户关系管理中是一面旗帜，良好的品牌形象可以对消费者形成强大的吸引力，这是赢得客户的有效方法。

（三）外部体验须以内部营销为基础

内部营销是指要求企业像对待外部顾客一样对待自己的员工。在体验营销中，内部营销显得尤为重要，因为企业在很大程度上是依赖员工去进行体验的即时创造和传递的。体验主题再明确，体验设计再完美，如果因员工的一次疏漏，就会影响体验的效果，甚至将体验全盘破坏。在对顾客提供体验以求效益的同时，不能忽略企业内部体验价值的重要性。在企业内，体验同样无所不在。针对企业内人员不同的追求来提升体验价值，不但可以提高他们的工作效率和创造性，还能有助于企业文化的建立以及整个管理水平的提高。

当然，除了上述几个方面外，还有一些问题也要加以重视，还须在理论和实践中不断加以完善，如体验评价指标体系的建立、体验营销模型的构建。体验经济时代的到来是随着经济的发展和人类需求不断提升的必然结果。与体验经济时代相对应的营销模式就是体验营销。体验营销是 21 世纪营销战中最有力的秘密武器，它与消费者的沟通和互动是最有效的。谁能牢牢地把握，谁就会讨得消费者的欢心。而旅游体验营销，是中国旅游业在未来的国际竞争中制胜的法宝之一，谁先认识到这一点，谁就能在国际、国内旅游市场营销中抢占先机，赢得市场和消费者。

【复习与思考】

1. 请根据你所在地区一家历史博物馆的特点，针对 10 岁以上的青少年设计一套活动方案，使他们既获得启发性的教育体验，又获得娱乐体验。

2. 旅游体验如何影响婚姻的稳定性？

3. 如何利用旅游体验进行旅游营销？

【推荐阅读】

1. Beeho A J, Prentice R C. Conceptualizing the experiences of heritage tourists: A case study of New Lanark World Heritage Village [J]. Tourism management, 1997, 18 (2): 75-87.

2. 赵宏杰，吴必虎. 台资企业台籍人员职业倦怠、休闲调适策略与休闲知觉自由关系之研究 [J]. 人文地理，2013，28 (5)：129-138.

第七章 旅游消费者满意度

我国颁布实施的《旅游法》，以保障国民的旅游权利作为立法宗旨，国家旅游局经过长时间论证后，最终将“游客为本、服务至诚”作为全行业的核心价值观。国务院办公厅印发《质量工作考核办法》的实施方案，直接把游客满意度等旅游业服务质量指标列入对地方政府的考核目标。事实上，游客满意度已经成为新时期旅游工作的出发点和落脚点，也是散客化时代调动地方政府积极性和引导社会各界做好旅游工作的“指挥棒”。本章主要介绍旅游消费者满意度概念、形成、影响因素及服务管理内容。

【学习目标】

1. 知识目标：了解旅游消费者满意度概念与形成；熟悉旅游消费者满意度研究进展和意义；掌握旅游消费者满意度的基础理论。

2. 能力目标：运用旅游消费者满意度的基础理论知识来分析对旅游消费者行为的特征与发展趋势，运用旅游消费者满意度模型来分析旅游业发展状态。

【导入案例】

2015 年第二季度全国游客满意度调查报告研究成果

2015 年 7 月 9 日，中国旅游研究院发布 2015 年第二季度全国游客满意度调查报告。报告显示，2015 年第二季度全国游客满意度指数为 75.45，稳定在“基本满意”水平，同比和环比分别上升 2.61、0.43。调查显示，游客对旅游市场治理、我国入境旅游促进措施等评价有明显上升。国家旅游行政主管部门不断加强旅游市场秩序监管力度的效果逐步凸显，已成为当前旅游市场竞争环境不断规范的核心驱动力。

一、2015 年第二季度全国游客满意度主要特点

旅游投诉满意度显著提升。本季度全国旅游投诉满意度指数为 72.63，同比和环比分别上升 4.11 和 1.84。调查样本中，游客投诉比例由第一季度的 3.7%下降到 3.3%，其中团队游客、入境游客的投诉比例分别由 3.6%、9%下降到 3.11%、6.4%，其他非官方渠道的投诉数量比上季度减少了 1/4。

入境游客满意度达到“满意”水平。本季度入境游客满意度为 81.44，同比和环比分别上升 7.24 和 2.43，重庆、杭州、广州、大连、上海等入境目的地城市的总体满意度相对较高。入境游客对国内样本城市的城市建设、城市管理、公共服务、行业服务等单项指标的评价环比都有所提升，基本达到 80 分以上，其中，大多数境外游客对我国现代化程度、知名度、民俗特色、美丽程度、文化氛围等方面的体验和评价颇高。

样本城市的游客满意度更趋均衡。本季度 50%的样本城市游客满意度有所提升，其中，广安、大同、温州、九江、太原等城市游客满意度大幅跃升，东、中、西部城市游客满意度更趋均衡。

二、2015 年第二季度全国游客满意度存在的主要问题

行业要素的满意度有待提升。调查反映，“吃、住、行、游、购、娱”等核心旅游行业的游客满意度从低到高依次是性价比、服务、质量、特色，其中又以旅游景区票价高、秩序乱和购物质价不符、性价比低的问题最为突出，第二季度恰逢清明、五一、端午等小长假，景区涨价、旅行社不合理低价、交通拥堵和不便利等现象也都成了社会和舆论关注的焦点，有游客评论“秀美河山成了看不起的风景”。

外部发展环境制约着游客体验。国内游客对区域和地方旅游形象特色雷同、游客体验不佳的评价较为突出。调查还显示，国内游客和入境游客对城市总体环境和国民旅游形象的问题反映比较突出，主要体现在卫生设施、空气质量、自然生态、市民行为等指标的评价结果较低。此外，中东呼吸综合征（MERS）疑似病例、长江沉船事件等重大旅游安全和社会突发事件在游客对相关目的地城市的旅游评价结果中也都有所体现。

三、60 个城市游客满意度情况

2015 年第二季度全国 60 个城市游客满意度指数从高到低依次为：广安 83.44、重庆 83.02、合肥 82.47、大同 82.34、苏州 80.71、北京 80.68、温州 80.02、南京 79.21、九江 78.87、太原 78.40、成都 78.25、黄山 78.19、上海 78.16、桂林 77.84、武汉 77.76、沈阳 77.68、济南 77.63、广州 77.33、福州 76.57、青岛 76.54、宁波 76.46、拉萨 76.45、无锡 76.14、烟台 76.12、延安 75.98、海口 75.97、吉林市 75.22、厦门 75.10、张家界 74.74、三亚 74.64、杭州 74.44、承德 74.42、郑州 74.31、乌鲁木齐 74.13、石家庄 74.12、长春 74.08、湘潭 73.42、大连 73.23、遵义 73.08、天津 73.02、长沙 73.01、深圳 72.95、西安 72.87、贵阳 72.52、秦皇岛 71.98、哈尔滨 71.84、延边 71.55、呼和浩特 71.54、昆明

71.53、珠海71.50、银川71.29、兰州70.73、南昌70.55、西宁70.44、北海70.15、赣州68.91、洛阳68.90、丽江64.62、南宁64.53、汕头62.60。

资料来源：中国旅游研究院．第二季度全国游客“基本满意”——2015年第二季度全国游客满意度调查报告研究成果［EB/OL］．http：//www.ctaweb.org/html/2015-7/2015-7-9-9-44-46674.html，2017-02-03.

案例分析：

从2015年第二季度全国游客满意度调查报告研究，我们可以体会到旅游者满意度对旅游市场重要性。那么，什么是旅游者的满意度呢？它具有怎样的特点呢？影响旅游者满意度的主要因素有哪些呢？怎样测量满意度呢？通过哪些策略来提升旅游服务和满意度呢？本章将围绕这些问题展开阐述。

第一节　旅游消费者满意度概述

随着国民消费为主体的大众旅游时代的来临，满足人民群众日益增长且日渐变化的旅游休闲需求，提高包括游客在内的国民福祉逐渐成为国家旅游发展战略体系的核心目标。2009年，《国务院关于加快发展旅游业的意见》明确提出“把旅游业培育成为国民经济的战略性支柱产业和人民群众更加满意的现代服务业”的战略定位。2013年，我国颁布实施的《旅游法》，以保障国民的旅游权利作为立法宗旨，国家旅游局经过长时间的论证后，最终将“游客为本、服务至诚”作为全行业的核心价值观，国务院办公厅印发《质量工作考核办法》的实施方案，直接把游客满意度等旅游业服务质量指标列入对地方政府的考核目标。因此，游客满意度事实上已经成为新时期旅游工作的出发点和落脚点，也是散客化时代调动地方政府积极性和引导社会各界做好旅游工作的“指挥棒”（戴斌等，2014）。

一、消费者满意度的基础理论

旅游消费者满意度是以消费者行为学、消费者心理学和服务营销学的满意度理论为基础，因此，我们首先对消费者满意度的理论基础和最新研究进展进行回顾。

市场环境的动态变化促使许多经济学家和营销学家纷纷关注顾客的消费动向和感知价值。旅游业也不例外，伴随众多旅游地的开发，旅游者有了更多的选择机会，如何提高重游率和市场吸引力成为旅游地持续发展的关键所在。20世纪80年代以来，以顾客为导向，追求客户满意和忠诚的经营管理理念率先在经济发达国家形成并迅速发展成顾客满意度理论，直接指导企业的营销活动（连漪，汪侠，2004）。由此，旅游者满意度研究也受到越来越多旅游学者和从业人员的关注，并取得了较为丰硕的成果。

在消费者满意度研究中，美国学者奥立佛（Oliver，1980）提出的“期望—实绩模型”（expectation-disconfirmation）、帕拉休拉曼等（Parasuraman，1985）提出的服务质量差距模型、伍德洛夫（Woodruff）等提出的“顾客消费经历比较模型”、瑞典顾客满意度晴雨表模型（SCSB）、美国消费者满意度指数（ACSI）模型都具有较大的影响力。

（一）“期望—实绩”模型

美国学者奥立佛（1980）提出“期望—实绩”模型，该模型最先运用于零售服务业的消费者满意度研究。他认为，消费者在购买产品或服务之前，可能会依据自身的经历或广告形成对该产品或服务的消费前期望（Pre-purchase Expectations），然后在购买和使用中感受到该产品或服务的实绩，消费者将感知绩效（Perceived-Performance）与消费前期望进行比较，如果两者不一致就会出现差异（Disconfirmation），当感知绩效高于期望，消费者就会满意；当感知绩效低于期望，消费者就会不满意（见图 7.1）。

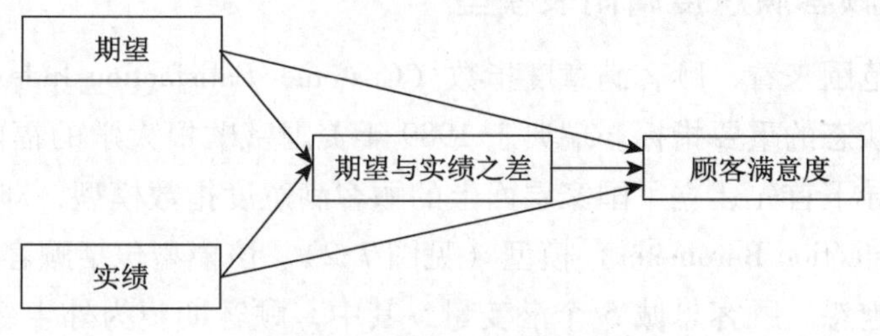

图 7.1　期望—实绩模型

（二）服务质量差距模型（SERVQUAL 模型）

美国市场营销学家帕拉休拉曼等（Parasuraman，1985）提出了期望差距模型。该模型是以奥立佛的期望差异模型为基础，依据全面质量管理（Total Quality Management，TQM）理论在服务行业中提出的一种新的服务质量评价体系，其理论核心是“服务质量差距模型”。服务质量取决于消费者所感知的服务水平与消费者所期望的服务水平之间的差距程度（也称为“期望—感知”模型），消费者的期望是开展优质服务的先决条件，提供优质服务的关键就是要超过用户的期望值。其模型为：SERVQUAL 分数=实际感受分数-期望分数。SERVQUAL 模型从有形性、可靠性、响应性、保证性及移情性五个维度对服务业顾客满意度进行测评，每一层面又被细分为若干个问题。有形性指的是服务企业有形的设施、设备以及服务人员的仪表等；可靠性是指服务人员可靠并且准确提供所承诺服务的能力；响应性是指乐意帮助顾客并且提供及时的服务；保证性是指服务人员的知识和礼貌以及让顾客信任的能力；移情性是指关心顾客，为顾客提供个性化服务。通过调查问卷的方式，让用户对每个问题的期望值、实际感受值及最低可接受值进行评分，并确立相关的 22 个具体因素来说明它。然后，通过问卷调查、顾客打分和综合计算得出服务质量的分数。该模型已被管理者和学者广泛接受和采用。

（三）顾客消费经历比较模型

卡杜塔、伍德洛夫和简金思（Cadotte，Woodruff 和 Jenkins，1987）等学者从心理学、管理学的角度进行研究，以“期望差异”模型为基础，提出了“顾客消费经历比较模型”。他们认为，顾客对某产品或其他同类产品的消费经历会影响顾客的满意形成过程。顾客会根据以往消费经历，逐渐形成三类期望：一是以最佳的同类产品或服务绩效为标志，即顾客根据自己消费过的最佳同类产品或服务，期望即将消费的产品或服务绩效；二是以一般的同类产品或服务绩效为标准，即顾客根据自己消费过的一般的同类产品或服务，期望即将消费的产品或服务绩效；三是以本企业产品或服务的正常实绩为标准，即顾客根据自己在本企业正常消费经历，期望即将消费的产品或服务实绩。顾客消费经历比较模型表明，顾客会根据自己以往的消费经历来测评当前所消费产品或服务绩效，顾客在本企业或其他同类企业的消费经历对他们期望和绩效的比较过程会产生显著影响。

（四）瑞典顾客满意度晴雨表模型

当前从世界范围来看，顾客满意度指数（Customer Satisfaction Index）已成为很多国家衡量经济运行状态的重要指标。瑞典于 1989 年美国密歇根大学的福内尔（Fonell）博士等人的理论指导下首先建立了国家层面上的顾客满意度指数模型，即瑞典 SCSB（Sweden Customer Satisfaction Barometer）模型（见图 7.2）。该模型包括顾客期望、感知绩效、顾客满意、顾客抱怨、顾客忠诚 5 个潜变量，其中，顾客期望为外生变量，其余为内生变量。

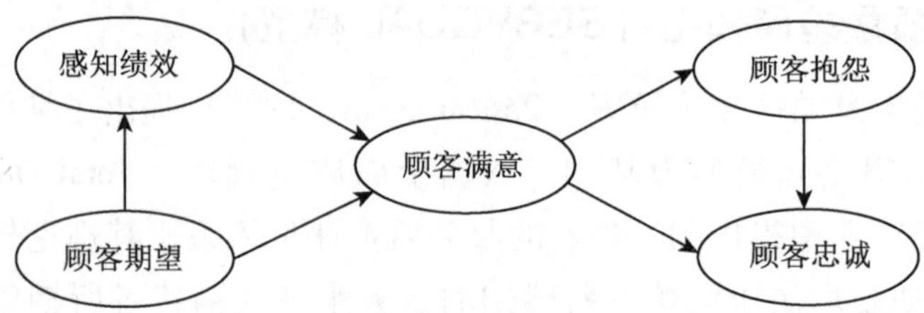

图 7.2　SCSB 模型

（五）美国消费者满意度指数（ACSI）模型

ACSI（the American Customer Satisfaction Index）模型是由福内尔（Fornell）博士等人在 SCSB 模型的基础上创建的，于 1994 年首次在美国应用，模型如图 7.3 所示。

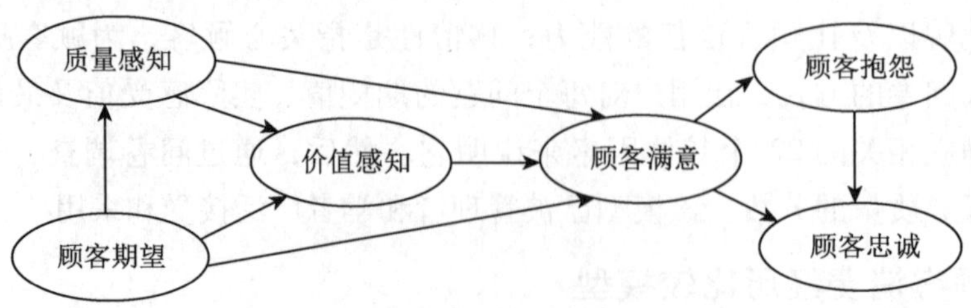

图 7.3　ACSI 模型

目前ACSI已成为影响最为广泛的模型，为新西兰、中国台湾、奥地利等所采用，也是挪威和欧盟模型的基础。该模型认为，顾客的满意程度是由顾客对服务质量的期望、对质量的感知以及价值感知共同决定的。如果顾客对服务质量不满意，则会产生抱怨；顾客的忠诚取决于顾客的满意程度和事后抱怨的处理。该模型科学地利用了顾客的消费认知过程，能客观反映出消费者对服务质量的评价，综合地反映出顾客的满意程度，同时，该模型所得出的结果可以在不同行业里进行比较，有利于企业服务质量的不断改进工作。

二、旅游者满意度的理论基础

国内外对旅游者满意度的研究主要集中在旅游者满意度的内涵、形成机制、影响因素、测评等方面。

（一）旅游者满意度的内涵

匹赞姆（Pizam，1978）最先对旅游满意度进行界定，认为旅游者满意度是旅游者对旅游地的期望与旅游体验相比较的结果，如果实地旅游体验高于之前期望值，那么旅游者就会满意；反之，则不满意。贝尔德和拉格赫伯（Beard，Ragheb，1980）也认为旅游者满意度是建立在旅游者期望和实际体验进行比较分析的正效应基础上。Baker（2000）等人提出游客满意度是指游客在购买了旅游产品之后，游客与旅游目的地之间互相作用所形成的一种心理状态。具体来说，是指游客对旅游地的旅游景观、基础设施、娱乐、环境和接待服务等方面满足其旅游活动需求程度的综合评价。符全胜（2005）等认为保护游客满意度是在保护地进行旅游和游憩活动的游客所达到的心理状态，即游客所感知的保护地关于设施、服务项目、服务、环境和风景等的质量与游客期望的差异，达到或超过期望即为满意，低于期望即为不满意。从上面文献可以看出，旅游者满意度是旅游者期望同实地旅游感知相比较的结果，它强调的是旅游者的心理比较过程及结果。

（二）旅游者满意度的形成机理

对于游客满意度的形成机理，不同学者从不同角度提出了多种理解和认识，大多数游客满意度形成机理研究主要是围绕游客期望、期望差异、感知质量、感知价值、旅游地形象、旅游动机等因素对于游客满意度的影响作用来展开。例如，米勒（Miller，1977）认为，期望有理想的（Ideal）、想要的（Deserved）、期待的（Expected）和最低容忍的（Lowest Tolerable）四种类型，不同类型的期望对顾客满意度的影响不一样。奥立佛（1980）指出，消费者形成的产品和服务期望对消费者满意度有着直接的影响，消费者期望是消费者满意度评价的标准。波文以前往东南亚旅游的英国包价旅游者为实证研究对象，指出期望因素是影响游客满意度的前提因素（Bowen，2001）。李宗奇等认为旅游地形象与感知质量之间存在正相关关系，从而会产生更大的游客满意度和行为倾向（Lee Choong-Ki，2005）。周杨等（2016）通过广东省四地区乡村旅游点的实地调查，认为乡村旅游中游客重游意愿的强弱与乡村旅游满意度之间存在明显的相关关系。

（三）旅游者满意度的影响

很多学者从行为学的角度探查了满意度对旅游者消费行为的影响。主要体现在对消费者忠诚度的影响研究上。例如，Mannell 和 Iso-Ahola（1987）认为，不同人格个体对于游憩活动的偏好和满意度具有差异，并从满意度着手，调查了休闲和旅游者的体验，从“事后满意度”（Post-hoc Satisfaction）的观点、理论和研究表明，心理效益的休闲和旅游体验来自两个动机因素的相互作用：摆脱常规与有压力的环境和寻求娱乐的机会。Hills，Argyle 和 Reeves（2000）通过对四种不同类型的休闲动机理论进行分析，认为不同动机理论下个体休闲满意度具有差异性。Bowen（2001）将旅游者满意度的归为六个主要影响因素：期望、绩效、不一致、特性、情感和公平。Yoon 和 Uysal（2005）采用结构方程模型来分析“推—拉”动机、满意度与目的地忠诚之间的关系。Boscue（2006）等探讨了旅行社游客期望的形成过程、影响因素，以及期望、满意度与游客忠诚之间的关系，指出游客期望是影响游客满意度的重要前提变量。何琼峰（2011）通过 50 个样本城市的 23531 份国内游客现场调查问卷数据，采用结构方程模型方法，实证结果表明，游客满意度对游客忠诚度的影响路径系数为 0.64，具有高度的正向相关。旅游消费者对产品或者服务不满意时会产生抱怨、离开、负面口碑三种不良后果。

（四）旅游者满意度的测评

旅游者满意度是指旅游者对旅游产品和服务的期望与实际感知绩效相比较后形成的正差异或负差异的一种心理状态。由于旅游目的地类型的丰富性、旅游消费者的复杂性，旅游者满意度测评也具有多维性、动态性等特点。学者对不同类型的旅游目的地、不同种类的旅游者满意度进行了大量的研究。例如，匹赞姆（Pizam，1978）在研究美国麻省 Cape Cod 海滨旅游者满意度时，率先提出了由海滩、游憩机会、成本、好客度、餐饮设施、住宿设施、环境、商业化程度等八个因子构成的测评体系。邓峰（2013）以湘西自治州民俗旅游为研究对象，采用游客满意度模型，建立游客满意度评价指标体系，认为基本服务设施体验、环境体验、活动体验、服务体验、观赏体验、配套设施体验对游客满意度具有显著影响。目前，国际上还大部分采用了美国的 ACSI 模型进行测评。总之，旅游者满意度的测评目前依然处于探索阶段，尚未形成较为一致的测评指标体系（汪侠、刘泽华、张洪，2010），今后还需要根据不同类型的旅游目的地进一步探索和验证测评体系。

三、旅游消费者满意度的特点

（一）主观性

每个旅游者对于旅游目的地具有不同的观点、标准和成见。旅游者的满意与否经常基于主观印象，这些主观因素对于旅游者自身十分重要。他们通过这些因素做出个人特有的判断。同样在1996年，对拉斯维加斯旅游者的调查指出：10%的旅游者认为拉斯维加斯的人行为粗鲁、不友好；8%的旅游者认为价格昂贵；7%的旅游者认为很难赢钱；4%的旅游者认为过于热情；3%的旅游者提出拉斯维加斯不够整洁（斯沃布鲁克，霍纳，2004）。所有这些都是基于作为旅游者的个人理解产生的主观意见。旅游业对这些具体问题很难有效做出反映。

（二）综合性

旅游活动涉及吃、住、行、游、购、娱等各个环节，旅游消费者的满意度也具有综合性。在旅游过程中，可能会因为某一个环节不满意导致整个旅游的不满意。例如，据《新京报》记者赵吉翔报导的东戴河旅游陷“宰客”事件。2016年8月16日，北京网友“被宰的羔羊0816”发微博称，玩游艇之前和商家约定好每人100元。随后，他和朋友各乘一艘摩托艇游玩，开始一直是商家驾驶。开到一处码头后，驾驶员让他自己开，他便开了一段距离，大概500米。经过一座灯塔后，他问商家是不是还是100块，商家才说已经开了14圈，要1400元。“被宰的羔羊0816”说，他朋友在途中什么都没问，回到岸上后，商家说他朋友开了26圈，要价2600元。有十来个商家的人就在沙滩附近坐着，发生纠纷后迅速把他和朋友围住不让走，又骂又恐吓。他和朋友被困了两小时，最后交了2000多元才脱身。在旅游过程中，也许就是对“娱”这个环节的强烈不满，导致对整个旅游活动的不满意，以至于发微博告诫他人引起网络媒体的高度关注。这对东戴河旅游形象也产生了严重的负面影响。

（三）相对性

旅游者满意度是由期望和感知绩效的相比较而形成的一种心理状态，它具有相对性。旅游者期望的高低也没有明晰界限。休吉斯（1991）认为，即使旅游者的实际体验未达到其期望，但旅游者仍然可以是满意的。

（四）动态可变性

随着经济和科技的发展，以及旅游市场环境、社会生活条件的变化，旅游消费者的满意程度也会发生变化。即使原来对某个旅游目的地的商品或服务是满意的，并且原来的商品或服务的水平并没有变差，但顾客的满意评价标准和期望提高了，对原有商品或服务也会不满意。因此，旅游消费者的满意度测量体系也要根据现阶段旅游者心理与动态进行调整和完善。

第二节　旅游消费者满意度的影响因素

旅游消费者满意度的影响因素具有复杂性和多样性，不同类型的旅游目的地、不同类型的旅游者，其满意度的主要影响因素也会有所差异。一般认为，旅游消费者满意度主要受期望、绩效、归因、情感和公平等因素的影响（Bowen，2001）。

一、期望

消费者期望是指顾客在购买产品或服务前对产品或服务的预期绩效所持有的看法（Spreng，MacKenzie，Olshavsky，1996）。期望是消费者评价产品或服务满意程度的标尺（Churchill，Surprenant，1982）。在消费过程中，消费者从作出购买决策到购后思考，都是基于期望对产品或服务进行评价（Ozturk，Qu，2008）。期望理论认为，满意度是感知服务质量与期望之间的差异函数，而顾客对服务质量的感知是基于服务绩效与期望的比较。根据消费者期望的定义，我们认为，旅游消费者期望是指旅游消费者在购买决策之前对旅游产品或服务的预期绩效所持有的事先看法。当旅游消费者认为旅游目的地提供的产品或服务绩效达到了之前的期望时，就会感到满意；否则，就会不满意。因此，旅游消费者期望对旅游产品或服务的满意度和消费决策起着重要作用。

旅游消费者期望主要受以下因素影响：一是旅游产品或服务自身。过去消费该类产品或服务的经验、旅游产品或服务的内涵及象征性意义都会影响旅游消费者的期望。二是语境。语境包含与旅游服务人员的交流和社会推介的内容，即旅游目的地的宣传和沟通方式。三是旅游消费者个人特征。例如，理解能力和认知失真都会影响期望。

根据 Ojasalo（2001）的顾客期望理论，旅游消费者期望类型可分为模糊期望、显性期望和隐性期望。模糊期望就是旅游者在旅游目的地获得某种感受或体验，但是并不清楚具体是什么期望，如“放松身心”期望；显性期望就是旅游消费者在到达旅游目的地之前就在心中形成了比较明确的期望，如“欣赏美景”期望、“娱乐刺激”期望等；隐性期望就是旅游目的地理所应当提供的最基本的产品和服务，而旅游消费者不必要考虑的方面，如“卫生”期望、“安全”期望等。模糊期望和隐性期望虽然没有直接表现出来，但都客观地存在于旅游者的潜意识中，如果这种期望不能得到满足，就会立即转化为显性期望，并形成不满。

二、绩效

为了更好地分析产品和服务的绩效对消费者满意感的影响，学者通常把绩效划分为两个层面：工具性绩效和象征性绩效。工具性绩效与产品的物理功能的正常发挥有关；象征性绩效则与审美或形象强化有关。匹赞姆（1978）等人指出，多数旅游产品和服务的象征性绩效要比工具性绩效更重要。所以，旅游企业经常强调其产品的象征性绩效，如酒店的声誉、酒店房间的豪华，而不是强调房间的功能和价格。一般来说，工具性绩效是保证旅游消费者满意不可缺少的因素。如果工具性绩效令人失望，如通往目的地的交通设施无法运作，旅游消费者就会不满。即使工具性绩效符合消费者的需要，消费者也不一定满意。要旅游消费者完全满意，产品和服务的象征性绩效必须达到或超过旅游消费者的期望水平。当然，如果象征性绩效较次，例如交通设施不够豪华，交通服务的个性化程度不够高，也不一定导致旅游消费者不满意。

三、归因

一般而言，旅游消费者会对不满意事件进行归因，也就是判定谁应该为不满意事件负责。研究人员发现，如果旅游消费者把产品问题或责任归咎于旅游服务人员或景区，则有较大可能性产生抱怨。如果旅游消费者把不满意归因于自己或是环境上的不可控制因素，则抱怨一般不会产生。例如，游客登上三清山，大雨连绵，雨雾锁山，游客欣赏不到美景而感到不满或遗憾。如果旅游服务人员工作到位，一般不会产生抱怨，只能归咎"天公不作美"或"来不逢时"。如果在此情境下，旅游从业人员服务又做得不够到位，那就很可能引起强烈的不满。

四、情感

顾客的消费情感是指顾客对产品和服务消费经历的一系列情感反应（Westbrook，Oliver，1991）。一切产品与服务的交易都会涉及情感因素（Maddock，Fulton，2004）。在消费场景下，面对面的互动交流是形成强烈情感最重要的来源（Bernd，Schmit，2004）。顾客在服务消费过程中可能会经历高兴、愉快、兴奋、满足等正面情感，也可能会产生失望、气愤、伤心、内疚等负面情感。旅游消费者在消费过程中，可能会体验到一种或多种情感。Westbrook（1987）首先采用实证研究发现消费情感直接影响消费者的满意度。Price（1995）等人研究也表明，和产品消费者相比，服务消费者与企业及员工的接触更紧密，感情投入更高，所以情感反应更为强烈。奥立佛也不断进行实证分析，结果发现消费者在消费过程中的情感是影响满意度的重要因素。温碧燕等（2003）对广州某高校的餐厅进行实证分析，结果表明顾客的消费情感对顾客感觉中的服务质量与顾客满意度有影响。鱼文英、李京勋（2010）以航空服务业为研究背景，考察了航空服务质量、正面情感、负面情感、感知价值和顾客满意度的结构性关系，研究结果显示，负面情感对顾客满意度有负向影响，同时正面情感通过感知价值间接影响顾客满意度。罗盛锋等（2011）以桂林山水实景演出《印象·刘三姐》为例，通过结构方程模型的实证分析，结果表明情感因素对游客体验与满意度具有显著影响。

持正面情感的旅游消费者会用一种积极的心态抵御或看待不利因素。心态积极的人旅游消费更容易感到满足；相反，负面情感比较强的人往往很难深层次体会美丽的风景和美味的饮食，满意度也更低。比如，某旅游目的地划竹排观赏风景，尽管风景优美，但是，如果旅游消费者在此游览拍照时，手机不小心掉进江河里捞不回来，那么也许对此次旅游活动评价也不会高。一般而言，交通不畅、语言不通、健康出状况、与同伴旅游者相处不愉快、对旅游目的地习俗和饮食不适应、气候不适应等，也容易激发旅游消费者的负面情感导致旅游消费不满意。旅游服务者应该做好这些不便利因素的工作，适当引导游客归因进而影响他们的满意度。

五、公平

公平理论是由美国心理学家亚当斯（Adams）于 1965 年提出，他认为职工的积极性取决于他所感受的分配上的公正程度（即公平感），而职工的公平感取决于一种社会比较或历史比较。该理论侧重于研究工资报酬分配的合理性、公平性及其对职工生产积极性的影响。顾客对产品是否满意，不仅仅取决于期望和绩效之间的比较，还取决于顾客认为交易是否公平合理。当顾客感到自己获得的效益与投入之比和产品提供者的比例相同时，就会感到公平和满意。公平程度越高，顾客就越满意。反之，就不满意。“公平”的概念曾经常用于社会学、心理学和组织行为学中，随着满意度研究的发展，部分学者将公平作为一个自变量纳入顾客满意度的形成过程中。Bowen（2001）通过参与观察从英国到东南亚的一个长途旅游团，发现公平因素对旅游消费者满意度影响非常大。涂红伟和林丽清（2016）通过实证发现价格公平感在景区设施形象、景区服务形象和游客满意度之间具有的中介效应显著。

在旅游消费者看来，旅游企业提供的公平服务既要有服务结果的公平性，也要有服务过程的公平性。结果公平性是旅游消费者对服务结果公平程度的一种判断。旅游企业提供了怎样的服务结果，会直接影响到旅游者的满意度。例如，旅游消费者参加旅行团后，是否按照合同游玩了所有景点，游玩时间是否过少，酒店是否达到住宿要求，每个消费者是否得到相同标准的服务等。服务过程的公平性包括程序公平性和交往公平性两个方面，前者与旅游企业的政策、制度、服务程序有关，后者与消费者和服务人员之间的交往因素相关。根据欧洲商业管理学院教授 Kim 和 Mauborgne 的观点，如果消费者认为结果是公平的，但在获得服务过程中受到了不公平的对待，也会降低消费者感知的服务质量，导致满意度降低。

第三节　基于旅游消费者满意度的服务管理

如前文所述，旅游消费者满意度主要受期望、绩效、归因、情感和公平等因素的影响，因此，要想提升旅游消费者的满意度，就必须依据和重视这些影响因素来提升旅游企业的服务管理。

一、旅游宣传宜客观真实，形成合理期望

当代社会，旅游企业或相关单位为了提升旅游产品的知名度和品牌形象进行宣传推广具有必要性和重要性，但是要注意，旅游宣传应该客观真实。因为旅游宣传会对旅游

者期望的形成产生重要影响。浮夸不实的宣传会推高旅游者的期望水平，宣传不到位也会降低旅游者的期望。旅游者的期望过低，产品虽然可以满足顾客的需要，但不能吸引足够的消费者。相反，旅游者的期望水平过高，却很可能使他们失望。因此，有必要重视旅游宣传客观真实度的把握。同时，也要加强旅游者的管理，对游客期望、行为、体验、感知、安全、责任、能力、权益等方面进行引导，帮助旅游者树立正确的旅游观，形成合理的旅游期望，培养良好的旅游行为，获得较好的旅游感知，从而提高旅游者的旅游质量和满意度（朱华，2014）。

二、提供良好的产品和服务绩效

良好的产品和服务绩效是旅游消费者满意度高的基础和保证。不仅需要保证工具性绩效，如交通基础设施、酒店设施、景区设施等的建设，还需要重视象征性绩效，如酒店装修和灯光的设计、酒店品牌声誉的打造等。旅游企业应该形成一套全面质量管理体系，认真执行到位，及时发现提供产品和服务的不足。也可以采用旅游消费者的视角，完成旅游产品和服务绩效的评估。评估可以根据既定标准进行加权评估，也可以根据最终使用者的意见进行评估。评估结果直接影响到旅游者下次购买行为：继续购买或拒绝购买该旅游企业的产品和服务。因此，旅游企业营销人员要重视产品和服务绩效的评估，以便不断提高服务水平。

三、关注情感诉求，调动正面情绪

旅游产品供给方应当充分关注旅游者对旅游产品的情感诉求，强调产品宣传中情感因素的宣传，同时注重消费过程中各种产品要素对情感的影响，调动旅游者积极性，促进旅游者正面情感体验，以最终提高满意度与忠诚度。旅游产品供给方应重视旅游产品文化的品位、精神的寄托、情感的满足，不断提高游客的审美体验与教育体验。通过提高产品文化内涵与地方民族特色等属性质量、注意产品体验的完整性、主题性与互动性，以及提供优质服务、高品质体验创造令人难以忘怀的愉快经历，增加旅游产品的附加值，以进一步影响游客的满意度和忠诚度。（罗盛锋等，2011）。

四、服务管理公平，创造公平机会

旅游消费者经常从等待服务的时间、等待服务的程序、企业满足顾客的特殊要求、服务效率、服务承诺、服务差错等六个方面评估服务程序公平性，从服务人员礼貌待客、不欺骗顾客、关心顾客利益、耐心服务等方面评估服务交往公平性。

国家需要倡导“人人有机会参与旅游”的公平目标。发展旅游在考虑经济性的同时，更应该关注其对国民素质和国民生活的重要性，旅游惠众是未来旅游发展的终极诉求，而政府是实现旅游公平的主导力量。国家应该建立社会长效机制保障社会旅游公平的实现，适当扩大“免费旅游”的范围，加强乡村社区旅游公共产品建设，真正体现旅游发展的人本思想（黄秀琳，2011）。努力实现旅游资源享有公平、居民出游机会公平、旅游公共服务均等化、旅游利益分配公平和建立旅游权利保障体系（列晓静，梁留科，2015）。

【复习与思考】

1. 简述旅游消费者满意与不满意的形成过程。

2. 简述旅游消费者满意度的影响因素。

3. 论述如何提升旅游消费者的满意度。

【推荐阅读】

1. 戴斌，李仲广，何琼峰，夏少颜．游客满意：国家战略视角下的理论建构与实践进路［J］．旅游学刊，2014，29（7）：15-22.

2. 连漪，汪侠．旅游地顾客满意图测评指标体系的研究及应用［J］．旅游学刊，2004，19（5）：9-13.

3. Oliver，R. L.．A Cognitive Model of the Antecedents and Consequences of Satisfaction Decisions［J］．Journal of Marketing Research，Vol. 17，No. 4（Nov.，1980），pp. 460-469.

4. Pizam A.．Tourism’s impacts：The social costs to the destination community as perceived by its residents［J］．Journal of Travel Research，1978，(Spring)：8-12.

5. 何琼峰．中国国内游客满意度的内在机理和时空特征［J］．旅游学刊，2011，26（9）：45-52.

6.（英）约翰·斯沃布鲁克，苏珊·霍纳．旅游消费者行为学［M］．电子工业出版社，2004.

7. 刘晓静，梁留科．旅游社会公平及其评价指标体系研究［J］．武汉科技大学学报（社会科学版），2015，17（8）：438-443.

第八章 旅游消费者忠诚度

旅游消费者忠诚度是指由于质量、价格、服务等诸多因素的影响，旅游消费者对某一旅游企业的产品或服务产生感情，形成偏爱并长期重复购买或向他人推荐该旅游企业产品或服务的程度。顾客忠诚度是一种行为，而顾客满意度只是一种态度。当企业挽留顾客的比率增加5%时，获利便可提升25%~100%。忠诚的顾客将是企业竞争优势的主要来源。由此可见，保有忠诚度的顾客对企业经营者相当重要。本章主要介绍旅游消费者忠诚度的内涵、测量、影响因素及如何提升忠诚度。

【学习目标】

1. 知识目标：学习和把握顾客忠诚度的含义与分类，旅游消费者忠诚度的形成机理、影响因素等陈述性知识。

2. 能力目标：具备分析和测量旅游消费者忠诚度的能力，具备提升旅游消费者忠诚度的营销能力。

【导入案例】

如何通过高质量的产品或者服务保持顾客的忠诚度，这是一个令众多公司绞尽脑汁、冥思苦想的问题，因为忠诚的顾客往往带来高额的商业利润。不可否认，享誉世界的新航无疑是最有资格回答这一问题的公司之一。

1. 关注客户——优质服务塑造客户对公司的忠诚度

“不管你是一名修理助理，还是一名发放工资的职员，或者是一名会计，我们能有这份工作，那是因为客户愿意为我们付费，这就是我们的‘秘密’。”新航前总裁 Joseph Pillay 在创业伊始就不停地以此告诫员工，塑造和灌输“关注客户”的思想。事实上，正是持之以恒地关注客户需求，尽可能为客户提供优质服务，新航才有了今天的成就。

在长达 30 多年的经营中，新航总是果断地增加最好的旅客服务，特别是通过旅客的需求和预测来推动自身服务向更高标准前进。早在 20 世纪 70 年代，新航就开始为旅客提供可选择餐食、免费饮料和免费耳机服务；20 世纪 80 年代末，新航开始第一班新加坡至吉隆坡之间的“无烟班机”；1992 年年初，所有飞离新加坡的新航客机都可以收看美国有线电视网络的国际新闻；2001 年，新航在一架从新加坡飞往洛杉矶的班机上首次推出了空中上网服务——乘客只需将自己的手提电脑接入座位上的网络接口，就可以在飞机上收发电子邮件和进行网上冲浪。另外，新航为提升舱内视听娱乐系统、娱乐设施和商务舱座位花费巨大。

随着竞争的加剧，客户对服务的要求也像雨后春笋一样疯长，“人们不仅仅把新航和别的航空公司做对比，还会把新航和其他行业的公司从多个不同的角度进行比较。”为了在竞争中保持优势地位，新航成了世界上第一家引入国际烹饪顾问团（SIA International Culinary Panel，ICP）和品酒师的航空公司，该顾问每年为新航提供 4 次食谱和酒单。硬件只是基础，软件才是真功夫。

当然，服务的一致性与灵动性同时受到关注。比如，怎样让一个有十三四个人的团队在每次飞行中提供同样高标准的服务？新航在对服务进行某种改变之前，所有的程序都会经过精雕细琢，研究、测试的内容包括服务的时间和动作，并进行模拟练习，记录每个动作所花的时间，评估客户的反应。

2. 向内“吆喝”——培育员工对公司的忠诚度

所有培养客户忠诚度的理念文化、规章制度都需要人来执行。这就意味着，如果新航内部员工没有对公司保持足够的满意度和忠诚度，从而努力工作，把好的服务传递给顾客，那么，客户的忠诚度将无从谈起。

注意倾听一线员工的意见，关注对员工的培训，这些都是新航能够在市场上取得优异表现的根本所在。换句话说，只有内部员工对企业忠诚，才能使外部客户对企业忠诚。

“新航对待员工的培训几乎到了虔诚的地步！”在以动态和专注于培训而闻名的新航，从上到下，包括高级副总，每个人都有一个培训的计划，一年会有 9000 名员工被送去培训。新航所属的新加坡航空集团有好几个培训学校，专门提供几个核心的职能培训：机舱服务、飞行操作、商业培训、IT、安全、机场服务培训和工程。即使在受到经济不景气打击时，员工培训仍然是新航重点优先投资的项目。假如你完成了很多培训课程，就可以休息一段时间，甚至还可以去学习一门语言，做一点儿新的事情，其目的是“使员工精神振奋”。

注意倾听一线员工的意见是新航的另一个传统，因为他们认为机组人员和乘客的接触是最紧密的，他们是了解客户的“关键人物”。

新航不仅仅致力于为客户提供优质的服务，而且通过各种方式力求控制服务成本与商业利润之间的平衡。的确，新航希望提供最好的座椅、最好的客舱服务、最好的食物以及最好的地面服务，但是它同时还要求代价不能太高。

在 1972 年，新航还只是一个拥有 10 架飞机的小型航空公司，如今，几乎每年新航都会获得各种世界性的营销服务大奖，也一直是世界上最盈利的航空公司之一。对于这家保持 30 多年领先，并总是能够获得丰厚利润的航空公司而言，成功的原因可能很多，但是，“致力于培养员工和客户对企业的忠诚度”无疑是其中一个重要的答案。

资料来源：厉林．新加坡航空：两个忠诚度创造非凡价值［J］．商学院，2004，(11)：30-31.

案例分析：

上述案例表明对于顾客和员工忠诚度培养的重视给新航带来了丰厚利润的回报。那么什么是顾客忠诚度和旅游消费者忠诚度呢？旅游消费者忠诚度如何测量呢？旅游消费者忠诚度受哪些因素影响？又怎样根据消费者旅游忠诚度理论做好旅游营销呢？本章将对这些问题进行探讨。

第一节 旅游消费者忠诚度概述

一、顾客忠诚度

（一）顾客忠诚度的含义

忠诚度研究开始于 20 世纪 50 年代，自从 Brown（1952）和 Cunningham（1956）对忠诚度进行了实证分析以后，该领域就越来越受到关注，概念也不尽统一。Newman 和 Werbel（1973）认为顾客忠诚是指顾客不用收集其他品牌信息，直接重复购买某一产品或服务的行为。JcMtmd（1979）认为，顾客忠诚是指顾客长期选择某种品牌产品或服务的可能性。塔克（Tucker，1993）明确指出，对某种产品或服务连续购买 3 次即表示顾客忠诚。Boulding（1993）认为顾客忠诚是顾客对某种品牌的产品或服务具有较高的推荐率。

Dick 和 Basu（1994）进一步发展了顾客忠诚度的概念，将相对态度概念引入运用。相对态度是指顾客对某一产品的评价高于对其他产品评价的程度。他们将顾客忠诚度视为个人对某个实体（品牌、服务、商店或卖方）相对态度与重复购买之间的关系。

Jones 和 Sasser（1995）认为顾客忠诚更多地表现为一种情感上的认同反应，它是顾客购买产品或服务之后产生的一种对于企业、产品或服务的归属感和认同感。顾客忠诚度是顾客对某特定产品或服务的未来再购买意愿，根据忠诚内涵可分为长期忠诚和短期忠诚两种。长期忠诚是指顾客长期购买某一产品或服务的行为，选择长期不变；短期忠诚就是指顾客短期购买某一产品或服务的行为，当发现有更好的产品或服务时，选择容易改变。

Gremer 和 Brown（1996）对服务业顾客忠诚进行了界定，认为顾客忠诚度是指顾客对某个服务重复购买行为及其积极态度，当对该项服务的需求增加时，将该服务商继续作为唯一选择条件的倾向。

Oliver（1997）认为顾客忠诚度就是顾客对某个偏爱产品和服务的深度承诺，在未来也将对该品牌或该品牌系列产品或服务的重复购买行为。不管市场形势和竞争性营销力量如何变化，而顾客的选择却不会发生转换的行为。Oliver（1999）又从心理学的角度，将顾客忠诚分为行为忠诚和态度忠诚。其中，态度忠诚又包括认知忠诚、情感忠诚和意向忠诚。他认为，在顾客忠诚的形成中，顾客会经历认知忠诚、情感忠诚、意向忠诚和行为忠诚等阶段，前一阶段形成的某种忠诚度会影响后一阶段的忠诚度。

从上述文献可以看出，学者对顾客忠诚度概念理解不尽相同，但归纳起来主要有三种视角：行为视角、态度视角和综合视角。从行为视角看，顾客忠诚度被界定成相对态度的概念，即指顾客对某一产品或服务评价高于对其他产品或服务评价而重复购买行为。其忠诚度可以通过购买份额、购买频率等指标来测量。从态度的视角，顾客忠诚被界定为对于某一产品或服务的某种偏好和依赖。顾客忠诚度不仅考虑顾客的实际购买，还需要考虑顾客的潜在态度和偏好，其主要通过购买意愿、偏好程度来测量。从综合的视角，顾客忠诚包含行为忠诚和态度忠诚。

（二）顾客忠诚的分类

顾客忠诚的类型多种多样，学者视角的不同，划分标准也多种多样，在这里介绍几种影响比较大、具有代表性的分类方法。

1. 基于“行为—态度”组合的分类

蒂克和巴素（Dick，Basu，1994）根据消费者在态度和行为上的一致与否将顾客忠诚分为非忠诚（No Loyalty）、虚假忠诚（Spurious Loyalty）、潜在忠诚（Latent Loyalty）和忠诚（Loyalty）四个类型，模型如图 8.1 所示。

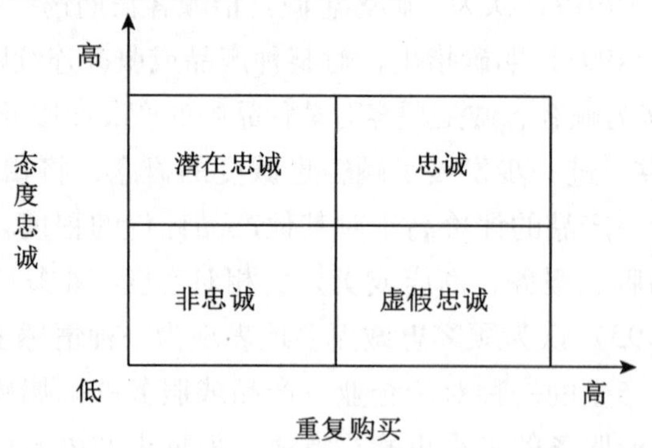

图 8.1　蒂克和巴素的顾客忠诚度模型

（1）非忠诚。顾客具有低的相对态度与较低的重复购买行为。顾客对企业提供的产品或服务不能产生忠诚感，企业很难从他们身上获利。企业需要避免将大量时间和精力投向这一类型的顾客。

（2）虚假忠诚。顾客具有较低的相对态度与较高的重复购买行为。这种类型忠诚度可能产生于外部因素影响，如价格、地点、垄断等。一旦外部因素发生了变化，顾客就不会再购买该产品或服务。

（3）潜在忠诚。顾客具有高的相对态度与较低的重复购买行为。这类购买者对企业的产品或服务较为偏爱，由于需求较小而购买次数并不多，但是他们愿意宣传并向亲朋好友推荐。这类顾客对企业也具有很高的价值，能够提升企业的知名度和美誉度。

（4）忠诚。顾客的相对态度与重复购买行为之间的关系是相互一致，相对态度与重复购买都非常高。这种类型的忠诚是绝对的忠诚，既包括态度上的忠诚，也包括行为上的忠诚。这种类型的顾客不仅能带来长期稳定的经济价值，还能带来知名度和美誉度的不断提升。这类顾客是需要企业长期地重视并致力追求。

2. 基于“满意—忠诚”组合的分类

琼斯和塞萨（Jones，Sasser，1995）从顾客满意和顾客忠诚两个维度，将顾客忠诚分为背叛者、唯利是图者、人质顾客和忠诚者四种类型，分类模型如图 8.2 所示。

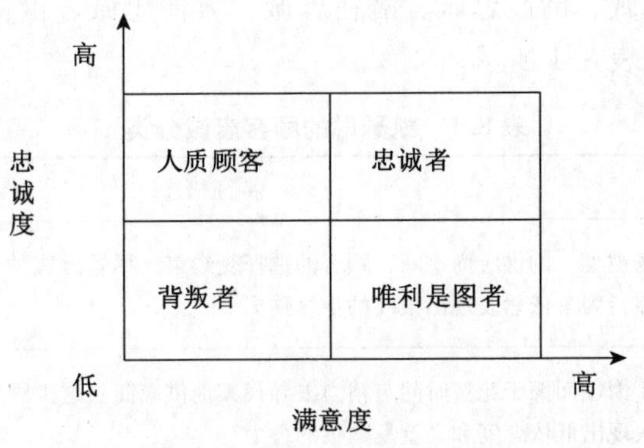

图 8.2 琼斯和塞萨的“满意—忠诚”模型

（1）背叛者。这种类型的顾客满意度和忠诚度都低，很容易流失，也难以给企业创造价值。

（2）唯利是图者。这种类型的顾客十分理性，哪种产品对自己有利就选哪种产品。他们对产品满意度很高，但忠诚度较低，一旦市场上有某种替代品降价，他们往往就会转向选择购买替代品。

（3）人质顾客。这种类型的顾客满意度较低，但是忠诚度较高。这种类型的顾客虽然对产品不怎么满意，但会继续购买该产品，产生的原因可能是转换成本高、没有替代品或者被垄断等，没有办法又不得不接受。这种类型的顾客虽然能带来一些直接的经济价值，但是对于提升美誉度和品牌没有帮助，甚至会产生负面影响。

(4) 忠诚者。这种类型的顾客满意度高，顾客忠诚度也高，是企业创造价值的主要源泉，也是企业需要格外重视和培养的群体。

3. 基于顾客忠诚程度差异的分类

格雷姆乐和布朗（Gremler，Brown，1996）根据顾客忠诚程度不同，将顾客忠诚划分为三种类型：行为忠诚、意向忠诚和情感忠诚。行为忠诚是指顾客通过实际行动表现出来的对卖家的忠诚，是一种可观察的行为举止，如重复购买。意向忠诚是指顾客在未来的购买意向，体现在向别人的推荐意愿和价格接受度上。情感忠诚则是指顾客对企业产品或服务所持有的一种态度，体现在口碑宣传和购买首选上。

奥立佛（1997）根据格雷姆乐和布朗理论，进一步将顾客忠诚依据先后顺序分为认知忠诚、情感忠诚、意向忠诚和行为忠诚四个阶段。认知忠诚是处于最底层的忠诚，是顾客亲身感触产品或服务的各方面品质信息后所形成的。情感忠诚是认知忠诚的后一阶段，是顾客获得持续性满意后而形成对企业所提供产品或服务的偏爱。意向忠诚是顾客还未付诸行动的再购意向。行为忠诚是顾客将已形成的购买意向转变成实际的购买行为。

4. 基于顾客忠诚情感来源的分类

凯瑟琳（Kathleen，2000）根据情感来源的不同对顾客忠诚进行了分类，在这里将顾客忠诚细化为垄断忠诚、惰性忠诚、潜在忠诚、方便忠诚、价格忠诚、激励忠诚、超值忠诚，其具体特征如表 8.1 所示。

表 8.1 凯瑟琳的顾客忠诚分类

忠诚类型	特征描述
垄断忠诚	因为市场被唯一的供应商垄断，顾客的选择受约束，尽管顾客的情感依恋不高，但是又别无选择，在行为上依然表现出很高的重复购买
惰性忠诚	顾客由于惰性而懒于花费时间与精力去寻找其他供应商。这类顾客属于自己给自己设定选择约束，表现出低依恋度和高重复购买的行为
潜在忠诚	顾客本身希望重复购买产品和服务，然而一些制约性因素限制了他们的购买行为。这类顾客是一种低依赖、低重复购买的顾客
方便忠诚	这种类型顾客与惰性忠诚有些类似，但是由于购买方便，他们在情感上往往乐于接受，这类顾客是低依恋、高重复的购买者
价格忠诚	顾客对价格的敏感而偏爱能提供最低价的供应商，他们属于低依赖度、高重复率购买者
激励忠诚	顾客在经常惠顾的条件下，由于享受到企业特别提供的积分回馈或奖励而表现出忠诚。这类顾客是低依恋、高重复的购买者
超值忠诚	具有典型的情感或品牌忠诚，是高依恋、高重复的购买者，是企业产品的传道者

二、旅游消费者忠诚度概述

（一）旅游消费者忠诚度概念内涵

虽然重复性的度假旅游现象较早地引起了旅游学者的关注，但是直接针对旅游消费者忠诚概念的研究却直到20世纪90年代才出现，这些研究基本上建立在品牌忠诚和消费者忠诚研究的基础上，也延续了忠诚度概念的多样性和不一致性。与顾客忠诚相对应，旅游消费者忠诚度概念理解也主要有三个视角。

基于行为学视角的学者认为旅游业中的态度忠诚难于测量，以实际行动才能体现旅游消费者的态度。例如，Backman 和 Veldkamp（1995）认为旅游消费者忠诚是指旅游消费者长期参与某一游憩活动的行为。Oppermann（2000）也认为，多次购买而且在目的地停留较长时间的旅游消费者就是忠诚消费者。基于态度视角的学者，例如，Chen 和 Gursoy（2001）则认为旅游消费者忠诚是旅游消费者对于某一旅游目的地可否推荐的感知程度；Forgas-Coll（2012）认为旅游忠诚包括情感忠诚和认知忠诚。现在国内外学者大部分认同最初由戴（Day，1969）提出的“忠诚”是一个包含“行为忠诚”和“态度忠诚”二维概念，基于综合角度去理解旅游消费者忠诚，认为旅游消费者忠诚也包含行为和态度的忠诚。例如，Baloglu（2001）旅游消费者忠诚包含认知形象、情感形象、信息搜集的态度忠诚和包含旅游次数和未来五年游览意向的行为忠诚。余意峰、丁培毅（2013）也认为旅游目的地忠诚度是由多个忠诚度维度构成的阶段性变量，在时间上呈现为一个周期性的连续演进过程。

（二）旅游消费者忠诚度的分类

目前关于旅游消费者忠诚度的分类，Backman、Crompton（1991）和 Oppermann（1999）的分类法具有广泛影响力和代表性。

Backman 和 Crompton 依据态度倾向的强弱和和行为取向的高低相结合将旅游消费者忠诚度为四类。①低度忠诚（Low Loyalty）：购买频率和态度倾向都低；②潜在忠诚（Latent Loyalty）：购买频率低却有较高的情感偏好；③虚假忠诚（Spurious Loyalty）：情感上没有偏好却具有较高的购买频率；④高度忠诚（High Loyalty）：具有强烈的情感偏好和很高的购买频率。模型如图 8.3 所示。

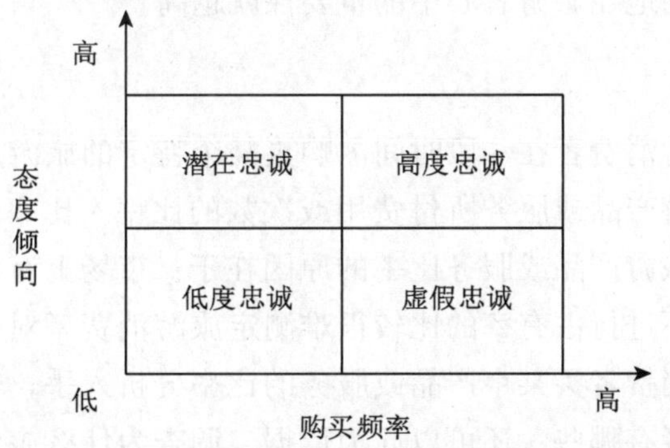

图 8.3 Backman 和 Crompton 的旅游消费者忠诚度模型

Oppermann在品牌忠诚理论的基础上，根据游客的旅行经历，提出了目的地游客忠诚七种类型。①非购买者（Non- purchasers）：从来不旅行或者未关注旅游目的地的人。②幻想破灭型（Disillusioned）：曾经有过不满意的旅游经历，进而导致他对整个旅游产生失望。③不稳定型（Unstab1e）：该游客不断努力地追求新事物或新体验，即使对某个旅游目的地有满意的体验也不会重游。④非忠诚型（Disloyal）：也追求新事物，经常转换旅游目的地，但他们可能会重游。⑤稍微忠诚型（Somewhat Loyal）：对某个旅游目的地有过两次以上的旅游经历，但还尚未变成习惯性来游览的顾客。⑥忠诚型（Loyal）：比较有规律地定期地造访某个旅游目的地，可能每隔三四年来一次。⑦非常忠诚型（Very Loyal）：每隔一两年都会来该目的地造访一次，他们是固定的、习惯性的旅游消费者。

第二节　旅游消费者忠诚度测量

由于旅游产品的特殊性、旅游动机的复杂性，旅游消费者忠诚度测量的方法视角也具有一定的差异性。目前，旅游消费者忠诚度主要从行为忠诚度和态度忠诚度两个方面来测量。

一、行为忠诚度的测量指标

行为忠诚度的测量指标主要基于旅游消费者的实际购买行为，主要包括四种指标：购买次序（Purchase Sequence ）、购买比率（Purchase Proportion）、购买概率（Purchase Probability ）及以上三者的随机组合（Miscellaneous Measures）。

（一）购买次序

购买次序是指某个旅游目的地在旅游消费者某个时间段内或者某次的旅游决策及旅游过程中所占的位次和顺序。该位次和顺序反映的是旅游消费者对这些旅游目的地的重要程度、偏爱程度的一种排序。从某种程度上也可以看作忠诚度的一种表现，因为忠诚度越高，这一旅游目的地在旅游者心中的重要性就越高。

（二）购买比率

购买比率是指旅游消费者在一段时间内购买某个特定的旅游产品或服务所付费用或次数，与购买同类旅游产品或服务所付费用或次数的比率。比率越高，表明越忠诚。计算旅游消费者购买某旅游产品或服务比率的原因在于：市场上有多种类似旅游产品，可以选择的范围很大，不进行占有率的比较很难测定旅游消费者对某种特定产品或服务是否忠诚；并且从旅游消费者买某个产品或服务的比率分析入手，容易发现旅游目的地在顾客心中的主要竞争者有哪些，还可以此为依据，调查为什么旅游消费者比较忠诚于其他旅游目的地产品或服务而不是本旅游旅游目的地产品或服务。

（三）购买概率

购买概率是指旅游消费者在某个时间段内会选择某个特定旅游目的地的可能性。利用购买概率不仅能够让我们知道单个旅游消费者的价值，还能估计潜在市场的大小，以及努力改变旅游消费者购买概率会带来极大的收益。购买概率也常作为旅游消费者行为忠诚度的测量指标。

二、态度忠诚度的测量指标

（一）重游意愿

旅游产品作为一种需求弹性较大的服务性产品，不像生活必需品那样是经常接触和购买，另外，旅游者普遍具有求新求异的心理，他们并不同限于只游览一个或者少数几个旅游目的地，而是希望可以尽可能多地接触其他旅游目的地，以此来增加他们的旅游体验，再加上旅游产品的消费需要付出比一般产品更多的时间、金钱和精力。所以，在短时间内实现旅游产品的重复购买对旅游者来说并不是一件轻而易举的事。因此，即便是真正忠诚的旅游者，一些因素的限制也很有可能无法顺利实现重复游览的愿望。但他们在内心中又极度渴望再次前往自己中意的那个旅游目的地，这种渴望的心情就是他们对这个旅游目的地忠诚的一个体现，并且是发自内心的真实的表现。因此，把重游意愿作为旅游者态度忠诚的测量指标具有普遍的实践意义。

（二）推荐意愿

前文提到旅游者行为忠诚度的一个重要体现是其对特定旅游目的地的正面宣传次数，这种正面宣传包括口碑宣传、向他人推荐、公开场合的其他正面介绍等，其中向他人推荐是这种正面宣传中最有效、最可能产生影响并且可能为旅游目的地带来效益的一种形式。一个对旅游目的地绝对忠诚的旅游者，对于这个旅游目的地具有一种强烈的归属感和责任感，从内心中会将自己看作目的地的一分子，因此他们热衷于充当目的地的“免费宣传员”，向他人介绍和推荐这个目的地，这是他们与目的地之间深厚情感联系的一种体现。因此，调查旅游者的这种推荐意愿，是了解其对旅游目的地态度忠诚的一个重要角度。

（三）首选意愿

未来首选意愿这个指标揭示的是在未来各种实施条件具备的情况下，旅游者将某一特定旅游目的地作为自己游览时的首选的态度。“首选”一词体现的是旅游目的地在旅游者心中的重要程度，首选目标表明了其在旅游者心中具有很高的地位，是旅游者迫不及待想要在未来实现的愿望。这种渴望的心情正是旅游者对目的地忠诚度的一种体现，因此可以作为衡量旅游者态度忠诚的指标。

第三节　旅游消费者忠诚度的影响因素

旅游消费者忠诚度的影响因素研究一直受到学者的关注，他们从不同的视角和层面，通过不同的实证方法研究，得出了许多具有借鉴性的结论。根据学者的成果归纳和总结（如表8.2所示），我们认为对旅游消费者忠诚度主要受旅游消费者和旅游目的地两个方面九个因素影响，即满意度、旅游动机、感知质量、感知价值、感知公平、地方依赖、消费者特征、服务质量、目的地形象等。

表8.2　旅游消费者忠诚度的影响因素

影响因素 / 文献来源	整体满意度	属性满意度	服务质量	旅游经验	目的地形象	目的地依恋	目的地成熟度	动机	活动参与	信任	感知安全	文化体验差异	便利的交通	吸引力感知	期望	情感	熟悉度	感知价值	感知公平	人口统计	限制条件	竞争因素	风险感知
外文文献																							
1. Baker D A，Crompton J L（2000）	●		●																				
2. Kozak M（2001）	●	●		●			●														●		
3. Bigne J E，Sanchez M I（2001）	●		●		●																		
4. Outi N，Edith S（2004）																							
5. Yoon Y，Uysal M（2005）	●							●															
6. Alexandris K（2005）			●			●																	
7. Lobatol L H，Radilla M M（2006）	●	●							●														
8. Huang H H，Chiu C k（2006）	●									●	●	●	●										
9. Um S，Chon K（2006）	●		●											●				●					
10. Lee J，Graefe A f（2007）	●				●																		
11. Severt D，Wang Y C（2007）	●		●																				
12. Castro C B，Armario Em（2007）	●		●		●			●															
13. Jang S C，Feng R（2007）	●							●															
14. Chi C G-Q，Qu H（2008）	●	●			●																		
15. Prayag G（2008）	●		●		●																		
16. Bosque I R（2008）	●				●										●	●							
17. Panisa M，Sirivan S（2009）						●		●									●	●		●			
18. Hutchinson J，Fujun Lai（2009）	●		●															●	●				

续表

影响因素 / 文献来源	整体满意度	属性满意度	服务质量	旅游经验	目的地形象	目的地依恋	目的地成熟度	动机	活动参与	信任	感知安全	文化体验差异	便利的交通	吸引力感知	期望	情感	熟悉度	感知价值	感知公平	人口统计	限制条件	竞争因素	风险感知
19. Jirawat A，Panisa M（2009）	●									●								●	●				
20. Panisa M，Sirivan S a（2010）	●				●					●							●	●					
21. Yudsel A，Yuksel F（2010）	●					●																	
22. Panisa M，Sirivan S（2010）																			●			●	
23. Anastassoval L（2011）		●			●																		
24. Fuchs G，Reichel A（2011）				●				●															●
25. Lee S，Jeon S（2011）	●		●					●							●								
26. Grappi S，Montanari F（2011）	●															●							
总计	20	3	10	2	8	3	1	6	1	3	1	1	1	1	2	2	2	5	3	1	1	1	1
中文文献																							
1. 谢礼珊、韩小芸（2007）	○		○		○														○				
2. 谢桂敏、赵湘湘（2010）		○																				○	
3. 黄玉理、黄英（2010）	○		○																				
4. 唐德荣、杨锦秀（2010）	○		○					○															
5. 粟路军、黄福才（2010）	○		○															○	○				
6. 粟路军、黄福才（2011）	○															○			○				
7. 粟路军、黄福才（2011）	○		○							○													
8. 粟路军、黄福才（2011）			○						○														
9. 粟路军、黄福才（2011）	○		○						○														
10. 粟路军、黄福才（2011）	○																						
11. 陆林、刘莹莹（2011）	○									○								○					
总计	9	1	7	-	1	-	-	1	2	2	-	-	-	-	-	2	-	2	3	-	-	1	-

资料来源：沈雪瑞，李天元．国内外旅游目的地忠诚的文献回顾及研究展望［J］．北京第二外国语学院学报，2013（1）：18-28.

一、旅游消费者方面

（一）满意度

奥立佛认为顾客满意是顾客的需要得到满足之后的某种心理反应，是顾客对产品和服务满足顾客需要的程度的一种判断。顾客满意产生于顾客对产品或服务的感知实绩与当初期望值的比较，如果实绩大于期望值则产生顾客满意，反之则不满意。关于满意度作为测量旅游者消费忠诚的前因变量被很多成果研究所证实。例如，张蓓（2012）以广州农业旅游景点游客进行调研，结果也表明都市农业旅游游客满意度是游客忠诚度的重要前提，游客在都市农业旅游中获得需求满足，形成对都市农业旅游体验的良好评价，由此产生重游意愿和推荐意愿。周学军、杨勇（2014）基于SEM的休闲避暑地游客满意度及忠诚度关系研究，结果也表明游客满意度与忠诚度之间是显著的正相关关系，满意度越高，游客对旅游目的地的忠诚度也越高。游客的旅游忠诚度表现为积极推荐、重复游览，休闲避暑度假目的地游客的忠诚度更倾向于积极推荐。

高满意度将导致旅游消费者较高的重游意愿和较强的推荐意愿。满意度对忠诚度的两个指标重游意向与推荐意愿两项指标影响显著性有差异。例如，有些旅游消费者具有很高的满意度，但他自己不愿再重游，却非常愿意向其亲朋好友推荐该旅游目的地。也有研究表明满意度和忠诚度并非线性关系，会通过其他因素产生间接影响。目前，越来越多研究表明，旅游消费者满意能够对忠诚度产生正向的影响关系。

（二）旅游动机

旅游动机就是激发人们外出旅游的内在驱动力，即促使一个人有意于外出旅游及选择到何处去、开展何种旅游活动的心理动因（朱华，2014）。旅游行为的产生，其直接的心理动因是人的动机，而隐藏在动机背后的原因是人的需要。凡是引起个体去从事某项活动，并使活动指向一定目标以满足个体某种需要的愿望或意愿，都叫作这一活动的动机。不同的需要会产生不同的动机，不同的动机对某个特定旅游目的地的忠诚度也将产生不同的影响。

学者研究动机对旅游者目的地忠诚的影响作用时，主要从驱力和诱因理论、最佳刺激理论的角度去探讨。第一种视角，旅游动机归纳为“推动”与“拉动”两个因素，其中，“推动”因素主要有放松、娱乐、消遣、追求新奇、家庭团聚、社会交流、逃避等。拉动因素主要包括目的地环境、历史遗迹、特色饮食、活动参与等。第二种视角，主要体现在旅游消费者对最佳刺激物的追求程度，常采用“寻求新奇”作为测量变量，但“寻求新奇”动机对重游意愿具有一定负向影响（沈雪瑞，李天元，2013）。

（三）感知价值

感知价值是指消费者在对某产品或服务的获得（得到的利益，包括心理、情感、金钱等）与付出（在消费时的牺牲，包括时间、精力、金钱等）进行比较之后得到的一种心理上的价值判断，如果顾客觉得在消费时所获得的价值超过了他的付出（不论是金钱或是其他方面）的时候，他便会感到满意并再次光顾。伯尔丁（Boulding，1993）等的研究发现顾客感知价值与顾客的推荐意愿、重复购买呈正相关关系。也有学者（Zeithaml，1988）指出，顾客感知价值与高价容忍度之间存在正相关关系，即可以容忍价格上涨而继续保持忠诚。帕拉体拉曼（Parasuraman，1988）等也提出顾客感知价值是顾客忠诚的主要驱动因素之一，消费者在购买中总是期望以有限的资源获取最大的交换价值。白长虹、廖伟（2001）认为，顾客感知价值对顾客忠诚有直接或间接的影响，间接影响通过推动顾客满意来达成。对于旅游者来说，如果某次旅游经历让他觉得不虚此行或者有很多超出想象的额外收获，那么他对此次经历的印象就会加深．对该旅游目的地的满意度也会随之增加，进而对忠诚度产生影响。此外，这种正面的强化还会直接促使旅游者产生对目的地的忠诚感，对旅游者未来的选择行为产生影响。

（四）感知质量

感知质量是指消费者在使用或体验过某产品或服务之后对其质量的主观感受与评价。这种主观的评价与产品或服务的实际质量可能会存在某种程度的差距，但它却是影响消费者购后评价和满意度的重要。也就是说，消费者的感知质量越高，他对该产品或服务的满意度就越高，而满意度又是影响忠诚度的重要条件，所以感知质量也就成为消费者忠诚度的影响因家之一。不少旅游学者的研究也证实了旅游者对旅游目的地的感知质量不仅对其忠诚度有着直接的正向影响，还通过顾客满意这一变量间接地对顾客忠诚起着影响作用。

（五）感知公平

学者对感知公平研究的方法也有差异。例如，Hutchinsona 等（2009）根据旅游消费者对是否受到公正与合理待遇来评价是否公平，结果表明，感知公平是满意度和感知价值的前因变量，也对服务质量与满意度之间具有中介作用。Panisa 等（2009）采用目的地意识和目的地形象两个指标测度感知公平，结果不仅验证了感知公平是目的地忠诚的前因变量，并且感知公平在满意度和忠诚度之间具有调节作用。我国学者粟路军（2011）等采用类似的方法，也发现服务公平性是服务质量、感知价值、旅游者满意的直接前因变量，进而间接影响目的地忠诚。

（六）地方依恋

国外学者对地方依恋概念的研究始于20世纪80年代末90年代初。目前学界较为一致的观点是将地方依恋看作人与特定地方之间的情感性联系，认为地方依恋是人与地方之间基于情感（情绪、感觉）、认知（思想、知识、信仰）和实践（行动、行为）的一种联系，其中情感因素排第一位，地方依恋的情感成分在人地关系中起核心作用（吴丽敏，2015），依恋某地的个体能感知到该地比其他地方能够更好地提供满足自己行动目标的条件；特定的环境能够促进旅游者对休闲经历的追求，对与自然环境相联系的身心和社会利益的追求，导致地方依恋的发展（Kyle，2004）。

段义孚认为，外在环境“不仅仅是人类的物质来源或者要适应的自然力量，也是人类安全和快乐的源泉、寄予深厚情感和爱的所在”，并将这种“人与场所或环境之间的情感联结”称为“恋地情结”(Tuan, 1974)。现有研究表明，在户外游憩地情境下，具有强烈地方依恋感的旅游者更倾向于对目的地倾注时间、精力、金钱等资源，出现重复购买、传播正向口碑、积极参与目的地的环境保护等行为（Kely, Graefe, Manning, 2005)。

国内旅游地地方依恋概念由黄向、保继刚（2006）等引入，并构建了旅游地地方依恋的 CDEEM 研究框架；唐文跃（2007）在探讨地方感的研究进展时，将旅游地地方依恋作为地方感的重要内容进行了阐述。杨昀（2011）也构建了地方依恋的 PPCMA 研究框架，并在研究现状的基础上提出了研究展望。白凯（2010）从环境心理和游客认知角度，通过结构方程对乡村旅游地“农家乐”游客的“场所依赖”和“忠诚度”进行了关联研究，研究显示：游客对乡村旅游地“农家乐”的“场所依赖”和“游客忠诚度”存在强正相关关系。贾衍菊、林德荣（2016）通过对国内休闲旅游地——厦门进行实证分析，结果表明地方依恋直接影响忠诚度，而且在旅游者满意度和忠诚度的影响关系中起到中介作用。

（七）个人特性

个人特性指的是旅游者自身所具有的不同个性，这些个性包括旅游者的各项人口统计学特征、旅游者的生活态度、重视时间的态度、风险厌恶的程度等。这些因素会影响到旅游者对于旅游目的地的总体评价，进而影响到其满意度，并最终作用于忠诚度。比如，一个极度重视相关群体意见的旅游者，他在选择旅游目的地时更多的是参考周围人的意见和建议，而很少根据自己之前的旅游经验进行抉择。由于过多地受他人意见的支配而忽视了自己的经验和感受，他对于曾经游览过的旅游目的地就很难形成忠诚度。再比如风险爱好者和风险厌恶者之间，两者对于相同情境下旅游体验的感觉也是截然不同的。假如旅游过程中出现了某些意外的情况，风险爱好者可能会觉得这是额外的刺激因素，因此增加了他旅游的乐趣；而风险厌恶者会觉得这种意外破坏了他原本完整的旅游体验。发展到最后，风险爱好者会因为意外情况的出现增加了对旅游目的地的好感，对其整体印象和满意度也随之增加；而风险厌恶者很有可能会因此而产生不满意的情绪。乔光辉（2015）通过差异性检验分析发现，游客的人口统计学特征中的“性别”“婚姻状况”“受教育程度”“职业”“客源地”等，都是导致游客满意度与生态旅游目的地忠诚度之间存在显著差异的重要因素。所以说，旅游者的个人特性会直接或间接地作用于满意度而影响到忠诚度，也会作为独立的因素直接影响到忠诚度。

二、旅游目的地层面

（一）目的地形象

目的地形象影响旅游者个人主观感知，随之发生的行为及目的地的选择，自从 Martintineau（1958）率先提出人们的行为取决于感知形象而不是客观存在，目的地形象现已成为旅游领域关注的焦点（王纯阳，屈海林，2013）。

目的地形象是指一个人对一个目的地的信任、意见及印象的总和。而旅游形象是指旅游者对某一旅游接待国或地区旅游服务的总体看法。旅游目的地形象就是旅游者、潜在旅游者对旅游地的总体认知、评价，是对目的地社会、政治、经济、生活、文化、旅游业发展等各方面认识和观念的综合，是旅游地在旅游者、潜在旅游者头脑中的总体印象（朱华，2014）。

目的地形象是旅游者评价某一旅游目的地时的一个重要因素，其好坏直接影响着旅游者对于该旅游目的地的感知质量，也会影响旅游者的满意度，而满意度又是一个影响忠诚的前因变量，所以它也就影响了旅游者对该旅游目的地的忠诚度。沈鹏熠（2012）通过实证方法，表明旅游目的地形象即认知形象和情感形象不仅对游客忠诚产生直接影响，而且通过游客满意对游客忠诚产生间接作用。

（二）服务质量

服务质量是旅游者在目的地体验到的旅游服务的好与坏，它是影响旅游者感知质量的根源，也是影响旅游者感知价值和满意度的因素。在很多实证研究中．服务质量被证明是满意度的前因变量，并通过满意度的中介作用影响旅游者的行为意向或者通过其他中介变量，如感知公平、感知价值等间接影响忠诚。例如，旅游者对目的地服务质量的肯定是其产生重游意愿的直接驱动因素，同时它也可通过满意度这一中介变量对“向他人推荐”意愿产生间接影响（Bigne，2001）。

三、其他因素

转换成本是指当消费者从一个产品或服务的提供者转向另一个提供者时所产生的一次性成本。这种成本不仅仅是经济上的，也包括时间、精力和情感上的。如果顾客从一个企业转向另一个企业，可能会损失大量的时间、精力、金钱和关系，那么即使他们对企业的产品或服务不是完全满意，也会三思而行。顾客的转换成本对顾客转移视线起阻碍作用，因此有利于维持与顾客的既有关系，从而提高顾客忠诚度。但是，也应该看到，转换成本是一种带有某种强制性的因素，虽然这种产品或服务不是最好的，但是由于种种原因，消费者不得不继续使用该产品或服务，在这种情况下消费者会有一种被绑架的感觉，其对该产品或服务并不是真正的认可，这种忠诚是一种短期的忠诚，并且存在很大的转移风险，一旦消费者找到更加满意的产品或服务、转换成本降低或消失，消费者的忠诚度也会随之消失。

以上介绍的旅游者忠诚度的影响因素是被大多数学者证实并得到普遍认同的因素，除了这些具有普遍意义的因素之外，还有一些其他因素也被学者们拿来进行了不同程度的探索。可以看出．对于影响旅游者忠诚度因素的探索一直处于不断发展之中，相信经过不断探索和实践，会有更多的因素被证实。

第四节　基于旅游消费者忠诚度的旅游营销

一、增加旅游消费者的感知价值，提升其满意度

要增加忠诚度，就需要提升旅游消费者的满意度，这就需要增加旅游消费者的感知价值。如果要培养忠诚的旅游消费者，那么旅游企业或旅游目的地就必须重视旅游消费者的感知价值。采用各种措施，让旅游消费者感知其所享受的旅游服务物超其值。提高感知价值最基本的途径就是提高感知质量，而感知质量源于良好的服务和产品。旅游目的地或企业应该从保证旅游基础设施的质量、服务的质量、良好的环境等几个方面做起，打造高质量的旅游服务产品。提升目的地本身形象，塑造自己的品牌，使旅游者感受到自己消费的旅游产品具有品牌价值，这可以增加他们对于旅游产品社会价值和心理价值的评价。此外，旅游目的地或旅游企业可以与旅游消费者之间建立一种独特的关系，使旅游消费者对目的地产生情感上的依恋和偏好。

二、提供高品质的旅游服务与产品，提升感知质量

旅游产品是一种服务性产品，旅游者购买的是一种经历和体验。因此，在这种无形产品的提供过程中，服务是最主要和关键的因素。目的地提供的旅游服务越周到、越贴心，旅游者对其整体感知质量就越高，而感知质量的高低决定了旅游者对此目的地满意度的大小，满意度又是忠诚度产生的前提，所以为了培养忠诚的旅游者，旅游目的地必须要提高其供应的旅游产品和服务的质量。

为了保证旅游者能够体验到高水准的服务质量，旅游目的地需要提前了解哪些因素会在旅游者的消费过程中对其产生影响，找到了这些因素之后，有针对性地进行改进。在这个过程中，尤其需要重视那些旅游者与服务人员的接触点。比如在一个特定的景区之内，旅游者购票、旅游者咨询、导游讲解，就是最需要注意的服务接触点。景区服务质量的提升重点也在这些接触点上。服务质量好坏与服务提供者有着密切联系，服务人员的态度语言、行为举止、精神状态等都会直接影响到旅游者的感知质量。一个好的旅游服务者可以让原本平淡无奇的旅游消费过程变得精彩纷呈；相反，一个不称职的旅游服务者可能会使原本美好的旅游体验过程变得一团糟。因此，对于旅游服务人员的培训和管理是保证旅游服务质量的一个重要环节，旅游目的地应该给予服务人员更多的关怀，给他们创造一个和谐的文化氛围，同时增加必要的技术培训，让他们变为忠诚的服务人员，为旅游者提供完美的服务。

除了上述两方面外，良好的旅游服务质量还有赖于目的地各个部门之间的合作和协调，不管是酒店、餐馆、震区、旅游交通部门、旅游管理部门，还是邮电、银行等其他

支持部门，只要是有可能涉及旅游者活动的地方，都需要旅游组织进行统一协调和保障，为旅游者提供一次高质量的服务体验。

三、把握旅游消费者心理，激发其旅游动机

人们的一切消费行为都受到人们内在心理因素的影响，是人们心理过程的外在表现，旅游消费者行为也同样如此。旅游消费者的心理过程指旅游消费者对旅游产品的感觉、知觉、记忆、思维及意志等心理活动过程。旅游企业必须对旅游消费者进行调研和分析，把握旅游消费者心理，细分市场，激发其旅游动机。激发旅游者的旅游动机，可以从如下几点着手：

第一，增强旅游产品的吸引力。人们外出旅游的目的是要通过游览名胜古迹、田园风光、风土人情、古老建筑和享受优质服务来满足其身心的需要。人们能否得到这种满足，取决于旅游产品是否符合旅游者需要。只有当旅游产品能满足旅游者的某一需要时，才会使需要转化成旅游动机。例如，庐山天下悠、三清天下秀、龙虎天下绝、泰山天下雄、黄山天下奇，风景秀丽奇峻的特征，令人向往。

第二，加大旅游宣传的力度。旅游宣传为旅游者提供信息，帮助他们认识旅游的价值，使其消除顾虑，唤起欲望，激发动机。旅游宣传要增加强度、加大对比、利用移动、不断重复等手段。而且旅游宣传的形式多样，如刊登广告、散发印刷品、影视活动、派出宣传机构或小组、邀请记者来访、参加博览会和展销会等。此外，旅游宣传应遵循异质性原则、形象性原则、独特性原则、针对性原则和动态性原则。当人们受到某种较强的刺激时，他习惯的认知系统会失去平衡，其感官会集中认识这些刺激，从而在左脑皮层形成兴奋中心留下深刻印象，这种现象被称为异质性。

第三，倡导现代旅游观念，鼓励旅游消费。要激发旅游者和潜在旅游者的旅游动机，就要提倡和树立全新的旅游观念，使人们认识到旅游不是一种奢侈的消费行为，而是现代生活中不可缺少的一个组成部分，是一种现代生活方式，以此来促进旅游消费。

四、树立良好的旅游目的地形象，增强口碑效应

旅游目的地不是单一的旅游产品，而是一个由吃、住、行、游、购、娱等不同部分组成的复合产品。旅游目的地营销是一种在地区层次上进行的旅游营销方式，在这种方式下，地区将代表区域内所有的旅游企业，以一个旅游目的地的形象作为营销主体加入旅游市场的竞争中。在目的地营销过程中，每一个旅游目的地都将是以总体旅游产品（Total Tourism Product）形式出现，即以旅游地整体而非若干独立景点作为旅游吸引因素推动市场。

人们心目中的旅游目的地形象的形成是一个复杂的过程。旅游目的地形象的形成过程也是人们对所有有关该旅游目的地的信息、脑海中对其的印象、感知进行加工、甄别、排列、整理的信息处理过程。按照旅游目的地形象与人们旅游行为之间的关系，旅

游目的地形象的形成可以分成三个阶段，即旅游目的地初始印象阶段、深入印象阶段和实际印象。旅游目的地形象的宣传和塑造也是旅游目的地市场宣传促销的内容。针对旅游目的地形象形成的三个阶段，旅游宣传促销也可以划分为三个层次，其内容和侧重点也是不同的。

口碑效应是由于消费者在消费过程获得的满足感、荣誉感而形成对外逐步递增的口头宣传效应，客户满意并不仅仅是对你的结果满意，更多的是对过程的挑剔。只有满足客户的需求，他们才会为你自觉自愿地传扬口碑。人们往往从其家庭、亲朋好友、邻居、同事等处得到旅游口碑。这类口碑对旅游购买决策的影响较大。旅游企业应十分重视口碑效应，以优质产品、温馨服务的旅游目的地形象赢得旅游消费者的口碑，发挥潜在旅游购买者决策的作用。如一家酒店在宾客意见簿的扉页上写下这样一段耐人寻味的语言："如果您满意，请告诉您的亲朋好友；如果您不满意，请告诉我们。我们将努力做得更好，一直到您满意。"

五、保证整个服务的公平，强化旅游消费者的感知公平

Clemmer 和 Schneider（1996）发现，服务公平性对顾客满意感和顾客的再购意向有显著的直接影响。谢礼珊、龚金红和徐泽文（2009）认为，如果旅游服务企业不能给旅游消费者留下服务公平的印象，旅游消费者就没有足够的信心对旅游服务企业产生忠诚感，并且认为通过以下四点可以提升旅游消费者感知公平：

第一，重视各个层次的公平。公平不能仅仅体现在给予的结果上，还应该反映在服务流程的改进、交往过程中灵活性的提高、服务态度的改进和信息沟通的详细、真实等方面，服务性企业既要重视结果的公平，又要保持服务的程序、人员交往及信息沟通等高层次的公平。

第二，要真诚沟通，诚信营销。旅游企业在对外沟通中应传递真实、详细的信息，保持服务承诺与服务传递的一致性。当服务出现变更时，应及时告知顾客，并做好相应的解释工作，同时加强企业内部的信息沟通，保持信息沟通的一致性。

第三，改善服务人员的服务态度。在服务接触中，顾客大部分时间是在与企业的一线员工打交道。在顾客看来，服务人员的态度和行为就是企业形象的代表。因此，服务企业应该加强员工的培训，增强员工的服务意识，提高服务人员的素质。在服务交往过程中，服务人员应待客诚实、礼貌，尊重顾客，关心顾客的需要，设身处地为顾客着想；当服务出现失误时主动道歉，并积极尽力地帮助顾客解决问题。

第四，正确及时地进行服务补救。通过实证研究方法探寻服务补救中顾客自我调节导向心理特征对感知公平的影响，研究结果表明，服务失败背景下旅行社实物补救的确主要影响游客感知结果公平（陈国平等，2012）。服务企业可以通过正确的服务补救措施，来降低顾客对服务结果的失落感，以及对服务程序、交往方式和信息沟通的不公平感。为了实现这一目的，服务企业的补救行为首先要迅速及时，具有时效性。其次，补

救措施还应合理有效。Tax（1998）等人指出，服务失误发生后，道歉会影响顾客对服务公平性的评价。其中，道歉者的态度尤为重要。态度良好的道歉行为能降低顾客对服务不公平的感知，而缺乏诚意的道歉则会加剧顾客的服务不公平感。除了及时的解释和道歉外，企业还可以通过折扣优惠或礼品赠送等形式，给予顾客以物质补偿。

六、关注情感变化，培育地方依恋

通过感知目的地各个层面的服务，旅游者产生满意情感并进而促使地方依恋的形成，外在的行为表现便是多次造访目的地或口碑推荐。因此，旅游者忠诚行为的产生是正面情感累积的结果，旅游者的情感变化和相应管理需要引起目的地相关部门的关注，并有意识地培育旅游者的依恋情感。这种情感具有较高的稳定性和持久性。一旦形成，旅游者会表现出对这个空间的眷顾，并伴随多次重游行为的发生，成为目的地最为忠诚的客源市场。进一步表明，相比于地方认同，地方依赖对旅游者忠诚行为的影响更大，这暗示旅游地管理者需要重视旅游者地方依恋，且有效管理旅游者地方依赖情感的激发要素（贾衍菊，林德荣，2016）。

【复习与思考】

1. 为什么要培养旅游消费者的忠诚度?
2. 分析旅游消费者忠诚度的形成机制。
3. 请分析旅游消费者忠诚度的影响因素。

【推荐阅读】

1. 孙九霞，陈钢华．旅游消费者行为学［M］．大连：东北财经大学出版社，2015.

2. 胡田，郭英之．旅游消费者在线购买旅游产品的信任度、满意度及忠诚度研究［J］. 旅游科学，2014，06：40-50.

3. Backman S J，Crompton J L. The usefulness of selected variables for predicting activity loyalty［J］. Leisure Sciences，1991，13（3）：205-220.

4. Dick A S，Basu K. Customer loyalty：toward an integrated conceptual framework［J］. Journal of the academy of marketing science，1994，22（2）：99-113.

5. Jones T O，Sasser W E. Why satisfied customers defect［J］. Harvard Business Review，1995，73（6）：88-101.

第九章

社会群体与旅游消费者行为

人作为社会中的一员，其消费行为不仅要受到内在因素的影响，还要受到社会因素的影响。旅游消费者行为是内因与外因相互作用的结果。我们每个人都生活在群体之中，同时，我们每天也都处在信息世界里，接收着来自人际传播和非人际传播的各种信息，这一切都在影响着我们的价值观、态度和行为。虽然，这些影响更多是一种潜移默化的过程，但是旅游者的出游，总是会受到诸多其他社会成员和因素的影响。那么，除了家族、亲朋好友外，影响旅游消费者行为的群体还有哪些？他们是如何影响旅游消费者行为的？如何基于不同的旅游消费者社会环境开展旅游营销活动？这些是本章要解决的问题。

【学习目标】

1. 知识目标：了解社会群体的含义和把握与旅游消费相关的社会群体；把握参照群体、社会交往和家庭对旅游者消费行为的影响。

2. 能力目标：学会利用社会群体基本原理来开展旅游营销活动。

【导入案例】

完美的64天：一对小夫妻说走就走的旅行，不需要任何理由，只需要说走就走的勇气；路上，不需要缜密计划，只需要随遇而安的心境。小两口双双辞职，自驾一路向西，历经64天穿越14省跋涉19000公里，去实现他们说走就走的旅行梦，沿途记录下这些万千美景……

一直都有个环游中国的梦想，终于在今年春夏之际得以实现。我想，我是因为真的爱旅行，爱沿途美景，爱那份在路上的行走感，才会不顾一切踏上这趟旅程！

我喜欢那种在路上无所畏惧也无所顾忌的自由自在，或许只有在路上的我，才是内心最真实的自我。总是幻想着一段长途旅行会让自己脱胎换骨，其实旅行解决不了任何问题，更多的是一种对现实的逃避和对理想的追寻！

辞职旅行，没什么可炫耀的，不过就是舍弃一些原本糟糕的状态，和过往做一个了断，重新开始新的生活，以一场数月的旅行来犒劳自己多年的辛勤工作！

资料来源：http：//mt. sohu. com/20150529/n414043081. shtml.

案例分析：

上述案例展现的情形，处在不同的家庭阶段，旅游者的旅游行为是完全不一样的。

第一节　社会群体概述

一、社会群体的含义

马克思的人性观认为；人有两种属性，一是人的自然属性，二是人的社会属性。人的社会属性，使我们不可避免地与群体联系在一起。人一出生，就存在于形形色色的群体中，并与这些群体共同成长。在整个生命过程里，我们也会不断地进入或者离开各种群体。因此，整个社会都是由群体组成的，群体是我们社会存在理所当然的一部分。

社会群体，是指通过一定的社会关系结合起来，相互作用、相互依赖的集体。社会群体具备三个基本特征。一是群体成员需以一定纽带关系联系起来。例如，以血缘为纽带组成的氏族和家庭，以地缘为纽带组成的邻里群体。二是成员之间有共同目标，并保持持续的相互交往。三是群体成员之间有共同的群体意识和规范。

社会既为人的社会化提供了场所和手段，又为满足个体各种社会需要提供了条件和保障。离开了家族、邻里、朋友和其他各种类型的群体，人的很多需要无法得到满足，人的社会化也无从谈起。社会群体对旅游消费者的作用体现如下：

（一）社会群体对旅游消费者有非常大的影响

群体成员在接触和互动过程中，通过心理和行为的相互影响与学习，会产生一些共同的信念、态度和规范，这些对旅游消费者的行为将产生潜移默化的影响。例如，在家庭、学校等群体的经历教会我们做什么和不做什么，如何用餐、听音乐会、欣赏画展，如何观看体育竞赛，等等。在许多情况下，这些社会信息产生的影响力甚至比消费活动本身提供的客观信息更有力。

社会群体的规范和压力会促使旅游消费者自觉或不自觉地与群体的期待保持一致，即使那些个人主义色彩很重、独立性很强的人，也无法摆脱社会群体的影响。

很多旅游产品的购买和消费是与群体的存在和密不可分的。例如，加入某一登山协会，不仅要参加该协会的登山活动，而且要购买与该协会其他成员相一致的产品，如印有某种标志的帽子和旗帜或某个品牌的登山器材等。

（二）社会群体对旅游消费者影响的途径

社会群体成员资格为旅游消费者对他人施加影响提供了途径，包括影响群体内其他成员及影响群体外与群体活动相关的人。这种影响常常能够给群体成员带来明显的自尊感。在群体内部，人们有机会充当领导者，或向其他成员施展自己的技能和才干。在群体外部，群体成员资格使旅游消费者享有特定的权利，从而影响其他群体或社会。

人们之所以加入各种社会群体，主要是因为社会群体能满足他们的某些需要。一个群体只有对其成员起着重要的，甚至是必不可少的作用，才能长期维持下去。这些需要主要包括：归属需要，即与他人共处的需要；自我认同和自尊需要，即由个体在群体中的身份决定个人的角色、价值观和立场；安全需要，群体成员相互支持以控制焦虑，减少不确定性的需要；参照需要，群体对其成员而言，具有直接的参照作用，以利于问题的解决。

二、与旅游消费者密切相关的社会群体

（一）家庭

人一生中的大部分时间是在家庭里度过的，家庭成员之间的频繁互动使其对个体行为产生广泛而深远的影响。尽管远离家园，旅游消费者的价值观、信念、态度和言谈举止，无不打上家庭影响的烙印。此外，家庭还是一个购买决策单位。一方面，家庭生命周期、家庭规模和结构、家庭购买决策的模式影响和制约家庭成员的旅游消费行为；另一方面，家庭成员又对家庭购买决策施加影响。

（二）朋友

朋友构成的群体是一种非正式群体，它对消费者的影响仅次于家庭。追求和维持与朋友的友谊，对大多数人来说是非常重要的。个体可以从朋友那里获得友谊、安全感，还可以与朋友互诉衷肠，与朋友讨论那些不愿对家人倾诉的问题。不仅如此，结交朋友还是一种独立、成熟的标志，因为与朋友交往意味着个体与外部世界建立联系，同时也标志着个体开始摆脱家庭的单一影响。例如，在我国，“在家千日好，出门一日难”的观念深入人心，一些自助游者为了避免家人的担心和反对，往往不向家人吐露其真实的行程，但他们会与朋友商讨“旅行攻略”，将路途中的风险降到最低。

同时，朋友的意见和建议，对旅游消费者选择旅游目的地、入住哪家旅店、购买何种产品和品牌、怎样评价购买的产品均有重要影响。这些影响随个体与朋友相似程度的增加而增强。

（三）工作群体

人们有许多旅游消费行为与工作群体有着密切的联系。例如，商务游客代表企业参加展销会，公司为销售人员提供的奖励旅游等。影响旅游消费者行为的工作群体可以分为两种类型：一种是正式的工作群体，即由一个工作小组里的成员组成的群体，如同一个办公室里的同事，同一条生产线上的装配工人等。一般情况下，正式工作群体对与公事相关的旅游消费活动的影响较大。另一种是非正式工作群体，即由在同一个单位但不一定在同一个工作小组里工作，且形成了较密切关系的一些朋友。由于在休息时间或下班时间成员之间有较多的接触，所以非正式工作群体与正式工作群体一样，都会对所属成员的消费行为产生重要影响。

（四）参照群体

在旅游消费活动中，参照群体实际上是旅游消费者在形成其购买或消费决策时，用以作为参照、比较的个人或群体。

三、群体压力与从众心理

从众是社会影响个人的方式之一。所谓从众，是指个体在群体的引导或压力下，在知觉、判断、观念及行为上表现出与群体中大多数人一致的现象。从众有不同的表现形式。有时，个体没有自己的意见，抱着无所谓的态度，随大流。有时，个体有自己的看法，但与大多数人的看法不同，只好在群体压力下，转变态度和立场。有时，个体采取了与众人一致的行为，但并没有改变态度，在内心坚持自己的意见。这些情形都可称为从众。

实际上，群体压力可以导致从众，想象的群体优势也会对人的行为造成压力。同时，消费者在很多的购买决策上会表现出从众倾向。例如，我们在家里可以试穿各种新买的奇异服装，但在决定是否把它穿出去时，则要考虑大多数人的反应。

从众心理产生的原因主要如下：

（一）行为参照

任何一个人，不论多么聪明，多么富有知识，都不可能熟悉和了解每一种生活情境。在情境不确定时，其他人的行为最具有参照价值。从众所指向的是多数人的行为，自然成了最可靠的参照系统。例如，在陌生的旅游地，人们更愿意到人多的餐馆去吃饭，到人多的商店去购物，选择人多的路走。采用从众方式可以帮助我们最大限度地转移风险，适应未知世界。

（二）对离群的恐惧

任何群体都有维持群体一致性的倾向和机制。群体通常会接纳和优待与群体保持一致的成员，疏远、排斥和制裁偏离者。“木秀于林，风必摧之”“枪打出头鸟”等说法或多或少地反映了不从众带来的风险。人们为了避免被其他成员排挤，会产生从众行为。例如，与别人一起购物时，人们往往会购买许多计划外的商品，以赢得群体中其他人的认可。

（三）群体的凝聚力

如果群体有着共同的目标和利益，个人就有可能为了实现集体的理想和目标，自觉与其他成员保持一致。群体凝聚力越强，群体成员就越愿意采取与群体相一致的行为。

第二节　参照群体与旅游消费者行为

一、参照群体概述

（一）概念

1942 年，美国社会学家海曼提出了参照群体这一概念，用以描述个人心目中想要加入或理想中的群体。人们通过与参照群体的对比确定自己的地位，并把参照群体的价值和规范体系视为个人的目标或标准。例如，想考入大学的中学生往往把大学生群体作为参照群体。

参照群体，是指一群与消费者紧密相关，同时对消费者的评估、期望和行为产生影响的群体。在旅游消费活动中，参照群体实际上是旅游消费者在形成其购买或消费决策时，用以作为参照、比较的个人或群体。参照群体在帮助成员形成信仰、态度、价值观和人格方面有着特殊的意义。

参照群体的含义随着时代的变化而变化。这个术语最初是指家庭、朋友等与消费者直接打交道的群体。现在，参照群体不仅包括直接与消费者互动的群体，还包括电影明星、体育明星、政治领袖和其他公众人物等与消费者没有直接接触，但对个体行为产生影响的个人或群体。同时，不同的参照群体在不同的时间内或不同的环境下，消费者的信念、态度和行为也不同。例如，一个女大学生在购买服装时，倾向于选择与同龄人的服饰相一致的服饰，但看病时则与父母一样选择看老中医。也就是说，虽然消费有许多的参照群体可供选择，但在某种具体的情境下，消费者一般只会使用一个群体作为参照群体。

【相关链接】

和明星去旅行

由中国广播电视协会生活节目工作委员会、国际休闲产业协会指导的国内首档娱乐化旅游公益互动节目《和明星去旅行》于 2011 年 4 月 1 日起在吉林卫视风尚东北亚栏目首播。2016 年 1 月，澳大利亚新诺亚集团、《和明星去旅行》栏目组推出《和明星去旅行》环澳系列节目，在中国交通频道电视平台播出，同时在新华视讯手机电视台、腾讯视频、优酷网、乐视视频、爱奇艺、第一视频、搜狐视频、网易视频、凤凰视频、一点资讯等主流网络媒体联播。

《和明星去旅行》节目总策划王振辉介绍，明星有超强的号召力和影响力，以明星效应扩大旅游目的地知名度已成为旅游营销的新名片。《和明星去旅行》是一档明星时尚与旅游文化相结合的节目，时长20分钟，体现了旅游娱乐化、公益时尚化和真人秀的元素，在内容上以轻松、时尚、互动为基调，以行走、发现、体验为主题，以明星和粉丝的独特视角全新体验旅游目的地的自然风情、人文景观，涵盖吃、住、行、游、购、娱等多方面信息，在旅途中明星和粉丝、游客还以实际行动倡导旅游环保，通过旅游纪念品义卖和出版《和明星去旅行》系列图书筹集善款。通过《和明星去旅行》节目不仅可以了解风景之外的明星旅行故事，还可以为爱生活、爱时尚、爱旅游的人们提供更多个性化、时尚化的旅行方式。

资料来源：http：//baike. baidu. com/link？url=eN9OYrNGamN15zlIazbtdEsP2ALi8h8doI56ra1CUHtChhLHl_ rLIZsd6bgHxdpbiBbR7IJJETiWmsmTY3P3va.

（二）参照群体的类型

参照群体可根据不同的标准分为不同的类型。

1. 按照群体组成形式划分：正式群体与非正式群体

正式群体指有一定的规章制度，有既定的目标，有固定的编制和群体规范，成员占据特定的地位并扮演一定的角色的群体。非正式群体指以个人好恶兴趣等为基础自发形成，无固定目标，无成员间的地位及角色关系的群体。

2. 按照群体接触特性划分：成员群体和渴望群体

成员群体指个人是其成员的参照群体；渴望群体指消费者想要成为其成员的非成员群体。

3. 按照隶属关系和影响划分：交往群体、向往群体、否认群体和躲避群体

交往群体，是个体与其交往群体具有经常的、面对面的交往形式，并赞同该群体其他成员的价值观、态度和行为标准。因此，交往群体对个体的态度与行为都具有积极的影响作用。

向往群体，是个体不是该群体的成员，与该群体没有面对面的交往，但对这个群体极为赞赏，所以，这个群体对该个体也会有积极的影响作用。

否认群体，是指个体是这个群体中的一员，也与该群体有面对面的交往，但反对该群体的价值观、态度和行为，因此，这个人会倾向于接受与该群体规范相对立的态度和行为模式。

躲避群体，是指个体不是某群体的成员，与该群体无面对面的交往，同时反对这个群体的价值观、态度和行为方式。这样，他会倾向于接受与该群体相反的价值观、态度和行为。

二、参照群体对旅游消费者行为的影响

人们总是希望自己富有个性和与众不同，然而群体的影响又无处不在。不管是否愿意承认，每个人都有与各种群体保持一致的倾向，而且通常情况下，我们都是无意识地和群体保持一致。因此，参照群体在信息、规范和价值三方面对旅游消费者的行为产生影响。

（一）在信息方面影响旅游消费者

主要是指参照群体成员的行为、观念、意见被个体作为有用的信息予以参考和仿效。当消费者对所购产品缺乏了解，凭眼看、手摸又难以对产品的品质作出判断时，别人的使用和推荐将被视为非常有用的证据。在旅游消费决策中，旅游者通常会向旅游专家咨询关于目的地和旅游企业的信息，或向旅游企业员工打听与产品和服务相关的信息，或向朋友、邻居、亲戚、同事中对特定旅游活动有经验的人，征询相关的知识和经验。

参照群体对个体消费者在信息方面的影响，主要取决于被影响者与群体成员的相似性，以及施加影响的群体成员的专长性。

（二）在行为规范上影响旅游消费者

规范，是指在一定社会背景下，群体对其成员行为合适性的期待，它是群体为其成员确定的行为标准。群体内的期待或规范可能不为外人所觉察，但置身于其中的成员却能明显地体验到。同时，规范往往与一定的奖励和惩罚相关联。为了获得群体的奖赏或避免惩罚，个体成员会按群体的期待行事。因此，只要群体存在，无须经过任何语言沟通和直接思考，规范都会迅速对个体的行为产生影响，使个体遵从群体接受和赞许的行为标准。例如，为了迎合同事的期望，个人购买某一特定的品牌决策时，往往会受到同事偏好的影响。以参团方式出游的旅游者通常都会自我约束，在旅途中提高时间意识，约束自己的行为，以免耽误大家的行程。

（三）在价值表现形式上影响旅游消费者

在价值表现形式上影响旅游消费者，主要是指个体自觉遵循或内化参照群体所具有的信念和价值观，从而在行为上与之保持一致。例如，同属于汽车俱乐部的会员，为了维持与特定群体的同一性，会经常对照其他成员的偏好和购买行为，参加俱乐部组织的自驾游活动等。个体之所以在不需要外在奖惩的情况下自觉依参照群体的规范和信念行事，主要是基于以下两种力量的驱动：一方面，个体可能利用参照群体来表现自我，来提升自己在别人心目中的形象；另一方面，个体可能特别喜欢该参照群体，或对该群体非常忠诚，并希望与之建立和保持长期的关系，从而视群体价值观为自己的价值观。

第三节 社会交往与旅游消费者行为

一、社会交往的概述

交往是社会的黏合剂，是社会生活的重要驱动力。在实际的社会群体中，社会交往既是习俗的基础，也是变革的源泉。人类在其发展过程中总是自觉或不自觉地寻找着交往的机会，发展着交往的能力。在现代社会中，旅游成为一种十分重要的交往方式。社会交往是指在一定的历史条件下，人与人之间相互往来，进行物质、精神交流的社会活动。从不同的角度，把社会交往划分为个人交往与群体交往、直接交往与间接交往、竞争、合作、冲突、调适等。

社会交往是人的本质的内在要求。人的本质是在物质生产劳动的基础上形成的一切社会关系的总和。与此相适应，社会交往可以分为物质交往、精神交往和两性交往。社会交往具有重要的意义，社会交往有利于个人成长，社会交往是文化传播的手段，社会交往是社会构成与发展的基础。

二、旅游消费者社会交往的特点与层次

旅游消费者的社会交往，在时间上起始于旅游体验过程的开始，终止于旅游体验过程的结束。在旅游消费者的社会交往期间，由于交往对象一般是脱离原社会系统职能约束的平等的旅伴（其他旅游者）、旅游目的地居民或旅游业的从业人员，所以彼此的沟通多为平行的方式，并以感情上的沟通或物品交易为主要内容。

（一）旅游消费者社会交往的特点

与人们日常交往相比，旅游消费者的社会交往有以下特点：

1. 超越功利性

日常生活交往或多或少地带有一些功利的目的，旅游消费者的社会交往则是出于情感的需要而发生的，鲜有功利性目的。

2. 交往关系的单一性

旅游消费者的社会交往在本质上只有两种：一种是买卖关系的交往。买卖双方的地位并不平等，是一种服务与被服务的关系，而且经常导致两者的不和与冲突，是导致消极体验的主要人际互动形式。另一种旅游者角色之间的交往，是一种处于平等地位的交往，交往的发生、发展几乎完全由交往主体的意愿来决定，因此这种交往主要带来积极的情感体验。

另外，旅游消费者的社会交往还具有暂时性的特点。旅游者的社会交往，大部分局限于本次的旅游体验活动。

（二）旅游消费者社会交往的层次

旅游者的社会交往的程度，是指旅游者交往的距离和交往的密切程度。交往的距离并不是指参与交往的人相处的空间距离远近，而是指人际交往的深度和密切程度。交往质量的高低反映了交往者之间心理上的吸引力和满足程度，即取决于交往的人而不是交往本身。因此，旅游消费者的社会交往是有层次差异的，主要表现为隔离、潜在、示意、互动、互助、竞争六个层次。

1. 隔离性交往

隔离属于否定性的交往，是交往处于零水平的状态。处于严格隔离状态的人不仅人身活动自由受到限制，而且可能失去与他人进行交流、联络的权利，甚至个人的成员归属资格也被剥夺。由于旅游活动以旅游者个人的人身自由为前提条件，因此在旅游者身上一般不会发生隔离性的交往。但是，我们也确实能够发现个别旅游者在旅游过程中极力避开与人接触，独来独往，如有些特定文化背景下的背包客在目的地就喜欢独来独往。这种情况可以说仅仅是部分内容上的隔离，因为旅游者总要与他人发生交换及信息沟通。

2. 潜在性交往

这种交往虽然没有发生现实的接触，但已经是一种存在。旅游者在动身之前，已经“身未动，心已远”，凭借旅游目的地营销部门散发的小册子或耳闻目睹的其他社会媒介材料，已经在揣摩旅游接待行业的经营者的服务特征和旅游目的地居民的接待态度了。只要一个人想外出到某地旅游，他与该旅游目的地的居民、旅游企业的经营者以及其他的旅游者便已经产生了一种潜在的交往关系。潜在性交往是形成旅游期望时的一个重要因素。在潜在性交往阶段，旅游者要充分了解交往对象的文化特点，了解其社会经济方面的背景，这样才能使潜在性交往变成协调旅游期望与旅游偏差的积极先导因子。

3. 示意性交往

示意是以向交往的伙伴做出某种姿态而不介入对方的活动为特征。旅游者的示意比较集中地表现在以下两个方面：一方面，对于意欲结伴出游的人而言，意味着向可能同行的人进行的启发、鼓吹或探讨行为。这种示意的特点是向交往对象传达先行经验，但不介入对方的活动。另一方面，示意也发生在旅游者向旅游经营者提出的各种旅游信息咨询上，这种咨询尽管还不是旅游决策，但极有可能转化为旅游决策。因此，聪明的旅游经营者，不会对这种示意淡然处之。示意与隔离和潜在性交往相比，其特点是已经有了现实的交往对象。但是，示意只能是现实的交往的前奏，示意对象的被动性质决定了示意还不构成真正意义上的交往。

4. 互动性交往

互动是人与人之间直接的社会交往活动，主要体现为人的心理交感和行为交往的过程。典型的互动方式就是我们平时所说的交往，它在旅游者的旅游过程中占有重要的地位，具有不可忽视的意义。对于旅游者个人而言，愉快有效的交往是获得期望的旅游体验的前提。

5. **互助性交往**

互助是集体当中的一种常见现象。旅游过程是需要互助的，尤其是现代社会的旅游。这种互助不仅体现在旅游者的很多活动要依赖于他人提供的以物质设施或设备的形式存在的产品，而且体现在旅游过程中很多直接的旅游者与旅游者之间、旅游者与目的地居民之间、旅游者与旅游服务企业员工之间的相互理解、支持和帮助。在同行的旅游者之间，人们是共同目标的追逐者，因此常常需要同舟共济；旅游者与旅游接待业的经营者之间由于经济利益而拴到了一起，没有互助，旅游过程可能在任何环节中断；旅游者与目的地居民对目的地的资源越来越负有相同的责任，因此相互的理解与支持是不可少的。

6. **竞争性交往**

竞争是最高水平的交往，与互助一样，它也广泛见诸各种生物个体或种群之间，它是生物进化的普遍规律。就人类社会而言，人为了生存、繁衍和发展，不仅要与其他生物竞争，还要与同类竞争。这看似残酷的事实，在现代社会里得到了淋漓尽致的发挥。在旅游过程中，竞争现象大量地存在着。旅游者之间对于某种旅游产品的竞争会最终影响到该产品的可得性及为之付出的代价，也会影响到旅游体验的质量；旅游群体内部对于利益或权利的竞争可能导致群体结构的变化；旅游者与旅游目的地居民之间的竞争最终有可能引发暴力、冲突事件；而旅游者与旅游经营者之间的竞争可能断送彼此进一步交往的基础。然而，竞争在旅游过程中是一种伴生现象，甚至可以说是一种必然现象。

三、旅游者与旅游目的地居民之间的主客交往

（一）旅游体验中主客交往的行为

1. **交往行为特征**

旅游消费者的社会交往具有双向性和互动性的特征，在旅游消费者的社会交往期间，由于对象一般是脱离了原社会系统职能约束的平等旅伴、交易者，彼此之间的沟通多为平行的方式，并以感情上的沟通或物品交易为主要内容，不受原有组织规范的约束。因此，主客交往的特征主要有：

（1）主客之间的关系是短暂的。客人在接待地停留时间很短，任何主客之间的交往都只能是偶然的和表面的。

（2）主客交往存在着时间和空间上的限制。客人的到来通常都有季节性，而且一般不会再来。

（3）随着大众旅游的发展，旅游消费者个人缺乏与当地居民会面的自发性。通过包价旅游，大部分与居民的接触是事先安排好的，甚至 一些聚会也是事前计划好的，这种聚会是旅游活动的组成部分，且常常成为一种商业性的安排。

（4）主客之间的接触通常是一种不对称和不平衡过程。在与外来旅游者接触时，与

旅游消费者的阔绰富裕相比，当地人显得寒酸。

（5）旅游消费者是在度假休息，享受新奇的经历，对当地居民来说，这种活动和接触、会见已经成为他们的日常工作，因此容易缺乏兴趣。但随着深度旅游的发展，旅游体验中的主客交往也会发生一些变化。

2. 良好交往的条件

有效的交往是指能达到愉悦而有益效果的交往。良好的主客交往应当是在互动、有利的社会氛围下，在合作而不是竞争的背景下，交往双方地位基本相同，而且有着相同的价值观，才能实现。交往参与者享有高度的共同活动、兴趣和目标，才会产生亲密、深入而不是随意、表面的交往效果。因此，要达到一种良好的社会交往效果，参与者必须达到以下四个条件：

（1）参与者具有平等地位；

（2）交往发生于多数群体的成员与少数群体中具有较高地位的成员之间；

（3）接触双方是自愿的；

（4）在合作、亲密的关系下追求共同目标，并有一定制度保障。

（二）旅游体验中主客交往的过程

1. 宏观过程

旅游体验中的主客交往关系，受旅游产品的生命周期理论及主客关系演变理论的影响，表现为以下几个过程。

（1）在旅游开发初期，旅游地的旅游者以少量的探险旅游者为主，外来者对当地基本没有影响，主客关系融洽，当地社会文化并未发生变化。

（2）在旅游发展时期，随着旅游开发力度的加大，大量的散客（个体大众旅游者）自发来到旅游地，当地人有机会同旅游者大量接触，旅游者的行为和文化对当地人产生的较大影响，当地人对旅游者的到来习以为常。

（3）在旅游发展巩固时期，大量有组织的旅游者到来，旅游发展的负面效应开始显现，当地居民从旅游业中获得收益小于付出，于是将对旅游业的愤怒转移到旅游者身上，产生恼怒情绪。

（4）旅游发展衰退时期，随着主客之间的矛盾进一步激化，当地人收益不足以抵消其愤怒，对抗的主客关系应运而生，当地社会文化系统逐渐走向崩溃。

2. 微观过程

旅游者一次完整的旅游经历包含着旅游需要的产生并为之准备的阶段、离开常住地进入旅游世界的旅途阶段、在一个时间和空间都区别于日常生活的旅游地的畅游阶段、不可避免的回归阶段、重新汇入主流生活并结束旅游活动阶段和旅游者离开常住地到回归主流生活期间居住地继续运转的生活阶段六个阶段。如果站在旅游经营者的角度，审视主客交往的微观过程可发现，旅游体验中的主客交往分为三个阶段。

（1）准备阶段。在该阶段，旅游者产生旅游需要与期望，影响旅游主客交往态度的诸多因素在此阶段已经存在，并且存在一部分以主客交往为主要动机的旅游者。准备阶段的旅游目的地居民既受自身社会文化的影响，又受到以往同旅游者接触经验的影响。

（2）交往阶段。该阶段是主客交往发生的阶段，对主客双方产生影响的行为在该阶段发生。主客双方在设定的各种情境下进行交流，是涉及表层和深层、行为和心理等方面的复杂过程。

（3）影响阶段。该阶段产生主客交往对旅游者和旅游目的地及其关系和文化的影响。旅游者离开旅游地，他们会把旅游地的经历同旅游前的期望值进行比较，做出满意或不满意的评价，旅游地的经历会对旅游者产生不同程度的影响。对旅游目的地居民而言，这种影响是旅游者影响又一次量的积累，也是另一次循环的开始。当这种影响达到一定程度时，便实现了质的改变，会对下一次的主客交往行为产生影响。

第四节 家庭与旅游消费者行为

家庭是社会生活的基本单位，家庭对个体行为的影响是直接的、深刻的和长远的。家庭的环境条件，父母的生活方式、价值观念、社会地位等都会在一定程度上影响着家庭成员的观念，对家庭成员的行为有着潜移默化的作用。不同的家庭形态以及不同的家庭生命周期阶段，都会对旅游消费者个体及其家庭成员产生影响。

一、家庭的概述

一般认为，家庭是指以婚姻关系、血缘关系等为纽带而结成的有共同生活活动的群体。完整意义的家庭，至少由两个人组成。社会学家一般将家庭分为以下四种典型形态：

一是核心家庭，即由一对夫妇（含一方去世或离婚）与他们的未成年子女组成的家庭（丈夫、妻子和子女），以及只由夫妇两人构成的家庭（丈夫和妻子）。

二是主干家庭，指至少由两代人组成，而且每代只有一对夫妇（含一方去世或离婚）的家庭（祖父母或外祖父母、丈夫、妻子和子女）。

三是联合家庭，指由父母（含一方去世或离婚）与多对已婚子女组成的家庭，或兄弟姊妹婚后仍不分家的家庭。

四是其他类型的家庭，指上面三种类型以外的家庭，如由未婚兄弟姊妹组成的家庭。

在不同的文化背景下，甚至同一文化背景下的不同地区，占支配地位的家庭形式是有差别的。例如，在美国，核心家庭比较多见，而在宗族色彩比较浓厚的泰国，主干家庭居多。我国由于计划生育政策推行，在城市，核心家庭的比重日益增加，而农村则以祖父母、父母及子女三代同堂的主干家庭为主。当然，随着经济社会的发展，在一些发达国家，单亲家庭、未婚同居家庭、同性家庭等非传统家庭形式大量涌现，独居人口上升。

二、家庭生命周期

随着时间推移，大多数家庭都会经历一系列不同的阶段，从结婚成家、生儿育女、儿女成人自立门户、夫妻退休、丧偶，到最后一个配偶死亡。家庭发展过程中所经历的这一系列不同阶段，被称为家庭生命周期（FLC），是反映一个家庭从形成到解体呈循环运动过程的范畴。在家庭生命周期的不同阶段，家庭的人数、家庭成员的生理状况与心理需求都具有不同的特点，由此使家庭消费呈现不同的模式。

家庭生命周期各阶段的划分方法有许多，本书采用美国学者格里克于1947年从人口学角度提出的家庭生命周期，并对一个家庭所经历的各个阶段所做的划分。

（一）青年单身期

青年单身期指从参加工作到结婚的时期。这一时期的收入比较低，消费支出比较大。同时，这个时期也是提高自身能力、投资自己的最好时期。这个时期的重点是培养未来的获得能力。财务状况是资产比较少，可能还有负债（如贷款、父母借款），甚至净资产为负。

（二）家庭形成期

家庭形成期是指从结婚到新生儿诞生时期。这一时期是家庭的主要消费时期。经济收入增加而且生活稳定，家庭已经有一定的财力和基本生活用品。为提高生活质量往往需要较大的家庭建设支出，如购买一些较高档的用品，贷款买房的家庭还有一笔较大的开支——月供款。

（三）家庭成长期

家庭成长期是指从小孩出生一直到上学前。在这一阶段，家庭成员不再增加，家庭成员的年龄都在增长，家庭的最大开支是保健医疗费、学前教育、智力开发费用等。同时，随着子女的自理能力的增强，父母的精力充沛，又积累了一定的工作经验和投资经验，投资能力大大加增强。

（四）子女教育期

子女教育期是指小孩上大学的这段时期。这一阶段里子女的教育费用和生活费用猛增，财务上的负担通常比较繁重。

（五）家庭成熟期

家庭成熟期是指子女参加工作到家长退休为止这段时期。这一阶段，自身的工作能力、工作经验、经济状况都达到高峰状态，子女完全自立，债务逐渐减轻，理财的重点是扩大投资。

（六）退休养老期

退休养老期是指退休后的那一段时期，这一时期的主要内容是安度晚年，投资和花费通常都比较保守。

三、家庭成员在旅游消费过程中的角色

在旅游购买决策和消费过程中，不同家庭成员往往扮演着不同的角色，对决策产生不同的影响。一般而言，家庭旅游消费决策过程中至少涉及以下五种角色。

（一）倡议者

倡议者是指提出旅游中购买旅游产品的建议，使其他家庭成员对此产生购买兴趣的人。例如，少年儿童往往积极向家长建议去游乐场或郊野风景区游玩。一般来说，倡议者和使用者多为同一人，但是，倡议者所提出的信息与建议，却不一定总是被采纳，这主要取决于他或她在家庭中的地位和影响力。

（二）影响者

影响者是指为购买提供评价标准以及哪些产品或品牌适合这些标准之类的信息，从而影响旅游目的地和旅游方式选择的家庭成员。影响者决定了家庭在一次购买活动中接触到的信息。他们对信息做出的分析处理，是其他人做出决定的重要依据。

（三）决策者

决策者是指有权决定是否旅游、去哪里旅游、何时旅游以及购买什么旅游产品的家庭成员。例如，在夏令营、修学旅游等青少年旅游市场上，尽管青少年是顾客，但他们的家长通常是最终做出决策并支付费用的人。

（四）购买者

购买者是指实际进行购买的家庭成员。购买者与决策者可能不同。例如，青少年可能被授权决定是否参加以及参加何种暑期旅游团，但父母才是实际与旅行代理商议价并付款的人。

（五）使用者

使用者是指在家庭中实际消费或使用由他们自己或其他家庭成员所购买产品的人。家庭旅游消费中的购买者不一定是参与旅游活动的使用者。例如，在中国出境游市场中，老年夫妻或青年夫妻的组合形式在旅游者中占多数，而大部分老年夫妻的费用都是子女全部或部分赞助的。

四、家庭旅游消费行为的影响因素

影响家庭旅游消费行为的因素有很多，主要集中在以下四个方面：

（一）文化和亚文化

文化或亚文化中关于性别角度的态度，很大程度上决定着家庭决策是由男性主导还是女性主导。在我国不发达的农村地区，由于家庭中的封建思想和重男轻女意识还比较严重，家庭多以男性为核心。男性比女性有更多的受教育机会，更高的收入水平，在家庭中的地位较高，对家庭旅游决策的影响自然较大。而在上海、北京等大城市，人们传统家庭观念的影响相对较小，家庭成员的地位较为平等，因此家庭决策过程中出现自主型、联合型、妻子主导型等形式多样的决策方式。当然，文化并非一个地理概念，即使生活在同一个城市，由于文化背景的不同，人们对于性别角色地位的认识会有相当大的差别，由此导致男女在家庭决策中的影响力也是不同的。

（二）角色专门化

随着时间的推移，夫妻双方在旅游决策中会逐渐形成专门化角色分工。传统上，丈夫负责开车、买机票、预订和登记酒店，妻子通常负责整理和购置旅途中各种必备物品、收集旅行费用、住宿状况和线路安排等信息，并决定在旅途中如何安排孩子的活动。随着社会的发展和职业女性数量的增加，婚姻中的性别角色不再像传统家庭中那样鲜明，丈夫或妻子越来越多地从事以前被认为应由另一方承担的活动。虽然如此，家庭旅游决策中的角色专门化仍然是不可避免的。从经济和效率的角度来看，家庭成员在每件产品上都进行联合决策的成本太高，而专门由一个人负责对某些产品进行决策，效率会提高很多。

家庭中的角色分工与家庭发展所处的阶段密切相关。比起建立已久的家庭来，年轻夫妻组成的家庭会更多地进行联合型决策。之后，随着孩子的出生和成长，家庭内部会形成较固定的角色分工。当然，随着时间的推移，这种分工也会发生相应的变化。在我国，由于父母越来越重视孩子的感受与意见，独生子女参与家庭消费决策的比例也越来越高，有些时候子女甚至起着决定性的作用。目前，我国城市家庭中的典型模式是：成年男性是最主要的创收者，并且担任名义上的家长；成年女性是最主要的家务承担者和家庭开支流向的决定者；青少年是家庭资源配置时优先考虑的对象。家中的青少年，尤其是 18 岁以下的未婚青少年，承担的是高享受、低自主型的角色，对家庭消费与家庭文化决策有特殊影响力。

（三）家庭生命周期

家庭生命周期，对家庭旅游决策的模式也有重要影响。在不同的家庭生命周期阶段，夫妻或者其他家庭成员参与决策的程度和重要性是不一样的。例如，有小孩的家庭，当小孩还比较小的时候，主要的旅游消费决策是由父母做出的；当子女一辈长大成人，有了决策能力和需求时，家庭出游的决策权可能就开始掌握在他们手中。

（四）个人特征

家庭成员的个人特征，对家庭旅游决策方式具有重要影响。个人特征中，收入状况对旅游决策产生重要影响。夫妻双方，谁拥有更多的收入，谁就会在家庭旅游决策中更容易占据主导地位。家庭成员的受教育程度也会影响旅游决策。如果妻子受教育的程度越高，其参与旅游决策越高，拥有旅游决策的权利越多。除此之外，家庭成员的其他个人特征，如以前的旅游经历、年龄、能力等，也都会直接或间接地影响其在旅游购买中的作用。

第五节　基于社会群体的旅游营销

一、基于参照群体的旅游营销

现有的研究成果表明，与生活必需品相比较，参照群体对消费者是否要购买特定的非必需品的影响较大；与床垫、热水器等他人可见度较低的产品相比较，在购买他人可见度较高的产品和服务时，参照群体对消费者在品牌选择上的影响较大。大多数旅游消费活动属于可见度较高的非必需消费，因而，旅游消费者在购买旅游产品和服务时受参照群体的影响较大。一个可信的、有吸引力的或有权威的参照群体，能够引起旅游消费者态度和行为的改变。所以，许多旅游营销活动通过社会名流、权威人士、专家或满意的游客对旅游产品的推荐，来突出旅游产品所能提供给消费者的切实的和与众不同的利益。因此，基于参照群体的旅游营销，必须发挥参照群体的名人效应和专家效应。

（一）发挥参照群体的名人效应

如果一个人羡慕某个人或某个群体，他就会效仿其行为，并以此作为自己消费偏好的指导。影视明星、歌星、体育明星等名人对公众，尤其是对崇拜他们的人具有巨大的影响力和号召力。对很多人来说，名人代表了一种理想化的生活模式。消费者对名人总有一种相信的心理，消费者会潜意识地去模仿名人。

因此，社会名人的证明迎合了消费者模仿名人、追求名人效应的心理需要。但旅游企业用名人做广告时，首先，要考虑产品或服务形象与名人形象的一致性，并不是任何名人都适合为企业产品做宣传。其次，要考虑名人在受众中的公信力。公信力主要由名人的专长性和可信度决定。名人的专长性是指名人对所宣传的旅游企业、旅游产品和服务是否熟悉，是否有使用体验。名人的可信度是指名人所做宣传、推荐是否属实、是否值得信赖。如果旅游消费者认为名人对旅游企业的推荐明显是受金钱驱动，他的可信度就会打折扣。

（二）发挥参照群体的专家效应

专家，是指在某一专业领域受过专门训练，具有专门知识、经验和特长的人。专家所具有的丰富知识和经验，使其在介绍、推荐产品与服务时较一般人更具权威性，从而产生专家所特有的公信力和影响力。例如，2009年，为了开发工业旅游，山东省举办了工业旅游成就展暨工业旅游商品展示会，并邀请专家设计了“好客山东——山东工业游”旅游路线。

（三）“普通人”效应

运用满意顾客的证词来宣传旅游企业和旅游产品，是旅游营销常用方法之一。人们往往把自己和与自己相似的人做比较，所以常常被与自己相似的人的生活方式所打动。满意的顾客来自广大旅游消费者，他们的亲身经历能增加营销活动的可信度。旅游消费者的口碑宣传，会使潜在的旅游者感到亲切，引起他们的共鸣。例如，迪士尼经常在各类广告中展示普通消费者如何从旅游消费活动中获得家庭团聚的欢乐等，更容易得到消费者的认可。

二、基于社会交往的旅游营销

旅游消费者的社会交往是一种暂时性的个人之间的非正式平行交往，是旅游者体验的重要组成部分。尤其是对部分类型的旅游者而言，社会交往已然成为他们的主要出行动机。例如，中国背包客的主要出行动机之一就是社会交往，中国背包客中有一部分就是社会交往型背包客。此外，随着普通旅游者出游经历的丰富和成熟，他们也越来越渴望在旅游过程中，体会目的地城市、社区的生活方式，与当地人互动、与其他的旅游者互动。因此，基于社会交往的旅游营销，必须大力凸显旅游目的地、旅游企业的社会交往因素。

（一）展现目的地居民热情、好客的态度

“没有满意的旅游目的地居民，就没有满意的旅游者”，旅游目的地居民态度直接决定游客体验的好坏和当地旅游业的发展深度与广度。在旅游过程中，如果当地老百姓热情高涨，游客的吃、住、行、游、购、娱各个环节都很顺畅，旅游者就会对整个旅游产品做出满意的评价。相反，如果旅游目的地居民的态度冷漠，甚至敌对，即便当地自然风景再如何优美，也会让旅游者的满意程度大打折扣。

（二）强调旅游企业的社会交往元素和机会

如国际青年旅舍联盟在中国的总部——中国国际青年旅舍总部的官方主页就一直强调：“国际青年旅舍不是经济型酒店，我们提倡文化交流、社会责任，实践环保、爱护大自然，简朴而高素质生活、自助及助人。”

（三）展示原真性的地方生活方式以及主客良性互动平台

随着全球流动性的日益加快与复杂化，人们对“他者”生活的地方以及他们的生活

方式愈加感兴趣且愿意身体力行、长期驻留。因此，在丽江、大理、阳朔等地，可以发现许多来自国内外的“生活方式型旅行者”。也正如戴斌教授所一直强调的“景观之上是生活”，越来越多的普通民众愿意走进旅游目的地居民的日常生活与场景中，体验他们的生活方式。因此，旅游营销部门必须充分展示原真性的地方生活方式，展现并搭建主客良性互动的平台。

三、基于家庭的旅游营销

（一）识别目标市场所处的家庭生命周期阶段

现有研究表明，处于不同家庭生命周期阶段的家庭，一方面会有不同的家庭类型与结构。例如，在家庭形成期，家庭由夫妻两人组成，尚无子女。另一方面，处于不同家庭生命周期阶段的家庭也对应着不同的旅游态度。例如，青年单身期人群，看重旅游设施和关心身心健康的表现低于其他阶段人群，家庭成熟期、退休养老期人群关注身心健康的表现高于其他阶段人群，家庭成长期、子女教育期人群向往体验的表现高于其他阶段人群。因此，识别出目标市场所处的家庭生命周期阶段是有效市场营销的第一步。

（二）识别目标市场旅游消费行为的影响因素

在熟知目标市场所处的家庭生命周期阶段后，还应该更加具体地了解处于特定家庭生命周期阶段的目标市场的旅游消费行为影响因素。因为，在不同的家庭生命周期阶段，有着不一样的影响因素及影响因素之间的关系。例如，家庭成长期、子女教育期，子女可能正在读幼儿园、小学、中学和大学。因此，子女在家庭出游决策中的地位也不尽相同。此外，家庭成长期、子女教育期也正是夫妻双方经济关系、权力关系不断变动的时期。因此，识别出家庭决策到底是“丈夫主导型”“妻子主导型”还是“双方民主协商型”，对旅游营销尤其重要。

总之，家庭发展过程中经历了收入和闲暇时间的波动，而这两者又是外出旅游的必备条件。随着人们生活质量的提高，旅游也逐渐由非必需品向必需品转化，对于旅游营销来讲，将市场按照家庭生命周期进行细分，抓住每一个阶段的心理、收入和时间特点，就可以较准确地把握旅游市场的需求特点，有针对性地进行市场开发，提供个性化的旅游产品，满足不同家庭生命周期阶段旅游者的心理需求，获得旅游者和旅游企业双赢的市场效果。

【复习与思考】

1. 旅游经营者如何利用有效地参照群体对消费者个人的影响？设计一个营销方案。
2. 旅游者与旅游目的地居民之间的主客交往会怎样影响旅游者的消费行为？

3. 请分析无子女夫妇、有学龄前儿童的夫妇、孩子已上学的夫妇三类群体在旅游消费上的主要差别，讨论孩子如何影响丈夫及妻子对度假选择的决策。

【推荐阅读】

1. 白凯．旅游者行为学［M］．科学出版社，2015.

2. 马凌，保继刚．感知价值视角下的传统节庆旅游体验——以西双版纳傣族泼水节为例［J］．地理研究，2012，02：269-278.

3. 江娟丽．我国发展体验旅游的背景、开发思路及对策研究［J］．西南大学学报（人文社会科学版），2006，01：126-129.

4. 曾蓓，崔焕金．旅游营销的新理念——旅游体验营销［J］．社会科学家，2005，02：129-135.

第十章 文化、亚文化与旅游消费者行为

文化是旅游的灵魂，文化不仅影响旅游资源开发，而且深刻影响旅游消费者行为。本章分析文化的概念、特征和作用，分析亚文化的概念和分类，在此基础上来论述文化、亚文化对旅游消费者行为的影响；阐述旅游文化营销的概念和分类，对旅游文化营销的运作模式进行系统分析。

【学习目标】

1. 知识目标：了解文化的概念与特征、亚文化的概念与分类、旅游文化营销的概念；熟悉文化的作用、旅游文化营销的分类；掌握文化、亚文化对旅游消费者行为的影响，掌握旅游文化营销的运作模式。

2. 能力目标：运用文化、亚文化的基础理论知识来分析其对旅游消费者行为的影响，具有运用旅游文化营销的运作模式来策划旅游文化营销的能力。

【案例导入】

2016年上半年中国出境旅游者报告

2016年8月5日，中国旅游研究院、携程旅行网发布《消费升级、赢得尊重 2016上半年中国出境旅游者报告》。报告显示，虽然上半年中国出境游的增长速度放缓，但量变在向质变转化，中国旅游者进入了“消费升级”阶段：当城市的中高收入阶层在国内的生活质量提升之后，他们希望去全世界享受“更好”的服务，为个人与家庭获得

"幸福感"。因此他们在航班、酒店、餐饮、行程上不断升级，增加支出以购买更优质的旅游产品，而不再是省吃俭用或主要消费于购物。他们希望深入体验目的地，切身体验当地人的生活，这些同时让中国游客赢得全球的尊重。该报告要点如下：

上半年中国公民出境旅游人数达5903万人次。在线旅游网站和手机移动客户端成为中国游客查询、预订的重要渠道。女性主导出境旅游的时代来临，上半年出境游客中58%是女性，比男性高16个百分点。年轻人成为出境游主力，60%出境游客年龄在40岁以下。

上海、北京、广州、深圳依然是中国最大的出境口岸，但"新一线"城市为出境旅游市场贡献了最大的新客群，他们的消费能力已经比肩一线城市。2016年出境旅游人数增长速度最快的城市分别为长沙、深圳、重庆、成都，长沙等城市在线出境游客人数增长超过100%。

江苏苏州以6125元位居出境游消费最高的出发城市，其次是浙江温州，江浙一带生活富裕的二线城市旅游消费水平最高，北方老牌工业城市紧随其后。西部的昆明、贵阳、西安等城市也位居榜上。

"消费升级"是2016年上半年出境游的主旋律。中高收入阶层倾向于选择这样一种出境度假方式：住得好一点，安排奢华或者特色高端酒店；行程宽松一点，不忙着赶行程；吃得好一点，本地化特色餐；不走寻常路，包车或者定制服务。上半年百万级的携程跟团游、自由行的预订数据为例，选择4、5钻高钻级产品的客人达到75%。预订5钻产品的客人人数同比上升20%。

"消费升级"还体现在，中国游客的旅游方式从走马观花的踩点式逐渐转化为深度游，数据显示，游客在每个目的地的停留时间为2.3天，比去年同期提升0.4天。特别是对于马代、毛里求斯等海岛类，曼谷、东京、台北等城市目的地，游客更倾向于将其停留时间延长至一周左右。中国游客也不再只是购物。携程抽样调查发现，今年参加香港游的旅游群体中，80%以上以观光和度假为目的，而非购物。

2016年上半年，最热门的10大目的地国家和地区分别为：泰国、韩国、日本、中国香港、中国台湾、新加坡、马来西亚、美国、印度尼西亚、越南。泰国、韩国、日本是2016年最大的赢家。中国游客更倾向于赴亚洲城市观光，前往亚洲周边的海岛度假。欧洲恐怖袭击事件的负面影响使得这一趋势更加凸显。

根据携程百万真实点评，上半年旅游者平均点评分为4.60分（满分5分）。以100分为最高值，旅游幸福指数为92，是近几年的峰值。从群体看，朋友出游相比家庭、情侣的幸福指数更高。从吃、住、行等旅游要素看，领队导游等人的服务相比吃住等设施更让旅游者满意。

携程对上半年组织的出境游客的调查发现，并没有出现严重的不文明事件，绝大多数中国游客的言行大方得体，发生恶性事件的情况非常少见。对数百位携程领队的调查发现，90%的领队认为，2016年上半年中国游客出境游的文明旅游程度有提升或者明显提升，90%以上不认同中国游客素质低于其他国家的说法，中国游客有被妖魔化的倾向。

资料来源：新华网 http：//news.xinhuanet.com/info/ttgg/2016-08/08/c_ 135575883.htm.

案例分析：

（1）中国文化对旅游消费者行为影响显示出一种积极力量。根据对数百位携程领队的调查发现，90%的领队认为，2016 年上半年中国游客出境游的文明旅游程度有提升或者明显提升，九成以上不认同中国游客素质低于其他国家的说法。中国游客在各国是最受欢迎的游客之一。部分游客不文明造成恶劣影响是事实，但这种情况发生的概率极低，大部分中国游客文明素养并不比其他国家的人差，不应该被妖魔化。同时也不可否认的是，部分中国游客在出行秩序、礼仪、尊重当地风俗习惯等方面还存在改善空间。携程的网友调查显示，出境游时最不文明的六种行为依次是：乱丢垃圾、不尊重当地风俗习惯和规定、在公共场合大声喧哗、排队加塞儿、大庭广众脱鞋脱袜、遇有纠纷恶语相向。随着全球化环境下长大的新一代旅游者崛起，中国出境旅游者在传播中国文化、提升中国国家形象的过程中，是一种积极的力量。

（2）亚文化对旅游消费者行为影响差异不同。根据数据显示，女性主导出境旅游的时代来临（58%是女性，42%是男性），80、90 后成为出境游主力。在出境游用户中，30~39 岁的人群比例最高，达 24%，其次是 20~29 岁，比例达 20%。20 岁以下的比例也达到 15%。年轻人更愿意自由行，与老年人的旅游更愿意跟团游。跟团游依然是出境游的主流，占比超过 50%。中高收入阶层出境度假方式：住得好一点，安排奢华或者特色高端酒店；行程宽松一点，不忙着赶行程；吃得好一点，本地化特色餐；不走寻常路，包车或者定制服务。

第一节　文化与旅游消费者行为

一、文化的概念

我国辞（词）典中关于文化的概念：它是指人类在社会历史发展过程中所创造的物质财富和精神财富的总和，特指精神财富，如文学、艺术、教育、科学等。它分广义和狭义的概念，广义是指人类在社会实践过程中所获得的物质、精神的生产能力和创造的物质、精神财富的总和。狭义是指精神生产能力和精神产品，包括一切社会意识形态，如自然科学、技术科学、社会意识形态（姚庆，2014）。文化在不同学科中的定义侧重点也各不相同，但文化的核心是人，人与文化之间影响是相互的。文化使得我们继承同一种文化遗产群体中的个体拥有共同的知识、信仰、价值观、生活方式、行为方式、思维方式方法、道德规范等（严明，2014）。

【知识链接】

文化的分类

可以从不同的角度、依据不同标准对文化进行分类。主要按人类社会生活类型、人类社会活动类型、文化的载体、文化存在的时空、文化所属主体和文化的价值等标准，对文化现象做出基本的类型划分。

1. 按人类社会生活类型分为政治文化（人类社会政治生活的精神信息）、经济文化（社会经济生活的精神信息）、军事文化（人类社会军事生活的精神信息）、日常文化（人类日常生活的精神信息）。

2. 按人类社会活动类型分为认识文化（人类认识活动的精神信息）、实践文化（人类实践活动的精神信息）、管理文化（社会管理活动的精神信息）、审美文化（人类审美活动的精神信息）、交往文化（人类交往活动的精神信息）、评价文化（人类评价活动的精神信息）。

3. 按文化的载体分为物质形态的文化（以物质为载体的文化）、制度形态的文化（以制度为载体的文化）、活体形态的文化（以人为载体的文化）。

4. 按文化存在的时间划分为原始文化、古代文化、近代文化、现代文化、当代文化；传统文化、新文化等。

5. 按文化存在的空间分为世界文化、国内文化、民族文化、地域文化、城市文化、乡村文化。

6. 按文化所属主体划分为民间文化、官方文化；大众文化、精英文化；阶级文化、阶层文化、政党文化、企业文化、个体文化、集团文化、社会文化、人类文化。

7. 按文化的价值分为先进文化、落后文化、腐朽文化；主流文化、亚文化、反文化；雅文化、俗文化等。

资料来源：姚庆. 文化交往学［M］. 北京：人民日报出版社，2014：16.

二、文化的特征

（一）文化的习得性

文化无法通过基因传承来获得，而是一方面自小通过与社会环境、家庭环境的接触；另一方面随着年龄的增长，通过教育和媒体的接触，接触的范围不断扩大，既有直接的也有间接的接触。人们通过学习获得文化，而学习方式主要来自于“文化继承”和“文化移入”，前者是学习自己民族或群体的文化，后者是学习外来文化。

（二）文化的共享性

文化具有群体性，不仅同一群体可共同享有文化，而且不同群体也能共享许多文化成果。文化也通常被视为社会成员联系在一起的纽带，每个群体都会形成不同的文化物质，从而构成各自独特的社会群体文化。所以，在特定社会的共享性上，文化不仅成为不同群体的边界，而且成为区别于其他文化的标志。

（三）文化的动态性

文化不是静止的，而是随着社会发展进行缓慢的动态变化。技术创新、人口变动、资源短缺和外来的文化侵蚀等原因，这都可能使人们的价值观念、行为方式、生活习惯、偏好和兴趣发生适应性改变。

三、文化的作用

纵观人类社会发展的历史，文化既表现在对文明的传递作用上，又表现在对社会的规范、调控作用上，还表现在对社会的凝聚作用和社会经济发展的驱动作用上。文化的作用主要如下：

（一）文化具有传递文明的作用

文化不同于器物。器物都是适应当时，一旦毁后无法传承，而文化既可适应当时又能够延续而泽及后人。从这个角度来看，文化具有传承与传递文明的功能。文化的这种传递文化的功能，可以将上代流传下的长期积累的各种经验、知识和价值观念被使人们短时间接受，并影响人们的生活。

（二）文化具有规范人的行为的作用

人既有社会属性，又是自然属性；既有理性的方面，又有非理性的因素。文化的作用是通过道德、正义和公平等社会规则来约束人的行为，从而控制人的冲动非理性行为，引导人们对待社会现象、处理面临的问题更加符合社会规范，来让理性主导人的行为。每一种文化都提供具有约束性、普遍起制约作用的行为规范。

（三）文化具有凝聚社会力量的作用

作为价值体系和行为规范，文化提供着关于是与非、善与恶、美与丑、好与坏等社会标准，并可以通过社会教育而内化为个人的是非感、正义感、羞耻感、审美感、责任感等，从而提高人们的道德情操、认识水平和人生境界，凝聚社会力量。社会的发展离不开社会力量的凝聚，文化通过对全部社会生活的渗透力、凝聚力和引导力来发挥凝聚作用①。

（四）文化具有助推经济发展的作用

文化对经济的支撑作用主要表现在：一是文化的导向赋予经济发展以价值意义，经济制度的选择、经济战略的提出，经济政策的制定，无不受到社会文化背景的影响以及

---

① 杨耕．文化的作用是什么［N］．光明日报，2015-10-14.

决策者文化水平的制约。文化给物质生产、交换、分配、消费以思想、理论、舆论的引导，在一定程度上规定了经济发展的方向和方式。二是文化赋予经济发展以极高的组织效能。人作为文化的单元，不仅受文化熏陶，而且也依一定的原理相互感通，相互认同，从而形成社会整体。文化的这种渗透力是人的社会性的体现，它能够促进社会主体之间相互沟通，保证经济生活与社会生活在一定的组织内有序开展。三是文化赋予经济发展以更强的竞争力。经济活动所包含的先进文化因子越厚重，其产品的文化含量以及由此带来的附加值也就越高，在市场中实现的经济价值也就越大①。

四、文化对旅游消费者行为的影响

文化是旅游者的出发点和归结点，文化对旅游活动的影响和制约是全方位、多层次的。从总体上来讲，文化影响着旅游者的生活方式，制约着旅游者的行为，决定着旅游者的消费观念和行为准则，影响着旅游者的消费结构和消费方式，主导着旅游者需求，因而，文化对旅游者消费行为具有强大的影响力。另外，从本质上来说，旅游者消费行为是旅游者对旅游产品和旅游服务的决策、购买与评价的全过程，因此，旅游者消费可以分为以下几个阶段：旅游准备阶段的消费、旅游过程中的消费、回到目的地后深化旅游体验的消费。所以，以下将分别从旅游者消费过程中的三个阶段分析文化对旅游者消费行为的影响（高玉玲，2008）。

（一）旅游准备阶段

在这个阶段，文化对旅游者消费行为的影响主要表现为：潜在旅游者所具有的文化素养、所秉承的价值观念对于激发旅游需要和旅游动机、形成旅游偏好、做出旅游决策具有重大的影响作用。

1. 在不同文化背景下形成的文化价值观念决定着产生旅游需要的强度

由于地区文化性的差异，人们在此基础上建立起来的文化价值观念也存在着明显的差异。这在分别以传统和现代文化特色为文化特征，以及经济性差异大的地区尤为明显。一般情况下，在现代观念浓厚、经济较发达的地区，人们会普遍地产生旅游需要，且随着程度的加深，产生旅游需要的强度也会增加。

2. 潜在旅游者自身的文化修养、价值观直接影响着旅游政策

即使在促成旅游的客观条件全部相同的情况下，文化修养较高的潜在旅游者也会有高于常人的旅游欲望。此外，由潜在旅游者不同的文化修养决定的个人性格、价值取向、行为方式等具体表现，是形成旅游偏好，并进行旅游决策的重要依据。比如，知识层次较低的潜在旅游者往往倾向于观光型旅游；知识层次较高的潜在旅游者往往倾向于选择符合个人知识情趣的旅游活动（如历史文化古迹旅游、民俗风情旅游、宗教文化旅游甚至探险旅游等）。

---

① 顾伯平．文化的作用［N］．光明日报，2005-03-02.

（二）旅游过程中

在这个阶段，文化对旅游者消费行为的影响可以从旅游供给和旅游者需求两个方面来阐释。在旅游过程中，旅游者以文化消费的方式参与到旅游客源地与目的地的文化交流中，通过自身的消费活动影响双方文化交流的程度和文化变迁的进程。因而，文化与旅游者消费行为的影响是相互影响、相互制约的。

1. 从供给的角度来讲，旅游地文化通过调节旅游供给制约旅游者消费行为

地域上的差异使得社会风俗、宗教信仰、价值观念等文化要素在不同国家和地区呈现出明显的差异性，这就决定了在文化差异或禁忌的制约下，旅游地必然要通过调节旅游供给，制约甚至是限制旅游者的消费行为来保护自身文化。

2. 从需求的角度，旅游者自身文化因素影响旅游者消费行为

（1）旅游者的文化素养决定着旅游者个性和行为标准。一般情况下，文化素养较高的旅游者在旅游过程中的消费行为较为理性，冲动型购买的次数和频度较低，较多地注意个人旅游行为对旅游资源、社会、环境产生的影响，因而，文化素养较高的旅游者在旅游消费的过程中能够在满足其自身旅游需要的同时较好地保护资源，减少对旅游资源尤其是比较脆弱的旅游资源（如生态环境、濒危的历史文化遗产等）的利用和破坏，能与他人保持良好的关系，尊重他人也容易得到他人的尊重，懂得享受生活中的乐趣等。因此，高素质旅游者的旅游活动是自觉自律的，往往能够产生可持续性旅游的效果。

（2）客源地文化对异文化的态度决定了旅游者消费行为中文化交流的比例和强度。不同的国家和地区其文化传统、价值取向等都有很大的差异，这表现在旅游消费行为中也是不尽相同的。客源地文化对异文化的态度是与当地的开放程度紧密相关的。一般而言，开放性较强的地区比较容易接受外来文化，通过文化融合与交流促进自身文化的发展与繁荣。一个来自主张兼容并蓄、社会经济开放、人们思想比较开放地区的旅游者往往比来自经济闭塞、文化单一、人们思想保守的国家或地区的旅游者更能客观地看待旅游地的异文化。而且更注重旅游消费活动中的文化交流，更乐于通过旅游消费活动加强与旅游地居民的交流，通过文化的交流和碰撞深化旅游体验。

（3）旅游者个性对旅游期望的影响。生活在不同文化背景下的旅游者拥有不同的文化价值观，这种价值观上的差异会随着旅游者在日常学习中的文化习得逐渐强化，成为旅游者文化个性的重要组成部分。在这种不断强化的旅游者文化个性指引下，旅游者往往能形成客观的旅游期望，并且能够在旅游过程中出现期望偏离时，能够灵活地对旅游期望做出调整，从而更容易获得相对满意的旅游体验。

（4）文化因素影响旅游者的消费习惯和具体的旅游消费行为。由于文化上的差异，不同国家、地区，不同阶层的人们在价值观、消费观、道德观和生活方式上存在着明显的差异。这构成了不同的旅游消费群体，在惯常消费心理和消费习惯的指引下，旅游者在旅游过程中的具体消费行为也具有明显的差异性。

（5）文化因素通过社会风气、参照群体影响旅游消费行为的发展方向。文化因素对一定时代和地域的社会风气起着关键性的作用，而任何一个相关群体的旅游消费趋向和潮流都与当时的文化背景密切相关。例如，生态旅游的发展，与可持续发展理念逐渐为人们接受具有密切的关联性。

（三）旅游者回到居住地

旅游者回到居住地是旅游活动在空间上的完结，但是旅游者消费行为的完结却不一定是同步的，旅游者消费行为完结与否取决于旅游者的思维方式、价值观念、行为方式等，这些从根本上讲还是取决于文化的影响力。也就是说，旅游者是否在回到居住地后通过消费行为来进一步深化旅游体验（如冲洗照片、刻录光盘等）取决于其文化修养决定下的思维方式、消费习惯等。

第二节　亚文化与旅游消费者行为

一、亚文化的概念

亚文化又称集体文化或副文化，指在主文化或综合文化的背景下，属于某一区域或某个集体所特有的观念和生活方式（王晓玉，2014）。亚文化受经济社会、自然环境的影响而形成区域与群体的差异性文化现象。如因阶级、阶层、民族、宗教以及居住环境的不同，都可以在统一的民族文化之下，形成具有自身特征的群体或地区文化即亚文化。每个消费者可以同时属于几个亚文化群体，形成不同的亚文化成员身份，这影响着旅游消费者行为。

二、亚文化的分类

目前，亚文化比较有代表性的分类方法是根据地理、宗教、民族、年龄、性别、社会阶层等进行划分（如表 10.1 所示）。一个消费者往往同时属于多个亚文化。每一种亚文化影响人们生活方式和行为的不同方面，影响程度也不尽相同。通常，亚文化成员在多大程度上拥有某一亚文化的独特行为，取决于他认同该亚文化的程度。例如，人们对新产品的接受程度受到地区亚文化的强烈影响，对音乐和服装的偏好则受到时代亚文化的影响，对食品的偏好受到种族亚文化的影响，等等。

表 10.1　主要亚文化的分类

亚文化分类	代表
地理亚文化	西南、华南、西北；城市、乡村
宗教亚文化	佛教、伊斯兰教、基督教
种族亚文化	汉族、满族、壮族

续表

亚文化分类	代表
年龄亚文化	80后、90后
性别亚文化	男、女
社会阶层亚文化	高、中、低层

三、亚文化对旅游消费者行为的影响

(一) 民族亚文化对旅游消费者行为的影响

民族亚文化群体是指在其繁衍和发展的过程中形成自己独特的语言、文字、仪式、风俗、习惯、民族性格、民族传统与生活方式的一群人，也是因为共同的文化或遗传纽带而联系在一起的消费者群体。因此，民族身份，通常是消费者自我意识的重要组成部分。

民族文化特性对旅游者行为有决定性作用。许多研究也表明，不同的民族具有不同的性格，不同国家旅游者的行为各不相同，这种差异主要来源于民族文化的熏陶和感染。例如，日本民族受集体主义和长时间工作的文化传统的影响，日本人喜欢团队旅游或自行组织集体出游，更偏爱短期休假。日本旅游者既是不知疲倦的摄影者，也是大手大脚的消费者。阿拉伯人同样喜欢集体出游，但他们旅游的主要动机是绝对放松的娱乐型旅游者，旅游目的地偏爱高纬度、凉爽的多山地区。受美国主流文化中喜新乐奇、亲近自然、自由流动、个人主义等特质的影响，美国人喜欢在受到保护的自然环境中简单地度假，游览国家公园或观赏历史文物，绝大多数美国人都偏爱在国内度假。欧洲文化非常丰富多样，旅游者的消费行为差异也比较大。德国人非常喜欢到国外度假，荷兰人偏爱野营旅游和生态旅游，英国人更喜欢购买长距离包价旅游产品。从以上分析表明，旅游者的消费行为是其民族文化积淀的产物，不同国家的旅游者在价值取向、出游目的、出游方式、对目的地的偏好、与当地居民的接触程度、逗留时间等方面均有一定的差别，也表明民族文化差异不是影响旅游者行为差异的唯一的因素。

(二) 宗教亚文化对旅游消费者行为的影响

不同的宗教群体具有不同的文化倾向、习俗和禁忌。每种宗教的信仰者都有各自的信仰、生活方式和消费习惯，深刻影响人们思想意识、生活习俗等各个方面。宗教旅游的旅游动机主要是对宗教的虔诚。另外，宗教文化能影响宗教旅游者的价值观、休闲和消费行为。

(三) 地理亚文化对旅游消费者行为的影响

地理亚文化是在特定的地理空间、地域范围内的亚文化，它影响着一个地区人们的生活方式、购买力、消费习俗、消费结构和消费特点，从而形成不同的消费文化。如中国闻名的川菜、鲁菜等八大菜系，风格各异，这表明美食文化差异与地域不同有密切关系，不同美食文化影响旅游者饮食消费行为。另外，城市与乡村是由于地理位置不同而造成文化差异。城市旅游者偏向大自然旅游，也更容易选择现代旅游项目。乡村旅游者动机由主到次可归结为“缓解压力”“交际”“求知”“怀旧”四大类（胡绿俊、文军，2009）。

（四）年龄亚文化对旅游消费者行为的影响

根据不同年龄群体表现特殊的需求与行为模式，形成相应的儿童、少年、青年或老年人等不同年龄段群体的消费行为模式，进而相应地形成不同的群体文化。另外，不同年龄群体的消费行为模式不完全由生理因素决定，而是受其所处的社会与文化深刻影响。因此，由于年龄的差异和亚文化群体的不同，旅游者还可进一步划分为不同类型的群体。

不同年龄亚文化表现出不同的文化差异，也影响着其旅游消费者行为。如80后消费心理特点归纳为追求时尚和新颖、表现自我和体现个性、容易冲动和注重情感等三个方面，而80后旅游消费行为特征是偏爱山水风光类（如黄山、西湖）和主题公园类（如嘉年华、迪士尼）等旅游资源，旅游信息获取主要是网络，出游时间以寒暑假或法定休假日为主。90后消费行为特征主要表现如下（陈春，2008）：①易接受新事物，消费需求旺盛；②网络购物现象普遍，超前消费多有发生；③注重时尚，突出个性；④喜新厌旧，情感消费突出，追求消费附加值；⑤消费心理不健全，存在盲目、攀比、炫耀性消费。90后最喜欢自然风光、人文古迹和民族风情三类旅游景点，该群体倾向于观光娱乐、体验和探险刺激的旅游体验项目。出行方面，最看重安全、自由和畅通，价格次之。购物方面，最看重物品迎合个人喜好、具有纪念意义或收藏价值以及质量好，而物品的价格和购物体验过程次之。另外，老年人因年龄、人生阅历和社会文化的影响，老年旅游消费行为具有关注旅游费用、旅游目的地偏好旅游观光型、享受人生的旅游动机强和旅游消费偏好景区质量的特征（黄凌云，2015）。

（五）性别亚文化对旅游消费者行为的影响

性别差异不仅体现在生理方面，而且体现在思维方式、生活方式、消费方式等行为方面，从而形成一种独特的性别文化。在旅游活动中，性别文化的差异深刻影响旅游者消费行为。从旅游动机来看，女性旅游消费者偏好享受自然、健身疗养、休息度假、休闲娱乐、游览观光、陪家人，而男性游客喜欢体育旅游和探险旅游；从游伴选择来看，男性旅游消费者更倾向于选择男/女朋友、“驴友”作为游伴或者独自出游，而女性旅游消费者选择同家人亲戚一起出游的比例明显高于男性（李蕾，2012）；从旅游方式的选择来看，男性旅游者偏爱参加所在单位组团和自助游，而参与旅行社组团和半自助游的女性旅游者高于男性。从旅游消费支出来看，在饮食方面，女性旅游偏好特色小吃店和自备食品；在购物方面，女性旅游消费者相对于男性更偏好于买品牌服饰/丝绸类、化妆品/护肤品、钟表类旅游纪念品，而男性更偏好于买酒/香烟类旅游纪念品（李蕾、卫奇琦，2014）。

（六）社会阶层亚文化对旅游消费者行为的影响

社会阶层由具有相同或类似社会地位的社会成员组成的相对持久的群体，它产生最直接的原因是个体获取社会资源的能力和机会的差别，从而形成一种特殊的亚文化现象。由于价值观念、生活方式的相似，同一阶层的社会成员在行为表现上也具有共同的倾向。不同阶层的社会人群在服装消费、饮食消费、闲暇时间消费上呈现出不同的特征（如表 10.2 所示）。

表 10.2　不同消费阶层家庭及其成员（被调查者）的消费偏好（%）

		最贫困阶层	贫困阶层	中下阶层	中间阶层	中上阶层	富裕阶层	最富裕阶层
样本数 N		121	154	236	260	202	124	88
服装偏好	方便舒适	46.3	55.2	61.4	57.7	49.5	50.8	44.3
	体现个性	4.1	6.5	7.6	8.5	11.4	16.1	11.4
	款式新颖	2.5	4.5	4.2	6.9	7.4	7.3	6.8
	名牌时髦	0	0	2.1	1.2	2.0	2.4	4.5
	面料质地	9.1	6.5	4.2	7.3	9.4	6.5	9.1
	保暖实惠	26.4	18.8	10.2	8.5	8.4	8.1	9.1
	价格合适	5.8	5.8	7.6	7.7	7.9	6.8	6.8
	做工讲究	0	0	0.4	1.2	0.5	0	1.1
饮食偏好	吃饱就行	62.8	57.1	63.6	43.8	43.1	40.3	31.8
	讲究营养	28.1	33.1	27.5	44.2	41.1	33.9	40.9
	方便省事	4.1	5.2	4.7	6.2	5.4	10.5	4.5
	山珍海味	0	0	0.4	0.8	2.5	2.4	3.4
	饮食文化	0	0	1.3	0.8	1.0	3.2	1.1
	满足新奇	0	0.6	0.8	0.4	2.0	1.6	4.5
	其他	1.7	1.9	0.4	0.8	0.5	0.8	5.7
闲暇消费	娱乐	66.4	65.4	64.6	71.6	60.9	64.2	53.5
	学习	10.1	10.4	11.1	10.1	11.8	9.0	18.5
	运动	3.4	3.2	6.4	4.5	5.5	5.2	7.6
	旅游	0.8	1.1	3.0	3.0	4.1	5.2	5.4
	社交	3.4	3.1	4.7	3.7	6.4	6.7	5.4
	其他	16.0	16.7	10.1	7.1	11.4	9.7	9.8

资料来源：李培林，张翼．消费分层：启动经济的一个重要视点［J］．中国社会科学，2000（1）：52-61.

在旅游消费行为过程中，不同的社会阶层表现不同旅游消费行为方式。一般来讲，上层社会成员偏爱远距离旅游和出国旅游，旅游消费乐于购买艺术品、古玩等商品，偏爱参加高尔夫球、网球等活动。中层社会成员更爱冒险和承担风险，也是所有旅游者中数量最多的群体，该群体偏爱公园、博物馆等商业性休闲场所。低层社会成员受文化教育水平和收入的限制，旅游方式主要选择国内短途旅游观光或到某个旅游点短期度假，在旅游购物时，他们比较注重实用性，喜欢色泽鲜艳的产品外观。另外，根据一项研究表明（Lin，Mao 和 Song，2015）：人们对旅游产品的消费，较显著受到收入水平的影响。由于家庭人均年收入水平的差异，可简单地将中国家庭划分为四组：低于 17972 元、17972～27498 元、27498～42452 元、42452～1539312 元。从该研究结果可知：随着收入的增多，人们的旅游次数会变得越来越频繁，旅游总消费也会越来越多，无论是团体旅游还是非团体旅游，旅游消费会随着收入的增加而增多。另外，在中国收入最高的家庭，已经非常注重通过带孩子出去旅游，来达到教育的目的，以拓宽孩子的视野和见识。

第三节　基于文化的旅游营销

现代旅游活动本质上是一种文化活动。旅游活动既渗透了丰富的文化内涵，又反映了旅游主体的文化需求和文化体验，也折射出旅游客体的文化价值、旅游中介的文化素质。同时，旅游消费本质上是文化消费，旅游行为是一种文化消费行为，旅游的经营者提供的应是能满足旅游者文化享受的旅游文化产品。因此，旅游营销以分析文化的内涵为基础，以满足旅游者的文化和情感需求为目的，将文化与旅游营销紧密协同，创新旅游文化营销运作模式，提高旅游产品、旅游企业的市场竞争力，促进旅游产业的持续发展。

一、旅游文化营销的概念

（一）旅游文化的内涵

文化是旅游的灵魂，旅游是文化的表现。无论是旅游产品，还是旅游景观，最具吸引力是其所蕴含独特的文化性。这些文化特质通过景观化、故事化的手段，以旅游为载体向旅游者传播和扩散，以此来满足旅游者的精神文化需求。由于旅游和文化的相互融合不断加深，这可以更好地促进旅游业不断发展壮大。

旅游与文化所涵盖的内容丰富而复杂，对旅游文化的概念尚没有统一的定义。其中最有代表如冯乃康（1991）认为：旅游文化是旅游者和旅游经营者在旅游消费或经营服务过程中所反映、创造出来的观念形态及其外在表现的总和；贾祥春（1997）认为：旅游文化是一种新的文化形态，是通过旅游活动而形成的物质与精神文明的总和；邹本涛和谢春山（2010）认为：旅游文化是人们的旅游体验与介入过程及其精神产品的总和。旅游文化是在旅游活动中，旅游主体、旅游客体和旅游介体之间相互作用而产生的物质财富和精神财富以及各种文化现象、文化关系的总和（2010）。

（二）旅游文化营销的概念

旅游文化营销是指旅游业经营者运用旅游资源通过文化理念的设计创造来提升旅游产品及服务的附加值，在满足和创造旅游消费者对真善美的文化需求中，实现市场交换的一种营销方式。从市场需求角度讲，文化是指旅游者的文化心态的深层结构意识部分，主要包括价值观念、审美情趣、行为取向等；从产品角度讲，文化指的是产品的文化内涵与特征，是旅游产品的核心属性。旅游文化营销是一种营销战略，它的核心功能是实现旅游者最高层次的文化满足，实现旅游产品价值的最大化，最终使旅游者达到高度和谐化的文化体验（程艳，2005）。旅游文化营销的基本框架归纳（如图 10.1 所示）。

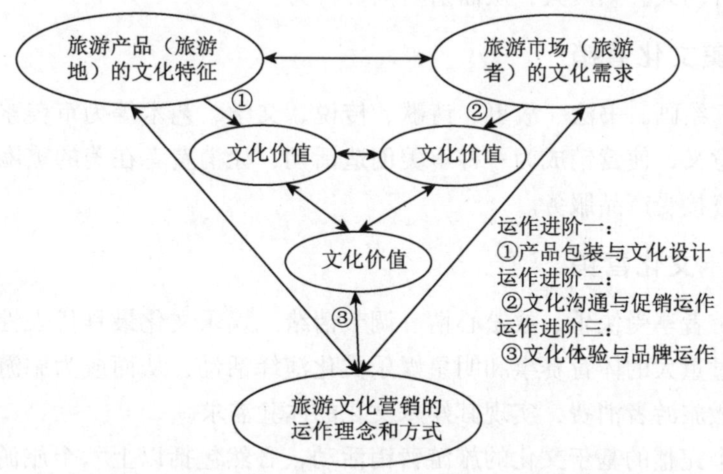

图 10.1　旅游文化营销的基本框架

资料来源：程艳．旅游文化营销运作模式研究［D］．上海：华东师范大学，2005.

二、旅游文化营销的分类

由于基于文化的旅游营销中所包含的文化因素范围广、内容丰富，为了更好地体现旅游文化营销中文化元素，根据文化结构的要素将旅游文化营销分为以下六种主要类型：

（一）知识文化营销

在旅游产品开发过程中，突出将知识隐含于其中，这会使旅游者在消费旅游产品的过程中增长见识，深刻体会到自我成长、自我实现的需要，同时将自身文化素质提升看成全民素质整体提高的重要组成部分。

（二）精神文化营销

该旅游营销活动主要通过向旅游者传播企业正面独特的企业形象，以及旅游景区和旅游产品所承载的积极向上、孝道等文化故事，还附加文明行为举止等思想意识和价值观念，这当中所表现的思想道德观念更是精神旅游文化营销的核心和灵魂。

（三）时尚文化营销

时尚文化营销具有感性化、情绪化、美学化和符号化并且多变易变的特点，因此求新求奇求变永远是时尚文化的主题，它要求企业随时追踪时代的脉搏趋势，不断创造新的时尚新的流行来保持产品服务的永续魅力。

（四）情感文化营销

感情是人类最具有文化意味的东西，最能起到沟通人心灵世界的作用，更是维系人与人之间关系的纽带。情感营销就是人类的各种感情融入市场营销活动中，以情感人，用情沟通，来打动人、感染人，从而引发消费行为。

（五）审美文化营销

运用戏剧、绘画、书法、故事、诗歌、传说、文学、艺术等为审美素材，赋予营销活动以美学的意义，使营销成为一种审美创造活动，让消费者在美的熏陶艺术的氛围中欣赏体验，最终接受产品服务。

（六）娱乐文化营销

旅游是旅游者享受快乐、放松心情、调节情绪。娱乐文化最具代表性的体育明星和娱乐明星，通过重大的体育赛事和明星娱乐文化演绎活动，从而成为旅游文化营销的重要载体，来刺激旅游者消费，实现其娱乐文化的体验需求。

因此，一个完整的基于文化的旅游营销活动，必然包括以上六个旅游文化营销，并且是互相渗透互相交融的。

【延伸阅读】

旅游文化营销的特征

1. 时代性

旅游文化营销作为一种价值性活动总是反映和渗透着自己的时代精神，体现出时代的新思想新观念。每一个时代都有自己时代的精神文化特征，旅游市场的需求一刻不停地产生着。旅游文化营销只有不断适应追随时代的变化，汲取时代精神的精华，才能把握住社会需求市场机会，才能赢得消费者，否则就会被时代所淘汰。

2. 区域性

旅游文化营销的区域性指在不同的地区国度因文化差异造成的营销对象、营销方式等的差别。它与民族、宗教、习俗、语言文字等因素有着深刻的关系。比如，东方人把红色作为喜庆色，结婚生子都要穿红衣服，用红被子，吃红鸭蛋，送红色礼包，而在德国、瑞典则被视为不祥之物。营销活动的这种区域性表明在营销活动中一定要考虑到区域文化特点，做好不同文化之间的沟通交流，消除障碍，才能实现文化营销。

3. 开放性

旅游文化营销由于侧重于一种理念的构建，它具有极大的开放性。一方面对其他营销方式能产生强大的文化辐射力，从理念价值的角度提升其他营销方式的品位。比如关系营销中亲缘关系、地缘关系、文化习俗关系、业缘关系等的建立都跟"文化"有着深刻的联系，旅游文化营销中的文化理念、文化资源等对处理上述多种营销关系都有实际指导的意义，有助于在文化这个深层次上建立起更稳固的关系。另一方面它又不断吸收其他营销活动的思想精华保持其创新的活力。比如旅游文化营销可以吸收绿色营销观念开展绿色旅游文化营销；吸收政治营销观念开展政治旅游文化营销；吸收道德营销观念开展道德旅游文化营销等。这种开放性有助于旅游文化营销向纵深拓展，丰富自己的内涵。

4. 导向性

旅游文化营销的导向表现在两个方面：一是用文化理念规范引导营销活动过程。从深层次上同社会以及消费者进行价值沟通。二是引导旅游文化需求的满足朝向健康自我完善的方向。不可否认，现实社会中存在一些以不健康的心态来解读文化的旅游者。如果一味迎合他们的需求，只会助长偏见和误解，降低本地文化的品位，失去未来的可持续发展的可能性。而旅游文化的根本目的是完善旅游者人性，达到与自然社会和谐的内心平和。人性化的回归应该指向真、善、美，这也是旅游文化营销的根本目的。

5. 个性化

美国旅游权威麦金托什教授曾说："文化是决定旅游地区总体魅力的唯一因素，其内涵极其丰富并充满多元化特点。一个地区的文化元素是极其复杂的，它能够反映人们的生活、工作和娱乐方式。"从世界文化范围来看，分为东西方两大类型，东方文化注重和睦，统一，西方文化偏好冲突、变化，两种文化形成鲜明的对比。而大一统的中华文化内部，也具有五彩斑斓、万紫千红的内蕴。比如，齐鲁文化的朴实、吴越文化的秀雅、楚文化区的绚烂，清文化区的宏大……区域文化的分布从空间角度呈现地理的马赛克拼图一般的多元性，而从历时的角度又可以挖掘出文化的沉积岩若干层面的内涵，纵横交错的排列组合中，展现出无限的拓展空间和可能性，而每种情况下都是独特的、不可替代的。从营销指向看，在旅游者的文化需求日益多元化、个体化的情况下，如果不进行文化的挖掘提升，极少有旅游资源能够天然地具有垄断性，大部分旅游产品将落入雷同的案例，丧生价值链中标歧立异的来源。

资料来源：程艳．旅游文化营销运作模式研究［D］．上海：华东师范大学，2005.

三、旅游文化营销的运作模式

（一）文化创意型的旅游文化营销模式

文化创意是以文化为元素、融合多元文化、整合相关学科、利用不同载体而构建的再造与创新的文化现象。文化创意型的旅游营销是以文化为核心，以创意为手段，以技术为支撑，以市场为导向，创造多元化的旅游产品载体。从产品包装上来看，将最具区域性、民族性的文化元素，进行现代技术手段，融入旅游产品包装设计当中去。这不仅突出旅游产品独特的区域性与民族性文化特色，提升其文化品位，提高旅游产品的竞争力，而且满足旅游者深度体验异国或异地文化风采的心理需求。同时，既继承优秀的传统文化，又要创新发展融合时代文化风貌，巧妙地利用文化差异增添旅游产品的魅力。

（二）文化传播型的旅游文化营销模式

该模式通过整合文化行为的手段来达到营销的传播目的，借助文化传播的理念识别系统（Mind Identity System，MIS）、行为识别系统（Behavior Identity System，BIS）和视觉识别系统（Visual Identity System，VIS），并通过以文化为核心的广告和促销方式来实现，增加旅游产品的市场吸引力、旅游者的注意力，并通过旅游者带着自己的文化到异域文化圈中交流的过程，实现旅游文化传播营销。这不仅可以快速传播旅游产品的文化内涵，增加文化旅游市场的占有率，而且可以快速地吸引旅游者的注意力，刺激旅游者购买旅游产品或服务，迅速地获得注意力经济效益。

（三）文化体验型的旅游文化营销模式

体验旅游是以体验为主要诉求目标的旅游活动，是旅游者通过活动和感受产生比较大、比较深、比较强烈的心理印象。在文化体验的旅游营销建设过程中，文化元素必须渗透整个流程当中，起着核心并且不可替代的作用。文化体验的展示过程突出当地文化元素精致并可互动，塑造文化体验的旅游品牌可以借助现代高科技声、光、电等手段，来突出文化元素的故事化、场景化、动态化的表达，让游客获得身临其境的文化体验，获得一场难以忘记畅爽的文化旅游体验。这不仅可以提升旅游品牌文化元素附加值，提升基于文化元素的旅游产品竞争力，而且游客因获得难忘的愉快旅游体验，旅游产品也会获得游客旅游体验的满意评价，游客对旅游产品的忠诚度极大地增加，旅游产品于游客间口碑效应更显著，这也会增加获得旅游产品形象的扩散效应。

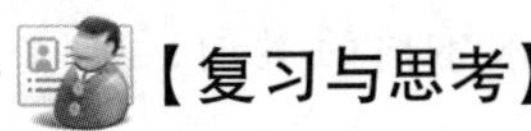

【复习与思考】

一、名字解释

文化　亚文化　旅游文化营销

二、简答题

1. 简述文化的特征与作用。

2. 简述亚文化的分类。

3. 简述旅游文化营销的分类。

三、论述题

1. 结合案例来论述文化对旅游消费者行为的影响。

2. 论述各类亚文化对旅游消费者行为的影响。

四、实务题

通过案例来详细论述旅游文化营销运作模式的实施流程与内容。

【推荐阅读】

1. 周春发. 旅游、现代性与社区变迁：以徽村为例［M］. 北京：社会科学文献出版社，2012.

2. 张宏梅，赵忠仲. 文化旅游产业概论［M］. 北京：中国科学技术大学出版社，2015.

3. 钟晟. 旅游产业与文化产业融合发展研究［M］. 北京：中国社会科学出版社，2015.

4. 邹本涛，谢春山. 旅游文化学（第三版）［M］. 北京：中国旅游出版社，2016.

5. 宋章海. 从旅游者角度对旅游目的地形象的探讨［J］. 旅游学刊，2000，01：63-67.

6. 陈文君. 节庆旅游与文化旅游商品开发［J］. 广州大学学报（社会科学版），2002，04：51-54.

7. 肖刚，肖海，石惠春. 非物质文化遗产的旅游价值与开发［J］. 江西财经大学学报，2008，02：107-111.

8. 邓明艳. 培育节庆活动营销西部旅游目的地［J］. 旅游学刊，2002，06：32-35.

9. 李萌. 基于文化创意视角的上海文化旅游研究［D］. 复旦大学，2011.

10. 王雪野. 旅游产品感验营销的模型构建及应用［J］. 经济管理，2013，06：123-131.

参考文献

中文文献：

［1］白凯．乡村旅游地场所依赖和游客忠诚度关联研究：以西安市长安区“农家乐”为例［J］．人文地理，2010，114（4）：120-125.

［2］保继刚，楚义芳．旅游地理学［M］．北京：高等教育出版社，1999.

［3］陈春．“80 后”旅游动机与旅游消费行为关系研究［D］．杭州：浙江大学，2008.

［4］陈国平，边二宝，李呈娇．服务补救中自我调节导向对顾客感知公平的调节作用：基于旅行社的实证研究［J］．旅游学刊，2012，8：53-59.

［5］陈虎．后现代视角下韩国旅游消费者行为特性分析［J］．旅游学刊，2014，29（8）：11-14.

［6］陈嘉伦．高尔夫旅游者消费行为特征研究［D］．广州：暨南大学，2014.

［7］陈健昌，保继刚．旅游者行为研究及其实践意义［J］．地理研究，1988，7（3）：44- 51.

［8］陈楠，乔光辉．大众旅游者与生态旅游者旅游动机比较研究：以云台山世界地质公园为例［J］．地理科学进展，2010，29（8）：1005-1010.

［9］谌永生，王乃昂，范娟娟，等．敦煌市居民旅游感知及态度研究［J］．人文地理，2005，20（2）：66-71.

［10］程冰，朱锦晟．俄罗斯来华旅游者消费行为的影响因素研究［J］．旅游论坛，2013，6（3）：92-96.

［11］程绍文，张捷，徐菲菲，等．自然旅游地社区居民旅游发展期望与旅游影响感知对其旅游态度的影响：对中国九寨沟和英国 NF 国家公园的比较研究［J］．地理研究，2010，29（12）：2179-2188.

［12］程艳．旅游文化营销运作模式研究［D］．上海：华东师范大学，2005.

［13］戴斌，李仲广，何琼峰，夏少颜．游客满意：国家战略视角下的理论建构与实践进路［J］．旅游学刊，2014，29（7）：15-22.

［14］邓峰．湘西自治州民俗旅游游客满意度影响因素与优化对策研究［J］．经济

地理，2013，33（7）：187-192.

［15］杜炜．旅游消费行为学［M］．天津：南开大学出版社，2009.

［16］樊雅琴．旅游市场营销［M］．北京：中国发展出版社，2009.

［17］冯乃康．首届中国旅游文化学术研讨会纪要［J］．旅游学刊，1991（1）：57-58.

［18］冯淑华．古村落旅游客源市场分析与行为模式研究［J］．旅游学刊，2002，17（6）：45-48.

［19］符全胜．旅游目的地游客满意理论研究综述［J］．地理与地理信息科学，2005（5）：90-94.

［20］付邦道．浅析旅游动机的激发［J］．开封教育学院学报，2003，23（4）：11-13.

［21］高军，李涛，田洪伟．质量管理教程［M］．北京：北京航空航天大学出版社，2011.

［22］高玉玲．旅游文化［M］．成都：电子科技大学出版社，2008.

［23］葛梅．国有商业银行服务质量与顾客忠诚度研究［M］．北京：中国经济出版社，2014.

［24］顾伯平．文化的作用［N］．光明日报，2005-03-02.

［25］郭文茹，甘萌雨．福州周边乡村旅游者消费行为研究［J］．云南地理环境研究，2010（6）：34-39.

［26］何琼峰．中国国内游客满意度的内在机理和时空特征［J］．旅游学刊，2011，26（9）：45-52.

［27］胡丽花，杨晓霞．国外旅游目的地游客忠诚研究综述［J］．桂林旅游高等专科学校学报，2007，18（6）：899-903.

［28］胡绿俊，文军．乡村旅游者旅游动机研究［J］．商业研究，2009（2）：153-157.

［29］胡田，郭英之．旅游消费者在线购买旅游产品的信任度、满意度及忠诚度研究［J］．旅游科学，2014（6）：40-50.

［30］胡小玲，张俐俐．浅析现代女性旅游动机［J］．经济研究导刊，2010（25）：173-175.

［31］黄静波．香格里拉国内旅游者行为特征的经济学分析［J］．求索，2006（12）：39-41.

［32］黄凌云．老年旅游消费行为及市场开发对策［J］．南方论刊，2015（11）：23-25.

［33］黄秀琳．惠众与公平未来旅游发展的终极诉求［J］．中国软科学，2011，（3）：65-71.

［34］霍淑芳．旅游心理学［M］，北京：中国海洋大学出版社，2010.

［35］吉良新．旅游文化［M］．大连：中国海洋大学出版社，2010.

［36］贾祥春．旅游文化的特点及其在旅游业中的地位和作用［J］．复旦学报：社会科学版，1997（3）：83-87.

［37］贾衍菊，林德荣．旅游者服务感知、地方依恋与忠诚度：以厦门为例［J］．地理研究，2016，35（2）：390-400.

［38］连漪，汪侠．旅游地顾客满意图则评指标体系的研究及应用［J］．旅游学刊，2004，19（5）：9-13.

［39］刘俊，马风华，苗学玲．基于期望差异模型的 RBD 顾客满意度研究：以广州市北京路步行商业区为例［J］．旅游学刊，2004，19（5）：14-19.

［40］刘纯．走向大众化旅游的社会：论现代旅游行为［J］．内蒙古大学学报：人文社会科学版，2000，32（4）：98-102.

［41］刘纯．旅游心理学［M］．上海：上海科学技术文献出版社，1987.

［42］刘力，吴慧．旅游动机及其对游客满意和游后行为意向的影响研究：以九华山韩国团体旅游者为例［J］．旅游论坛，2010（2）：147-152.

［43］刘力．老年人旅游动机与制约因素［J］．社会科学家，2016（3）：91-95.

［44］刘晓静，梁留科．旅游社会公平及其评价指标体系研究［J］．武汉科技大学学报：社会科学版，2015，17（8）：438-443.

［45］娄世娣．旅游动机及其激发［J］．经济经纬，2002（1）：70-73.

［46］罗明义．旅游经济分析：理论、方法、案例［M］．云南：云南大学出版社，2001.

［47］罗盛锋，黄燕玲，程道品，丁培毅．情感因素对游客体验与满意度的影响研究：以桂林山水实景演出“印象·刘三姐”为例［J］．旅游学刊，2011，26（1）：51-58.

［48］蒙睿．短程文化旅游客源市场行为模式研究［J］．经济地理，2004（24）：128-131.

［49］宁士敏．中国旅游消费研究［M］．北京：北京大学出版，2003.

［50］齐佳音，万岩，尹涛．客户关系管理［M］．北京：北京邮电大学出版社，2009.

［51］乔光辉．生态旅游目的地形象、游客满意度与忠诚度结构模型研究：以云台山世界地质公园为例［J］．经济经纬，2015（6）：6-10.

［52］秦俊丽，城市居民游憩行为研究［M］．太原：山西人民出版社，2014.

［53］邱扶东．旅游动机及其影响因素研究［J］．心理科学，1996（6）：367-369.

［54］瞿佳佳．家庭旅游消费者行为的实证研究［D］．杭州：浙江师范大学，2007.

[55] 沈涵．游客的旅游地选择与购买决策模型分析［J］．旅游学刊，2005，20（3）：43-47.

[56] 沈鹏熠．旅游企业社会责任对目的地形象及游客忠诚的影响研究［J］．旅游学刊，2012，27（2）：72-79.

[57] 沈雪瑞，李天元．国内外旅游目的地忠诚的文献回顾及研究展望［J］．北京第二外国语学院学报，2013（1）：18-28.

[58] 时蓉华．新编社会心理学概论［M］．上海：东方出版中心，1998.

[59] 苏馨．俄罗斯旅游者在三亚旅游消费行为研究［D］．昆明：昆明理工大学，2015.

[60] 粟娟．旅游消费经济学［M］．成都：西南交通大学出版社，2014.

[61] 孙洁，姚娟，陈理军．游客花卉旅游感知价值与游客满意度、忠诚度关系研究：以新疆霍城县薰衣草旅游为例［J］．干旱区资源与环境，2014（12）：203-208.

[62] 孙九霞，陈钢华．旅游消费者行为学［M］．大连：东北财经大学出版社，2015.

[63] 孙喜林．旅游心理学［M］．广州：广东旅游出版社，2002.

[64] 谭颖．长沙地区自驾车旅游者消费行为特征研究［D］．湖南师范大学，2012.

[65] 唐文跃．地方感研究进展及研究框架［J］．旅游学刊，2007，22（11）：70-77.

[66] 田里．旅游经济学［M］．2版．北京：高等教育出版社，2006.

[67] 田里．旅游学概论［M］．天津：南开大学出版社，1998.

[68] 汪侠，刘泽华，张洪．游客满意度研究综述与展望［J］．北京第二外国语学院学报，2010，177（1）：22-29.

[69] 王纯阳，屈海林．旅游动机、目的地形象与旅游者期望［J］．旅游学刊，2013，28（6）：26-37.

[70] 王伟．乡村旅游者消费行为模型研究［J］．商场现代化，2009（31）：51-52.

[71] 王晓玉．消费者行为学［M］．上海：上海财经大学出版社，2014.

[72] 王雪映．互联网对旅游者消费行为的影响［J］．学周刊，2011（18）：205.

[73] 王亚峰．信息技术对旅游者消费行为影响的研究［J］．内蒙古大学学报：哲学社会科学版，2010，42（2）：102-106.

[74] 王祖莉，曹银玲．旅游心理学［M］．济南：山东大学出版社，2007.

[75] 韦志慧．旅游消费者行为学研究综述［Z］．旅游学研究．2010：66-69.

[76] 吴必虎．上海城市游憩者流动行为研究［J］．地理学报，1994，49（2）：107-127.

［77］吴清津．旅游消费者行为学［M］．北京：旅游教育出版社，2006.

［78］肖洪根．旅游时空模式与目的地选择［J］．资源开发与市场，1998，14（1）：32-34.

［79］谢礼珊，龚金红，徐泽文．顾客感知的旅游服务不公平事件研究：基于关键事件分析法［J］．旅游学刊，2009，24（9）：67-72.

［80］谢彦君，谷明．旅游者度假选择行为分析［J］．桂林旅游高等专科学校学报，1998，9（3）：11- 14.

［81］谢彦君．旅游体验研究：一种现象学的视角［M］．天津：南开大学出版社，2005.

［82］许琦．农村观光旅游服务质量、游客满意度与游客忠诚度关系及实证研究［J］．哈尔滨商业大学学报：社会科学版，2013，4：113-119.

［83］许秋红，单纬东．女性旅游者的旅游行为及营销策略［J］．信阳师范学院学报，2001，21（2）：58- 61.

［84］许振晓，张捷，WALL G，等．居民地方感对区域旅游发展支持度影响：以九寨沟旅游核心社区为例［J］．地理学报，2009，64（6）：736-744.

［85］薛玉梅．民族村寨村民旅游态度与汉语、文化程度的多因素方差研究：以贵州镇山村为例［J］．贵州民族大学学报：哲学社会科学版，2014（1）：12-17.

［86］严明．大学英语自主学习能力培养教程［M］.4 版．哈尔滨：黑龙江大学出版社，2014.

［87］杨耕．文化的作用是什么［N］．光明日报，2015-10-14.

［88］杨珮．服务营销［M］．天津：南开大学出版社，2015.

［89］杨万福，宋保平，胡志斌．西安城镇居民旅游消费行为调查分析［J］．经济地理，2002（S1）：258-261.

［90］杨新军，牛栋，吴必虎．旅游行为空间模式及其评价［J］．经济地理，2000，20（4）：105- 108.

［91］杨雁．旅游动机和旅游行为研究［J］．渝州大学学报：社会科学版，2002，11（4）：91-93.

［92］姚庆．文化交往学［M］．北京：人民日报出版社，2014.

［93］尹郑刚．旅游态度的调查研究［D］．郑州：河南大学，2001

［94］于文文．事件旅游的居民感知和态度研究［D］．青岛：中国海洋大学，2009.

［95］余禾，消费者行为学［M］．成都：西南财经大学出版社，2010.

［96］余意峰，熊剑平．国外旅游目的地忠诚度研究进展［J］．世界地理研究，2010，19（2）：69-77.

［97］余意峰，丁培毅．旅游目的地忠诚度：一个历时态的概念模型［J］．旅游科

学，2013，27（5）：1-9.

［98］鱼文英，李京勋．航空服务质量和消费情感对顾客满意度的影响研究．旅游学刊，2010，25（10）：49-56.

［99］袁忠霞．旅游心理学［M］．北京：国防工业出版社，2012.

［100］约翰·斯沃布鲁克，苏珊·霍纳．旅游消费者行为学［M］．北京：电子工业出版社，2004.

［101］张蓓．都市农业旅游游客满意度与忠诚度实证分析：基于广州农业旅游景点的调查［J］．中国农村经济，2012（12）：80-92.

［102］张恩碧．体验消费论纲［M］．2 版．成都：西南财经大学出版社，2015：187.

［103］张宏梅，陆林．近 10 年国外旅游动机研究综述［J］．地域研究与开发，2005，24（2）：60-69.

［104］张卫．旅游消费行为分析［M］．北京：中国旅游出版社，1993.

［105］赵新民．对旅游的本质、动机、作用的再认识：由生态旅游引发的思考［J］．陕西经贸学院学报，2000，13（4）：90-93.

［106］郑宗清，赖正均．基于推力—拉力因素理论的大学生旅游动机实证研究：以华南师范大学学生为例［J］．华南师范大学学报：自然科学版，2008（2）：121-128.

［107］钟媛媛．基于旅游消费行为视角的“90 后”旅游体验研究［D］．重庆：重庆工商大学，2015.

［108］周成，冯学钢．基于“推—拉”理论的旅游业季节性影响因素研究．经济问题探索，2015（10）：33-40.

［109］周寒琼．杭沪苏旅游目的地形象比较研究：以韩国旅游者为例［J］．中南林业科技大学学报：社会科学版，2014（6）：19-22.

［110］周学军，杨勇．基于 SEM 的休闲避暑地游客满意度及忠诚度关系研究：以重庆市黄水镇为例［J］．资源开发与市场，2014（2）：231-234.

［111］周杨，何军红，荣浩．我国乡村旅游中的游客满意度评估及影响因素分析［J］．经济管理，2016，547（7）：156-166.

［112］朱华．旅游学概论［M］．北京：北京大学出版社，2014.

［113］邹本涛，谢春山．旅游文化新论［J］．北京第二外国语学院学报，2009，31（11）：20-24.

英文文献：

［114］BACKMAN S J，CROMPTON J L. The usefulness of selected variables for predicting activity loyalty［J］. Leisure Sciences，1991，13（3）：205-220.

［115］BAKER D A，CROMPTON J L. Quality，Satisfaction and Behavioral intensions［J］. Annals of Tourism Research，2000，（27）3：785-804.

[116] BEARD J B, RAGHEB M G. Measuring leisure satisfaction [J] . Journal of Leisure Research, 1980 (12): 20-33.

[117] BOSCUE I R, MARTIN H S, COLLADO J. The role of expectations in the consumer satisfaction formation process: Empirical evidence in the travel agency sector [J] . Tourism Management, 2006, 27 (3): 410-419.

[118] BOWEN D. Antecedents of consumer satisfaction and dis-satisfaction (CS/D) on long - haul inclusivetours: a reality check on theoretical considerations (participant observation) [J] . Tourism Management, 2001, 22 (1): 49-61.

[119] CADOTTEe ERNEST B, WOODRUFF ROBER B, Jenkins Roger L. Expectation and norm in models of consumer satisfaction [J] . Journal of Marketing Research, 1987: 305-314.

[120] CHURCHILL Jr G A, SURPRENANT C. An investigation into the determinants of customer satisfaction [J] . Journal of marketing research, 1982: 491-504.

[121] CLEMMER E C, SCHNEIDER B. Fair service [A] . // SWARTZ T A, BOWEN D E, BROWN S W. Advances in Services Marketing and Management (5) [C] . JAI Press, Greenwich, CT, 1996.

[122] DANN G. Anomie, ego - enhancement and tourism [J] . Annals of tourism Research, 1977, 4 (4): 184-194.

[123] DICK A S, BASU K. Customer loyalty: toward an integrated conceptual framework. Journal of the academy of marketing science, 1994, 22 (2): 99-113.

[124] GURSOY D, JUROWSKI C, UYSAL M. Resident attitudes a structural modeling approach [J] . Annals of Tourism Research, 2002, 29 (01): 79-105.

[125] HILLS P, ARGYLE M, REEVES R. Individual differences in leisure satisfactions: An investigation of four theories of leisure motivation [J] . Personality and Individual Differences, 2000, 28 (4): 763-779.

[126] HUTCHINSON J, LAI F, WANG Y. Understanding the relationships of quality, value, equity, satisfaction, and behavioral intentions among golf travelers [J] . Tourism management, 2009, 30 (2): 298-308.

[127] KELY G, GRAEFE A, MANNING R. Testing the dimensionality of place attachment in recreational settings [J] . Environment and Behavior, 2005, 37 (2): 153-177.

[128] KO D, STEWART W P. A structural equation model of residents' attitudes for tourism development [J] . Tourism Management, 2002, 23 (5): 521-530.

[129] KYLE G T, MOWEN A J, Tarrant M. Linking place preferences with place meaning: An examination of the relationship between place motivation and place attachment [J] . Journal of environmental psychology, 2004, 24 (4): 439-454.

[130] LEE C K, LEE Y K, LEE B K. Korea' s destination image formed by the 2002 World Cup [J] . Annals of Tourism Research, 2005, 32 (4): 839-858.

[131] LIN V S, MAO R, SONG H. Tourism expenditure patterns in China [J] . Annals of Tourism Research, 2015, 54 (C): 100-117.

[132] LO A S, LEE C. Motivations and perceived value of volunteer tourists from Hong Kong [J] . Tourism Management, 2011, 32 (2): 326-334.

[133] MANNELL R C, ISO-AHOLA S E. Psychological nature of leisure and tourism experience [J] . Annals of tourism research, 1987, 14 (3): 314-331.

[134] MARTINEAU P. The personality of the retail store [J] . Harvard Business Review, 1958, 36 (1): 47-55.

[135] OJASALO J. Managing customer expectations in professional services [J] . Managing Service Quality: An International Journal, 2001, 11 (3): 200-212.

[136] OLIVER R L. Whence consumer loyalty? [J] . The Journal of Marketing, 1999: 33-44.

[137] OLIVER R L. A Cognitive Model of the Antecedents and Consequences of Satisfaction Decisions [J] . Journal of Marketing Research1980, 17, 4 (11): 460-469.

[138] OPPERMANN M. Predicting destination choice—A discussion of destination loyalty [J] . Journal of Vacation Marketing, 1999, 5 (1): 51-65.

[139] OZTURK A B, Qu H. The impact of destination images on tourists' perceived value, expectations, and loyalty [J] . Journal of Quality Assurance in Hospitality & Tourism, 2008, 9 (4): 275-297.

[140] PANISA M, SIRIVAN S, NAK G. An examination of tourists' attitudinal and behavioral loyalty: Comparison between domestic and international tourists [J] . Journal of Vacation Marketing, 2009, 15 (2): 129-147.

[141] PARASURAMAN, A, ZEITHAML V A, Berry L L. A Conceptual Model of Service Quality and Its Implications for Future Research [J] . Journal of Marketing, 1985: 41-50.

[142] PIZAM A. Tourism' s impacts: The social costs to the destination community as perceived by its residents [J] . Journal of Travel Research, 1978: 8-12.

[143] RID W, EZEUDUJI I O, PrÖBSTL-HAIDER U. Segmentation by motivation for rural tourism activities in the Gambia [J] . Tourism Management, 2014, 40: 102-116.

[144] RITTICHAINUWAT B, MAIR J. Visitor attendance motivations at consumer travel exhibitions [J] . Tourism Management, 2012, 33 (5): 1236-1244.

[145] SPRENG R A, MACKENZIE S B, OLSHAVSKY R W. A reexamination of the determinants of consumer satisfaction [J] . The Journal of Marketing, 1996: 15-32.

[146] TAX STEPHEN S, BROWN STEPHEN W, Clandrashekaran Murali. Customer Evaluations of Service Complaint Experiences: Implications for Relationship Marketing. Journal of Marketing [J], 1998, 62 (2): 60 -76.

[147] TUAN Y F. Topophilia: A Study of Environmental Perception, Attitudes and Values [M] . Englewood Cliffs NJ: Prentice-Hall, 1974.

[148] WESTBROOK R A, Oliver R L. The dimensionality of consumption emotion patterns and consumer satisfaction [J] . Journal of consumer research, 1991, 18 (1): 84-91.

[149] YOON Y, UYSAL M. An examination of the effects of motivation and satisfaction on destination loyalty: a structural model [J] . Tourism management, 2005, 26 (1): 45-56.

策划编辑：段向民
责任编辑：孙妍峰
责任印制：谢　雨
封面设计：何　杰

图书在版编目（CIP）数据

旅游消费者行为学 / 邹勇文，刘德军主编 . --北京：中国旅游出版社，2017. 6（2022. 12 重印）
中国旅游业普通高等教育“十三五”应用型规划教材
ISBN 978 - 7 - 5032 - 5794 - 0

Ⅰ. ①旅… Ⅱ. ①邹… ②刘… Ⅲ. ①旅游—消费者行为论—高等学校—教材 Ⅳ. ①F590

中国版本图书馆 CIP 数据核字（2017）第 060221 号

书　　名：旅游消费者行为学

作　　者：邹勇文　刘德军主编
出版发行：中国旅游出版社
（北京静安东里 6 号　邮编：100028）
http：//www. cttp. net. cn　E - mail：cttp@ mct. gov. cn
营销中心电话：010 - 57377108，010 - 57377109
读者服务部电话：010 - 57377151
排　　版：北京旅教文化传播有限公司
经　　销：全国各地新华书店
印　　刷：北京工商事务印刷有限公司
版　　次：2017 年 6 月第 1 版　2022 年 12 月第 5 次印刷
开　　本：787 毫米 ×1092 毫米　1/16
印　　张：13. 5
字　　数：273 千
定　　价：35. 00 元
I S B N　978 - 7 - 5032 - 5794 - 0